C.-G. PICAVET

Professeur à l'Université de Toulouse

LA DIPLOMATIE FRANÇAISE AU TEMPS DE LOUIS XIV (1661-1715)

Institutions, Mœurs et Coutumes

© 2024, C.G Picavet (domaine public)
Édition : BoD · Books on Demand GmbH, In de Tarpen 42,
22848 Norderstedt (Allemagne)
Impression : Libri Plureos GmbH, Friedensallee 273,
22763 Hamburg (Allemagne)
ISBN : 978-2-3225-5075-3
Dépôt légal : Octobre 2024

Sommaire

PRÉFACE

Une étude nouvelle sur *La Diplomatie Française au temps de Louis XIV* ne semblait pas s'imposer après les travaux de l'École historique française, de Mignet, de Legrelle, d'Émile Bourgeois, de Pagès et de tant d'autres, auxquels il faut joindre les publications faites à l'étranger ; elle n'aurait point de particulière raison d'être, si le sous-titre que nous avons cru devoir lui donner, *Institutions, mœurs et coutumes,* n'indiquait l'orientation spéciale de nos recherches et l'idée générale qui les a guidées.

Il nous a paru que nos maîtres et devanciers avaient surtout cherché, les uns à retracer les grandes lignes de la politique française au XVIIe siècle, les autres à mettre en lumière certaines périodes mal éclaircies, certains compartiments pour lesquels le dépouillement des textes avait été insuffisant. Quant à la diplomatie de Louis XIV, analysée comme institution, dans ses rapports avec les traditions et les coutumes anciennes, tels que les suit ou les contrecarre l'usage de l'Europe de ce temps, elle n'a point fait l'objet à notre connaissance de travail d'ensemble, mais seulement d'articles fragmentaires[1]. Les grandes histoires de France, comme aussi les manuels techniques, décrivent les institutions politiques, administratives, militaires, mais passent sous silence les institutions diplomatiques.

Pourtant un nom doit être rappelé au début de cet essai, celui d'Albert Sorel. C'est un prélude admirable à *L'Europe et la Révolution française* que l'exposé largement esquissé des mœurs politiques de l'Europe sous l'ancien régime. Grande fresque un peu rapide, dans laquelle le XVIIe siècle français n'occupe que quelques pages ! Beaucoup plus restreint et beaucoup plus précis est le sujet que nous nous sommes proposé. Il nécessite l'examen d'un certain nombre de problèmes que Sorel n'a pu qu'effleurer.

De semblables réserves sont valables pour la considérable *Histoire de la diplomatie dans le développement international de l'Europe,* qu'a composée récemment le publiciste américain David Jayne Hill. L'information en est abondante. Mais l'analyse diplomatique proprement dite, en ce qui concerne le XVIIe siècle, y comporte plus de développement que la description des institutions et coutumes européennes en matière de politique extérieure. C'est cependant l'étude d'ensemble, dont le dessein, bien que d'une ligne incertaine, se rapproche le plus du nôtre.

Cette justice rendue à nos prédécesseurs, il convient de remarquer que, de l'aveu même des historiens, c'est le règne personnel de Louis XIV qui constitue l'époque classique et caractéristique de la diplomatie française d'avant 1789. Une longue préparation intérieure, et l'utilisation d'une grande expérience internationale ont rendu possibles la formation et le fonctionnement d'un instrument, qui ne fera que se fausser et se corrompre au siècle suivant. Organisme quasi complet, adapté aux besoins du temps, il devient susceptible, avec un Callières et à un moindre degré un Wicquefort, d'avoir sa théorie, stylisation élégante et un peu morte de la pratique et des usages.

Si les traités de Westphalie en 1648 sont une grande date dans l'histoire de la diplomatie européenne, la période qui s'étend de 1661 à 1715 est essentielle, elle aussi, dans l'histoire de la diplomatie française. S'il n'y a point de solution de continuité entre cette époque et l'âge précédent, il y a progrès incontestable dans le sens de la régularité et de la systématisation. Des méthodes nouvelles sont greffées sur des traditions anciennes. Une diplomatie compliquée, active, multiforme est rendue possible par la richesse en population, en hommes, en ressources économiques et financières du royaume de France, mais aussi en une certaine mesure par l'action du roi, groupant autour de lui une pléiade de remarquables collaborateurs. Si Louis XIV est responsable d'une pie des deuils et des tristesses de la fin du règne, si la brutalité et l'orgueil de sa politique ne sont point contestables, il a eu sa part aussi dans l'organisation d'institutions qu'imiteront sans les égaler les États voisins. A tout prendre, l'instrument par lui forgé est demeuré supérieur pour de multiples raisons aux résultats qu'il en a tirés.

*

L'idée générale de notre livre étant ainsi dégagée, il importe de justifier le plan par nous suivi, et d'indiquer les principaux problèmes auxquels nous nous sommes attaqué. Ils sont d'inégale importance, et de. plus, varient d'ampleur et d'étendue, en raison de la documentation sur laquelle ils s'appuient, tantôt abondante et tantôt lacunaire.

Nous avons voulu d'abord retracer le plus concrètement possible ce que fut, en France, le travail diplomatique de 1661 à 1715, son organisation centrale, et comment il se réalisa vis-à-vis des puissances étrangères. Puis, nous nous sommes attaché à l'analyse des principes desquels s'inspire la politique extérieure de Louis XIV, à la description de ses moyens d'action et d'information. Entrant dans le détail nous avons voulu montrer la diplomatie française à l'œuvre comment en divergence ou en accord avec le droit international ou les coutumes du temps, elle passait de l'état de paix à l'état de guerre, négociait un traité ou une alliance, et aussi quels rôles jouaient l'idiome national et les langues étrangères dans ces multiples tractations. Enfin, sans prétendre arriver à des résultats définitifs, il nous a semblé indispensable, en un essai qui voudrait être aussi compréhensif que possible, de montrer la relative importance des problèmes économiques dans les préoccupations de nos diplomates, et de résumer ce que nous pouvons savoir sur l'influence si difficile à saisir, et si hasardeuse à affirmer, de l'opinion publique française en matière de politique extérieure.

Nous ne saurions nous borner à cette énumération des objectifs, que nous avons cherché à atteindre, et ne point examiner brièvement — ne fût-ce que pour nous justifier par avance devant nos lecteurs — une importante question de méthode. Désireux de saisir tout le réel, nous avons estimé qu'à côté de l'action efficace de la diplomatie, il convenait en une étude consacrée au XVIIe siècle français, qui fut un siècle d'apparat, de ne point négliger l'aspect extérieur, qui en tout temps d'ailleurs présente son intérêt. De même qu'il y a pour la cour de Versailles une étiquette, manifestation sensible de la hiérarchie sociale, de même il y a pour les rapports avec les puissances étrangères une étiquette, manifestation publique de la hiérarchie des puissances européennes. Sans doute ce désir d'ordre et d'organisation s'accompagne de puérilités, mais il correspond pourtant à des réalités ou à des nécessités, qu'il est intéressant de retrouver sous des apparences, que notre esprit moderne est disposé à railler trop facilement. Enfin, à côté des institutions, la vie d'une société mérite aussi sa p d'étude. L'entrée d'un ambassadeur à Rome ou à Paris est un événement qui a sa portée et sa signification. On oublie trop parfois que c'est là avec les publications de traités de paix tout ce qu'ont connu ou deviné de la politique extérieure la majorité des contemporains de Louis XIV. Autant il serait fastidieux à la suite de Sourches ou de Dangeau, de se faire l'historiographe des cérémonies quasi quotidiennes de la cour de Versailles et des contestations de préséance, autant il serait dangereux, pour une représentation de la vie du temps, de les négliger tout à fait.

*

Sur notre documentation nous serons bref : une bibliographie détaillée renseignera en fin du livre nos lecteurs. Elle est, en manuscrits inédits, fort abondante, sans, prétendre être exhaustive, puisque aucune vie d'homme ne pourrait suffire à une lecture complète de tous les textes conservés aux Archives des Affaires étrangères ou dans d'autres collections. Mais nous n'avons point négligé, bien au contraire, les innombrables documents publiés, correspondances diplomatiques ou mémoires contemporains, ni les travaux d'ensemble ou de détail parus anciennement et dans ces dernières années, soit en France, soit à l'étranger. Aussi bien, sans nous refuser à ce recours essentiel, est-ce moins du document nouveau que nous avons voulu apporter qu'une manière spéciale de considérer les textes, en leur demandant des renseignements que l'on avait rarement sollicités d'eux. Ceci revient à dire que nous avons étudié dans les négociations beaucoup plus les procédés qu'elles révèlent que la progression lente, les conflits, les résultats finaux qu'elles décèlent, et telle ligne au premier abord insignifiante nous a parfois plus appris qu'une lettre complète et justement célèbre.

Pour terminer, on nous fera l'honneur de croire qu'en ce travail de longue haleine, à la préparation et à la composition duquel plusieurs années de recherches et de réflexion ont été consacrées, nous nous sommes appliqué de notre mieux à la plus stricte impartialité. Il ne s'est agi naturellement pour nous ni de défendre, ni d'attaquer la monarchie absolue défunte. Tout régime, écrivait Lavisse, a eu à un moment donné sa légitimité et sa raison d'être. Le juger d'un point de vue moderne est dangereux historiquement. Vouloir en faire un modèle pour l'action contemporaine est tendancieux et risque de déformer la réalité. Il y a une diplomatie d'ancien régime, une diplomatie contemporaine, voire même une diplomatie d'après guerre. Il n'y a pas entre elles solution de continuité : elles se pénètrent, elles ne se commandent point forcément. Apprendre à connaître la première n'est pas la rejeter ni l'accepter en bloc. C'est simplement se mieux documenter pour l'organisation d'institutions adaptées à un état historique, moral, politique, économique nouveau, qui ne ressemble point aux précédents, et dans lequel il s'agit non plus seulement des souverains, mais des nations, non plus seulement de l'Europe, mais du monde entier. Le passé seul nous intéressait, et nous avions à tenter de le reconstituer. Il nous sera permis cependant de penser que la connaissance encore imparfaite, mais diffuse de l'histoire diplomatique actuelle ne nous a pas été inutile pour l'intelligence du passé. La guerre de 1914, en faisant revivre devant nous des problèmes anciens, bien qu'élargis et compliqués, nous a suggéré l'idée d'une méthode plus réaliste et moins livresque, appliquée à des époques déjà lointaines. Elle a, ce nous semble, rénové l'imagination historique, rajeuni notre manière d'analyser les événements et d'établir entre eux des relations de causalité. Le présent vivant, en nous donnant des thèmes de réflexion et d'intéressants motifs de comparaison, a modifié nos conceptions historiques. Préparé avec la documentation précitée, ce livre forcément incomplet — puisqu'il est un essai de synthèse sur une base mouvante — s'est inspiré, tout au moins dans la volonté de son auteur, d'une expérience aussi poussée que possible de l'histoire contemporaine. A ce titre, et malgré toutes ses lacunes, il nous paraît constituer un essai de modernisme historique.

INTRODUCTION

La France et les origines de la diplomatie moderne

Pour étudier la diplomatie française au temps de Louis XIV, et déceler ce qu'elle contient de nouveau et d'original, il est prudent d'évoquer les précédents, c'est-à-dire de retracer dans leurs grandes lignes les origines des institutions diplomatiques modernes, telles que les ont décrites Reumont, Baschet, Nys, J. Zeller, Maulde la Clavière, Krauske, Hill et tant d'autres.

C'est l'Italie et tout particulièrement Venise qui semblent avoir été le berceau de la diplomatie moderne. Divers faits difficilement contestables le prouvent.

On sait en effet qu'entre la diplomatie du Moyen âge et celle qui fleurit et s'épanouit au XVIe siècle, les différences sont considérables, et frappantes les antithèses. La première garde un caractère nettement religieux, et comment s'en étonner ? Elle est adaptée à une Europe chrétienne, dans laquelle le pape et l'empereur sont les deux personnages essentiels. La Réforme rompra cette unité déjà vacillante. A la conception d'une communauté chrétienne, susceptible de s'entendre pour la reconquête des Lieux Saints, se substituera celle d'une Europe, dont le principe directeur au XVIe siècle sera celui de l'équilibre entre les divers États. C'est lui qu'invoqueront les rois de France dans leur lutte contre la maison d'Autriche. Mais c'est de l'Italie médiévale qu'était venue cette idée féconde : le morcellement de la péninsule avait mis en garde les petits États contre le danger de la prééminence d'un seul d'entre eux. De plus, comme chacun d'eux ne disposait que de moyens financiers et militaires médiocres, ils multiplièrent ligues et alliances dès le XIVe siècle, et préférèrent de bonne heure une diplomatie sans cesse active à une guerre. Venise fut la première à créer les institutions nécessaires pour mener à bonne fin cette politique très spéciale. A partir du XIIIe siècle, des lois, toujours plus nombreuses, réglementèrent les fonctions et les obligations de ses ambassadeurs. Rome et Florence suivirent l'exemple donné par Venise. Le reste de l'Europe se mit à l'école ultramontaine au temps des guerres d'Italie.

Un des signes les plus caractéristiques de cette évolution, c'est la lente transformation par laquelle se substituent, dans presque tous les grands États, aux envoyés temporaires, des *représentants permanents*. Louis XI n'en avait point à la fin du siècle précédent, et il agissait surtout par agents secrets. Sans doute ne désirait-il pas qu'on usât de réciprocité à son égard, et partageait-il vis-à-vis des ambassadeurs des autres pays la défiance que manifeste Commines, en un passage célèbre de ses *Mémoires,* que l'on peut presque considérer comme le testament de la diplomatie du Moyen âge[2]. Il n'en est plus de même au XVIe siècle. Entre 1550 et 1600 se multiplient les ambassadeurs permanents : leur cause est définitivement gagnée. Sans doute l'ambassadeur gardera longtemps mauvais renom dans la littérature, et d'aucuns le considèreront comme un « espion déguisé ». Mais l'institution est devenue stable et ne fera que se généraliser et se renforcer. En France, sous François Ier et Henri II, se forme un personnel diplomatique recruté en pie parmi les gens d'Église, les plus instruits des sujets du roi, les plus susceptibles de parler latin, les plus faciles à récompenser, sans bourse déliée, depuis le Concordat de 1516, par l'octroi de bénéfices ecclésiastiques. Au XVIe siècle, la France a des ambassadeurs en permanence en Angleterre, aux Pays-Bas, en Espagne, près du pape, dans les petites cours italiennes, etc. Ils ne sont pas inoccupés. Chaque année se complique la politique française. Suivant les circonstances, et successivement au gré de ses intérêts, François Ier, grand artisan de coalitions, aura comme alliés effectifs le roi d'Angleterre, les princes réformés d'Allemagne, le sultan ; comme alliés au moins nominaux les États Scandinaves. La diplomatie prépare, termine, écourte les guerres.

A vrai dire, l'action des ambassadeurs à l'étranger ne représente qu'une pie du travail diplomatique français. Un progrès concomitant est celui qui se réalise dans les organes du gouvernement central, où s'ébauche une spécialisation encore bien peu accusée. La politique extérieure, J. Zeller et Francis de Crue entre autres nous l'ont montré, est l'œuvre du roi, du Conseil, des secrétaires d'État. François Ier s'occupe personnellement des Affaires étrangères avec un conseil secret dont la composition varie. Henri II subit beaucoup plus d'influences : tour à tour, celles du connétable de Montmorency et des Guise. Sous Henri IV, véritable directeur de la politique extérieure française, le conseil se tient en promenades et conversations dans une galerie ou des jardins ; mais déjà parmi les secrétaires d'État prédomine Villeroy, qui correspond avec les ambassadeurs, est en relations avec les représentants des princes étrangers, conduit les négociations les plus importantes du règne. Il semble pourtant que pendant la régence de Marie de Médicis une régression apparaisse. Le conseil d'en haut — quelque nom qu'il porte — persiste. Mais en 1624 les Affaires étrangères sont encore

morcelées entre les divers secrétaires d'État :
Herbault a l'Espagne, l'Italie, la Suisse et les
Grisons dans ses attributions ; Hocqueur
l'Allemagne, la Pologne, la Hollande, la Flandre ;
la Ville aux Clercs Constantinople et le Levant.
Tout changera avec Richelieu, dont nous verrons
l'influence sur la régularisation des institutions
diplomatiques.

*

Telle est, de ce point de vue spécial, la France
du XVIe et du début du XVIIe siècles. Il ne semble
pas que son influence se soit exercée de manière
sensible sur le développement des institutions
diplomatiques, des théories, des coutumes et des
usages dans l'Europe d'alors. Et voici qui
distingue nettement sa situation de ce qu'elle sera
de 1661 à 1715. On ne l'imite pas : on ne s'inspire
pas d'elle : elle participe seulement au
mouvement du temps. Abstraction faite des
institutions intérieures (conseil, secrétaires d'État,
etc.), son exemple n'a point de rayonnement à
l'extérieur. La transformation est européenne :
rien ne différencie la diplomatie générale de la
diplomatie française.

Quant aux principes desquels s'inspire la
politique, ce n'est pas de France, mais d'Italie
qu'ils proviennent. Les princes et les hommes

d'État sont presque tous imbus de machiavélisme et ils subissent l'action, durable d'ailleurs dans les âges suivants, du *Prince* et des autres écrits de l'ambassadeur florentin. De Machiavel les éditions et traductions sont fréquentes.

A côté des principes apparaissent les théories. De nombreux traités sont publiés qui décrivent les institutions sitôt nées, relatent les usages, créent des traditions qu'ils rattachent artificiellement à une antiquité fort mal connue, ou souvent inexactement interprétée. « Les anciens auteurs du droit des gens, remarque avec raison Irénée Lameire, ont eu des préoccupations tout autres que de connaître le droit international de leur temps. » Souvent ils sont en avance ou en retard sur les faits, souvent ils érigent leur pensée individuelle en droit reconnu. Dès le XVIe siècle, leur multiplication est un signe éminent de l'importance nouvelle prise par la diplomatie et par ses institutions de caractère universel en voie de formation.

En France, l'un des plus anciens manuels de ce genre est

Ambaxiador de Bernard du Rosier, publié dès 1436. En 1561, Pierre Danès, ambassadeur du roi de France au Concile de Trente, rédige ses *Conseils à un ambassadeur,* mais dès 1541, Dolet avait publié un essai *De Officio Legati.* En 1603, Hotman de Villiers dédie à Villeroy un fort curieux *Traité de la charge et dignité de l'ambassadeur.*

L'étranger participe avec la même ardeur à réaliser par écrit ce que Jusserand appelle fort pittoresquement *l'École des Ambassadeurs.* Parmi les livres qui semblent — à en juger d'après leurs abondantes traductions — avoir eu le plus d'action, figurent, en 1585, le *De Legationibus* d'Albéric Gentil, professeur italien à Oxford, et, en 1620, *El Ambaxador* d'Antonio de Vera y Çuniga, ancien envoyé espagnol à Venise, que translata en 1635 Lancelot sous le titre du *Parfait ambassadeur.* Ce sont là les précurseurs des Wicquefort et des Callières, contemporains de Louis XIV.

De ces traités il ressort que l'ambassade constitue une pièce essentielle des institutions diplomatiques du temps. Sur le mode de recrutement des ambassadeurs et les modalités de leurs actions, les théoriciens ne peuvent guère que fournir des suggestions. Sur leurs droits ils sont plus précis, voire même plus dogmatiques. Voici le temps où s'élabore la curieuse théorie de *l'exterritorialité,* que le XVIIe siècle avec Grotius connaîtra complètement achevée. D'autres privilèges plus contestables s'y adjoindront, mais on ne saurait encore parler de ce que Nys appelle, avec raison, l' « exagération du droit d'ambassade », postérieure à Grotius, et à laquelle celui-ci a beaucoup contribué

Les mêmes écrits nous font part de l'apparition d'importantes distinctions à l'intérieur du personnel diplomatique. Des ambassadeurs se différencient les agents de second ordre, résidents ou envoyés. Pourtant, au temps même de Leibniz et de Callières, cette hiérarchie n'est ni absolue, ni uniformément acceptée : elle demeurera l'objet de nombreuses contestations.

Avec l'établissement des ambassadeurs permanents coïncide la multiplication à l'infini des querelles de préséance. Chaque envoyé, s'identifiant avec l'État ou le souverain qu'il représente, cherche à obtenir dans les cérémonies la place la plus honorable. Tous les souverains catholiques reconnaissent la suprématie du Saint-Siège. Mais, dès le XVIe siècle, il y a conflit entre la France et l'empereur, qui se prétend supérieur à tous les rois, conflit également entre le roi très chrétien et le roi catholique. Aucune solution définitive et reconnue par les deux pies n'intervient, encore que le Concile de Trente en 1563 ait paru admettre la prééminence de la France sur l'Espagne. Nous retrouverons toutes ces occasions de querelles à l'époque de Louis XIV.

Il y en a d'autres, et fort nombreuses, au fur et à mesure qu'apparaissent l'étiquette et le cérémonial, dont bientôt s'occuperont, autant que des ambassades, les rédacteurs de manuels diplomatiques. De ce point de vue, la vie extérieure d'un envoyé prendra de plus en plus d'importance. L'anarchie règne encore, bien que dans une certaine mesure la cour de Rome ait servi de modèle. Bientôt chaque pays aura ses usages et ses traditions, le tout fort varié et difficile à connaître dans le détail. Que d'objets de litiges et de contestations pour les étrangers, qu'ils soient de leur nature susceptibles, ou qu'ils obéissent aux ordres de souverains ombrageux ! Et aussi quels beaux prétextes de dissertations pour nos théoriciens ! Ainsi se prépare lentement l'inextricable complication de la vie diplomatique, qu'il s'agisse d'une visite d'apparat, ou d'un traité à signer, à la fin du XVIIe siècle.

*

Dans la période qui va de 1624 à 1661, l'évolution dont nous avons indiqué les origines se précipite en France aussi bien qu'en Europe. Et d'abord le gouvernement de Richelieu marque une étape essentielle dans l'histoire des institutions diplomatiques de notre pays. Richelieu s'occupe activement des Affaires étrangères. Sans doute Louis XIII ne fait que continuer à recevoir, comme ses prédécesseurs, les ambassadeurs étrangers, mais fort souvent il prend soin de s'enquérir à l'avance auprès du cardinal de ce qu'il leur faut répondre. Louis XIII et le cardinal travaillent avec le conseil, mais Richelieu ne laisse plus la besogne d'expédition des dépêches s'éparpiller entre les secrétaires d'État : les deux Bouthillier père et fils, ses créatures, se chargent de presque toute la correspondance diplomatique.

Il y a plus que cet affermissement des institutions. C'est l'importance attribuée par le cardinal à la diplomatie. Sur ce sujet les vues générales exprimées par lui dans son *Testament politique* sont bien curieuses. Pour Richelieu, la négociation n'est pas un accident, un fait isolé, c'est un tout continu que n'interrompent ni la paix, ni les hostilités. « J'ose dire hardiment, écrit-il, négocier sans cesse ouvertement en tous lieux, quoiqu'on n'en reçoive pas un fruit présent, et que celui qu'on peut attendre à l'avenir ne soit pas apparent, est une chose tout à fait nécessaire. » La négociation qui n'aboutit pas est pourtant utile : elle demeure un moyen d'information. « Celui qui négocie... est averti de ce qui se passe dans le monde, ce qui n'est pas de petite conséquence pour le bien des États... Il faut agir partout, près et loin. » Quoi de plus moderne, et quel bel argument pour le maintien et l'extension d'une diplomatie permanente !

Même précision et même insistance en ce qui regarde les principes et les moyens d'action en matière de politique. La *guerre juste* est légitime. Encore doit-on être bien sûr qu'elle soit telle, et s'entourer de précautions. « La première chose qu'il faut faire, lorsqu'on en est contraint de venir aux armes, est de bien examiner la cause qui les met en main, ce qui doit être fait par des docteurs de capacité et de probité requise. » « Ce fondement présupposé », une des meilleures méthodes pour réussir, c'est de « prendre bien son temps ». Viennent ensuite les alliances. Les unes se font entre parents unis par les liens du sang. « Il ne les faut pas négliger, et c'est souvent une des plus importantes matières des négociations : toujours on tire cet avantage qu'elles retiennent pour un temps les États en quelque considération de respect les uns envers les autres ». Les autres se concluent entre États qui ont des intérêts communs. Les ligues ont leur utilité, à condition qu'un prince se sente assez fort pour faire réussir ses desseins, « quand même ses alliés viendraient à lui manquer ». En cas de péril, toutes les alliances deviennent légitimes. « Il n'y a pas de théologien au monde qui ne puisse dire, sans aller contre les principes de la lumière naturelle, que la nécessité oblige celui à qui on veut ôter la vie, de se servir de quelque secours que ce puisse être pour se garantir : aussi un prince a-t-il le droit de faire de même pour éviter la perte de son État ». A la guerre un traité met fin. Sur le respect qu'il mérite, Richelieu est catégorique : ni machiavélisme, ni théorie romaine du salut de l'État comme précédemment. « Les rois doivent bien prendre garde aux traités qu'ils font : mais quand ils sont faits, ils doivent les observer avec religion ». Bel exemple de maximes d'État et de théories politiques, plus nettes même et plus pénétrantes que celles que nous trouverons au temps de Louis XIV. Il fallait les rappeler pour expliquer la pratique et les idées de la fin du siècle.

Sur les instruments mêmes de la diplomatie, Richelieu est plus laconique. « Il est tout à fait nécessaire, note-t-il seulement, d'être exact au choix des ambassadeurs et autres négociateurs, et on ne saurait être trop sévère à punir ceux qui outrepassent leur pouvoir, puisque par telles fautes ils mettent en compromis la réputation des princes et le bien des États tout ensemble. »

De Richelieu à Mazarin aucun progrès important ne semble s'être réalisé dans les institutions diplomatiques intérieures de la France. Le rôle du premier ministre s'affirme essentiel : les secrétaires d'État comme Brienne père et fils n'auront que des initiatives très limitées. Un conseil d'État subsiste, véritable cohue encombrée de princes du sang et de grands seigneurs : en dehors de lui s'est établi un conseil *secret* ou *restreint.* Depuis 1649 le jeune roi assiste aux délibérations. Le manque d'argent est la plaie du régime. Mais Mazarin dispose d'un personnel de diplomates bien exercés, dont beaucoup verront leur carrière se terminer dans les premières années du gouvernement personnel de Louis XIV.

En Europe, les mœurs et les usages diplomatiques demeurent à peu près les mêmes. En son *De jure belli et pacis*, publié en 1625, et dédié à Louis XIII, Grotius synthétise en les dépassant les travaux de ses prédécesseurs : il est aux origines du droit international, il y introduit d'importantes considérations empruntées aux principes du droit, de la justice, de l'équité, et donne une note nouvelle en opposition avec le machiavélisme ambiant.

Le fait principal et d'importance européenne de la première moitié du XVIIe siècle, c'est le congrès de Westphalie. Ce sont les premières grandes assises de la diplomatie moderne. A ce titre il constitue pour les âges futurs à la fois un précédent et un modèle. Discussions de juristes, lenteur voulue des négociations, interminables querelles de préséance, splendeur des fêtes et réceptions, tout s'y retrouve de ce qui caractérisera plus tard les congrès. Tous les états chrétiens ont des envoyés. Les médiateurs sont nombreux, représentants du pape, de Venise, du Danemark. Les protestants délibèrent à

Osnabrück, les catholiques à Münster. Questions politiques, questions religieuses sont également du programme du congrès. Avant les traités définitifs, toute une série de conventions particulières sont signées. Finalement, l'on aboutit à une paix, qui n'est point générale. Le texte même des stipulations est loin d'être clair : d'innombrables contestations d'avenir demeurent possibles. C'est véritablement la diplomatie moderne, avec son lourd appareil, d'une manœuvre pesante et difficile. Le Moyen âge est bien mort, avec sa primauté du pape et de l'empereur. Le principe d'équilibre triomphe, mais déjà la balance des forces penche légèrement du côté de la France.

Que conclure, sinon que dès 1648 il y a en Europe des traditions et des habitudes diplomatiques, une manière quasi nouvelle de concevoir la guerre et la paix, des organismes permanents spécialisés dans l' de la politique et des négociations ? Déjà la France semble de ce point de vue en position avantageuse : la spécialisation technique est en sérieux progrès : les instruments de l'action sont presque tous forgés. Vienne un chef jeune et bien entouré : la diplomatie s'intensifiera, augmentera son rendement jusqu'au maximum, et influera sur les mœurs et les coutumes politiques de l'Europe tout entière.

LIVRE PREMIER

L'organisation centrale de la diplomatie française (1661-1715)

*

Reconstituer l'organisation de la diplomatie sous un régime absolu comme l'est celui de la monarchie française au XVIIe siècle, c'est d'abord se rendre compte de la manière dont est prise une décision en politique extérieure. La réponse semble simple. Comme au temps de Richelieu et de Mazarin, le roi dirige les affaires étrangères avec l'aide du secrétaire d'État « des étrangers » et du conseil d'en haut. Mais à partir de 1661, Louis XIV n'a plus eu de premier ministre. A-t-il donc rempli personnellement les fonctions qu'il avait supprimées ? De plus, quels ont été ses rapports avec le conseil d'en haut et le secrétaire d'État « des étrangers » ? Il y a eu là une collaboration beaucoup moins réglée que ne le pensent parfois les historiens des institutions, compliquée de divisions personnelles, d'incertitudes ou de conflits, comme tout ce qui appartient à l'ancien régime. L'ensemble participe de la confusion historique du temps, si difficile à décrire concrètement et par le menu. Aussi, si tentante que puisse paraître la méthode qui consiste à s'attaquer d'abord à la personne du souverain et à décrire son activité, il est préférable d'aborder l'étude des attributions du conseil et du secrétaire d'État, afin de délimiter plus facilement, le rôle du monarque, et de montrer qu'effectivement il ne se réduit pas à un ministère de la signature ou à l'office de la présidence.

CHAPITRE PREMIER

Le Conseil d'État sous Louis XIV

Il ne nous appartient pas de retracer l'histoire du Conseil d'État, ni la manière dont il fonctionnait avant 1661[3], mais seulement de mettre en lumière la physionomie et l'activité de cet organisme, dans la mesure où il conditionne la diplomatie du gouvernement personnel de Louis XIV.

Les appellations données à ce Conseil ont beaucoup varié au cours du règne. Conseil restreint, conseil secret, conseil étroit, conseil du cabinet, conseil d'en haut, conseil d'État : la dernière dénomination semble l'avoir emporté, et c'est elle que Dangeau emploie de préférence. Conseil du ministère, dira encore l'envoyé prussien Spanheim. Mais le mot, bien que juste, n'a pas fait fortune. Le titre employé par Dangeau demeure le plus commode. Nous l'adopterons.

Sur les attributions, nulle grave incertitude. Le Conseil d'État ne s'occupe point uniquement des Affaires étrangères. « On y résout, observe Spanheim, tout ce qui regarde le gouvernement, et qui peut être de quelque importance pour le roi, pour la cour, pour l'État, en un mot pour le dedans et pour le dehors du royaume. » « On y examine, rapporte l'ambassadeur vénitien Venier dans sa *relation* à son gouvernement, les questions politiques, économiques, relatives à la guerre, et tout ce qui regarde l'État. » Spanheim et Venier ont raison. Tout ce qui est d'importance au jugement du roi, fût-ce même un problème religieux, peut venir devant le Conseil d'État : le Conseil d'État est bien près d'être un Conseil des ministres. Nul autre conseil ne s'occupe de politique extérieure. Seulement — nous le montrerons — *toutes* les questions de politique extérieure ne lui furent pas soumises ; son ordre du jour dépend uniquement du roi et est fixé par lui.

Quelque nom qu'on lui donne, ce Conseil a existé antérieurement. Qu'est-ce qui le distingue donc de ses prédécesseurs pendant la période qui va de 1661 à 1715 ? Son recrutement, sa fréquence, le secret par lui observé.

Très nombreux avant 1661, le Conseil d'État dans les années suivantes ne comprendra qu'un chiffre restreint de membres. En 1653, André d'Ormesson l'évaluait à 24 personnes, sans compter le roi et la reine mère. Non seulement le cardinal, le chancelier, le garde des sceaux, les deux surintendants, les secrétaires d'État y figuraient, mais encore l'oncle du roi, les princes du sang, des grands seigneurs, des maréchaux.

On s'y tenait debout pour éviter les disputes de préséance. Le travail y devenait difficile et la discrétion nulle.

Mazarin mort, tout changea, et ce fut un véritable bouleversement, dont les contemporains demeurèrent saisis, ne voulant pas croire à la durée du nouveau régime. Le 10 mars, l'ancien Conseil fut congédié ; le jeune roi signifia à ses membres que « quand il aurait besoin de leurs bons avis, il les ferait appeler »[4]. Le 14 mars commençait à fonctionner le Conseil secret, composé de Fouquet, Lionne, le Tellier, Brienne servant d'adjoint. A pir de 1662 un triumvirat définitif se composa de Le Tellier, Colbert et Lionne : il comprenait en fait le chancelier, le contrôleur général des finances, et le secrétaire d'État « des étrangers ». La reine mère elle-même ne participa plus aux délibérations. Avec ce petit nombre de collaborateurs, le secret jugé nécessaire et d'ailleurs imposé par le roi devint une réalité.

Le plus curieux fut que ce coup d'État eut des suites durables. Sans doute le chiffre des membres du Conseil fut accru au cours du règne, mais il demeura toujours restreint. Quatre personnes en 1672 (Le Tellier, Pomponne, Louvois, Colbert), cinq en 1692 (le Dauphin, Pomponne, Pontchrain, Le Peletier, le duc de Beauvillier), six en 1711 (le Dauphin, le duc de

Bourgogne, le duc de Beauvillier, Voysin, Torcy, Pontchrain).

Autre innovation, et celle-là non moins importante. Choisi par le roi, le Conseil fut tout entier dans sa main. Jadis les membres du Conseil d'en haut portaient le titre de ministres d'État, et recevaient un brevet en bonne forme. Le titre continua à exister, mais il ne suffit plus pour assurer à son titulaire un siège effectif. C'est ainsi que Pomponne est nommé secrétaire d'État « des étrangers » et ministre d'État en janvier 1672 ; que disgracié en 1679 il perd sa secrétairerie et garde son titre de ministre d'État, avec la pension de 20.000 livres qui y est attachée[5], mais qu'il ne figure plus au Conseil jusqu'au moment où le roi l'y fait rentrer en 1691. Désormais en effet, il suffit d'un ordre du roi, voire même d'un appel transmis oralement par un huissier de son cabinet, pour siéger au Conseil. Le brevet deviendra inutile. « Le 23 novembre 1709, écrit Saint-Simon, le roi fit Chamill ministre, et lui ordonna de venir le lendemain au Conseil d'État. » Et Saint-Simon de s'indigner contre cette forme d'omnipotence royale !

Un cas intéressant, mais d'ailleurs exceptionnel, c'est celui des personnages que l'on pourrait appeler les *surnuméraires* du Conseil. Il y eut au moins deux situations fausses pendant le long règne de Louis XIV. La première est celle de

Brienne fils, secrétaire d'État des étrangers, siégeant au Conseil, mais avec des pouvoirs restreints et déjà sous la surveillance de Lionne, qui en fait également pie. La seconde, beaucoup plus caractérisée, est celle de Torcy. Survivancier de Croissy dans sa charge de secrétaire d'État depuis 1689, il entre au Conseil en juillet 1697, mais il n'en fait point pie officiellement et « ne peut, remarque Saint-Simon, ni s'asseoir, ni opiner ». Frédéric Masson prétend même, sans donner de références, qu'il sortait aussitôt qu'il avait fait son rapport sur des questions qui méritaient un exposé détaillé. Ce stage prit fin en janvier 1699, date à laquelle il reçut la voix délibérative.

Puisque les membres du Conseil d'État sont choisis par le roi et révoqués par lui, il serait important de savoir comment se fait leur recrutement, s'il se détermine suivant des principes, ou pour des raisons purement individuelles. Il est certain que le roi s'abstint systématiquement de faire appel à aucun ecclésiastique. Vers 1672, Bonzy, candidat au secrétariat d'État des étrangers fut écarté peut-être pour ce motif. Mais le cas le plus clair est celui du cardinal de Forbin-Janson, ancien ambassadeur en Pologne, fort apprécié de Louis XIV. A en croire Saint-Simon, le roi lui-même, dans une conversation avec Torcy eût quasi regretté de ne pouvoir utiliser ses capacités, mais il eût déclaré qu'à la mort du cardinal Mazarin « il avait... bien résolu de n'admettre jamais aucun ecclésiastique dans son Conseil, et moins encore les cardinaux que les autres ». En fait, son attitude négative fut constante et le demeurera par la suite pour le cardinal de Polignac comme pour les prélats ses prédécesseurs.

Cette réserve faite, les choix du roi semblent bien s'inspirer de motifs personnels. Évidemment, le secrétaire d'État « des étrangers » fait toujours pie du Conseil d'État. Le contraire eût été difficile, puisqu'il jouait l'office de rapporteur. Pourtant, en 1695, Croissy, secrétaire d'État « des étrangers » étant absent, ce ne fut pas Torcy alors survivancier qui le remplaça, mais bien, affirme Sourches, le duc de Beauvillier, simple membre du Conseil.

Pour les autres ministres, comme l'a montré Boislisle, aucune règle générale n'intervient. Le roi choisit à son gré, rarement parmi les nouveaux venus. En fait, ce sont pourtant les ministres, puisque l'on appelle de ce nom collectif le chancelier, le contrôleur général, les quatre secrétaires d'État, qui constituent le terrain préféré de la sélection royale. On compte facilement ceux qui, membres du Conseil ne furent pas des leurs, le duc de Beauvillier, chef du Conseil des Finances, le maréchal de Villeroy ; Saint-Simon a raison : les roturiers anoblis dominèrent et la noblesse fut tenue à l'écart. Il faut cependant mettre à p les représentants directs de la famille royale. Si Monsieur, frère du roi, ne fut presque jamais convoqué, le Dauphin est introduit au Conseil d'État en 1691, le duc de Bourgogne en 1702. Leur attitude fut réservée. Du premier, un ambassadeur vénitien prétend qu'il s'abstint souvent d'intervenir, pour ne point susciter la jalousie paternelle. Du second, Saint-Simon rapporte qu'à son entrée « le roi lui dit qu'il comptait qu'il y écouterait et s'y formerait quelque temps sans opiner ». Mais le fils et le petit-fils du roi avaient d'autres moyens d'exercer leur influence qu'en prenant la parole au Conseil d'État. Ils s'en firent peut-être moins faute qu'on ne l'a cru souvent.

En face des titulaires, il y a toujours ceux qui désirèrent l'être, et les mémorialistes font état, surtout au début du XVIIIe siècle, de divers candidats évincés, le duc de Chevreuse, qui, à en croire Saint-Simon fut ministre d'État « sans en avoir l'apparence et sans entrer au Conseil », le maréchal d'Harcourt, protégé de Mme de Maintenon, écarté en 1709, et peut-être le maréchal de Boufflers.

L'existence, le plus souvent négligée par les historiens, de conseils tenus extraordinairement, à côté des conseils réunis périodiquement et régulièrement pose un autre problème, celui des membres exceptionnels et accidentels du

Conseil[6]. Louis XIV a tenu sa promesse de 1661 d'appeler certains personnages importants quand il aurait besoin de leur concours. A vrai dire, il le fait dans des circonstances spéciales, à la veille d'une guerre, ou pour prendre des décisions importantes : encore la distinction est-elle parfois difficile entre le Conseil d'État extraordinaire et le Conseil de guerre. Les exemples sont nombreux pour les premières années du gouvernement personnel. S'agit-il de soutenir les Vénitiens contre les Turcs à Candie, Condé, Turenne, Villeroy voient leurs avis sollicités. En 1662 grand Conseil extraordinaire presque au lendemain de l'attentat de la garde corse contre le duc de Créqui notre ambassadeur à Rome. Y figurent la reine mère, Monsieur, Grammont, Villeroy, des ducs, des marquis. En juin 1663, Turenne donne son avis sur la même affaire en un conseil qui semble plus restreint. En 1664, de nouveau grand Conseil avec les deux reines, Monsieur, les princes du sang et les conseillers d'État. Dans l'ensemble, Turenne paraît avoir été le plus écouté de ceux qui étaient en marge du triumvirat officiel à l'époque qui va de 1665 à 1670. Si bien que des contemporains ont même pu affirmer qu'il était convoqué régulièrement et qu'il prenait p, deux fois par semaine, au Conseil d'en haut. L'ambassadeur vénitien Sagredo le prétend pour

1665 et Gourville pour 1668. Ils nous paraissent un peu trop sûrs de leur fait[7].

Il est probable que l'usage de ces conseils extraordinaires ne se perdit point dans les années suivantes. Dangeau en cite un en 1692, toujours sur « les affaires de Rome », qui fut composé de tous les ministres, de M. le Chancelier, de M. le Contrôleur général et de M. de Beauvillier.

Les dernières années du règne font apparaître un problème fort controversé, celui de la présence de Mme de Maintenon au Conseil d'en haut[8]. Elle a d'ailleurs moins d'importance qu'on ne le pense, puisqu'il ne manque point d'autres preuves qui démontrent jusqu'à l'évidence le rôle considérable joué par elle en matière de politique extérieure. Voici l'objet précis de la discussion. Le mardi, 9 novembre 1700, puis le jour suivant, deux conseils d'en haut se tinrent à Versailles. Grave ordre du jour : accepterait-on le testament de Charles II, roi d'Espagne ? Mme de Maintenon fut-elle appelée et donna-t-elle son avis ? Le bruit en courut. « On m'a assuré, écrit Madame, aussi malveillante qu'à son ordinaire pour « la vieille guenipe », que le roi a amené hier publiquement la *pantocrate* au Conseil. » Saint-Simon est plus affirmatif, et il déclare que « cette entrée publique dans les affaires étonna singulièrement la cour ». Le roi eût forcé Mme de Maintenon, qui se taisait par modestie, à donner son avis, après que chacun, sauf lui, eût opiné. Saint-Simon a pour lui Dangeau qu'il suit de près, et aussi l'ambassadeur vénitien ; malheureusement pour nos auteurs, Torcy prétend le contraire en son *Journal*, et il faut bien reconnaître que lui seul de tous ceux qui le décrivirent a assisté au Conseil. Enfin voici ce que Sourches note quelques années plus tard à la date de mars 1710. Le 26, deux Conseils d'en haut se tiennent successivement, le second à six heures et demie du soir chez la marquise de Maintenon : on y apporte déchiffrées les dépêches de Hollande : il s'agit donc bien d'affaires étrangères. Et Sourches ajoute : « Le roi travaillait ordinairement avec ses ministres, chacun à leur jour chez la marquise, mais *il n'avait jamais encore tenu chez elle le Conseil d'État complet comme le fut celui-là.* » Que conclure, sinon que la présence de Mme de Maintenon dans le Conseil solennel de 1700 est douteuse, qu'elle est certaine en 1710, mais aussi que ce n'est pas Mme de Maintenon qui assiste au Conseil régulier, que ce sont plutôt les ministres qui se déplacent pour travailler chez elle en la présence du roi ! L'activité de Mme de Maintenon n'intéresse donc qu'accidentellement l'histoire intérieure du Conseil d'en haut.

*

De la composition du Conseil d'État, nous passons naturellement à sa périodicité. La fréquence et la régularité des séances sont une des innovations introduites par le roi dès 1661. Encore y eut-il des variantes au cours de cinquante-quatre ans de règne.

Dès 1661, un calendrier régulier est établi pour le Conseil d'État comme pour ceux des dépêches, des finances, etc. Il semble, d'après les *Mémoriaux du Conseil,* que dans les premiers temps les réunions eurent lieu tous les jours, sauf le dimanche. Sans doute y avait-il un excédent d'affaires à liquider, et peut-être le jeune roi désirait-il par ces séances répétées parfaire son éducation diplomatique et, en même temps, multiplier les occasions de montrer son autorité. Puis cette activité se ralentit. Vers 1664, suivant Grimarii, l'ambassadeur vénitien, le lundi et le vendredi le roi confère avec le triumvirat des Affaires étrangères. Encore ce relâchement n'est-il qu'apparent. « Le soir le roi ne manque jamais de se retirer avec les trois ministres pour discourir, expédier les choses importantes, écouter la lecture des dépêches arrivant ou partant, et ratifier lui-même les lettres envoyées à ses représentants. »

Suit une époque trouble, et que des campagnes militaires rendront encore plus confuse. S'agit-il de conseils de guerre ou de conseils d'en haut ? Le roi est aux armées, mais en même temps il s'occupe de Mlle de la Vallière et de Mme de

Montespan, deux occasions de perturbations dans le fonctionnement de l'organisme central. Le roi absent de Paris en 1667 et conquérant la Flandre, n'emmène point Lionne, mais son fils Berny, et aussi Le Tellier, dont le rôle en matière diplomatique fut si considérable dans les premières années du règne. N'était-il pas le plus ancien et le plus expérimenté des membres du triumvirat ? En juillet 1667, un conseil se réunit à Douai, ville assiégée[9] « où étaient, outre M. Le Tellier et M. Colbert, M. de Turenne et M. de Louvois ». En tout cas, revenu de la guerre, le roi prendra de fréquentes vacances, et le conseil d'en haut — officiel ou non — se réunira sans lui. « Nous nous sommes assemblés, écrit Lionne, de Paris, le 24 septembre 1669, suivant l'ordre du roi, M. Le Tellier, M. Colbert et moi, pour délibérer sur les Affaires étrangères. » On pourrait multiplier les citations de ce genre. En somme il y a eu moins de régularité qu'on ne l'a cru dans l'organisation diplomatique des premières années du règne. En 1669, de véritables conseils d'État se sont tenus à Paris ou à Chaville, séjour de Le Tellier, sans que le roi y assistât. Il en fut de même en 1670, lors de la visite du roi dans les pays récemment conquis. Il est probable d'ailleurs que ce flottement ne dura pas. La périodicité du Conseil auquel assiste de nouveau le roi réapparaît dans les années suivantes. Giustinian, ambassadeur de Venise de 1673 à 1676, affirme qu'il se tenait deux fois par jour, ce qui est sans doute excessif. A partir de 1684, Dangeau nous renseigne avec son ordinaire et louable précision. Il indique quatre jours, le dimanche, le mercredi, le jeudi, et le lundi seulement tous les quinze jours, par alternances avec le Conseil des dépêches. Cette habitude semble s'être maintenue, à quelques différences près, jusqu'à la fin du règne. Le roi y assiste toujours. Les dérogations au calendrier sont rares et toutes justifiées : les fêtes religieuses amènent des transpositions de jour, et les médecines royales des changements d'heure. Assez souvent, le jeudi, la session ordinaire est supprimée[10]. Par contre, il y a des réunions supplémentaires : une affaire non terminée dans le Conseil du matin s'achève en un Conseil du soir. Les vacances des membres sont rares. En septembre 1711, le roi permettra à ses ministres de s'en aller le dimanche après le Conseil et de ne revenir que le vendredi. « Il a voulu, nous dit Dangeau, leur donner le plaisir d'être quelques jours chez eux à la campagne. » Ce sont là des exceptions : un ministre n'est dispensé du Conseil que par raison de maladie. Goutteux et rhumatisant, le roi tient séance de son lit. L'institution fonctionne mécaniquement. Les deuils même ne l'interrompent pas à la fin du règne. Une seule perturbation importante : en

1692, Louis XIV part pour la Flandre ; il emmène Croissy, Beauvillier, Pomponne ; Pontchrain et Le Peletier demeurent à Paris. Le Conseil est démembré. En 1695, il se réunit à Compiègne.

*

Il serait fort intéressant de pouvoir étudier dans le détail le fonctionnement du Conseil. Mais nous sommes mieux renseignés sur ses formes extérieures que sur les différents aspects de son activité. Encore, les indications qui nous sont données valent-elles pour la deuxième moitié du règne.

Le Conseil d'État se tient en des lieux bien différents, au gré des déplacements du roi, à Fontainebleau, à Saint-Germain, à Versailles, à Marly, etc. : il se réunira même à Trianon, ou à Meudon, chez le Dauphin. En général, dans les diverses résidences il y a une chambre du Conseil attenant au cabinet du roi. A Fontainebleau, la salle du Conseil qui est un grand cabinet donne sur le jardin de Diane. A Marly, il y a une salle du Conseil, mais la réunion a lieu parfois chez Mme de Maintenon. A Versailles, la salle du Conseil était voisine du grand salon carré. Elle fut agrandie en 1701, et voici, d'après un inventaire de son mobilier qu'a publié de Nolhac, quel était son contenu : « Une grande table pour le Conseil du roi, couverte de velours vert, garnie autour du bord d'un galon d'or, avec soubassements traînant jusqu'à terre, et faisant coins arrondis et amples, de riche broc à la Persienne, etc... Dans la pièce, cinq fauteuils couverts de riche broc à la Persienne, et dix sièges ployants. » Sur les murailles, une profusion de miroirs. Mais très souvent il y eut séance dans la chambre de Mme de Maintenon : elles y assistait dans une encoignure, blottie dans un fauteuil en osier, prolongé en forme de niche, qui la protégeait contre les courants d'air mortels d'es grands appartements de Versailles.

En général, le Conseil avait lieu le matin, après le lever et les audiences. Le roi, nous rapporte l'*État de la France en 1689,* disait : « Au Conseil », appel que les huissiers répétaient, et chacun de se rendre dans la salle, où le travail commençait pour se prolonger jusqu'à midi et exceptionnellement une heure. Si les affaires étaient trop nombreuses, on se remettait à la besogne l'après-midi de quatre heures à sept heures.

Les membres du Conseil n'avaient pas plus d'uniforme que les ambassadeurs. Ils étaient vêtus comme les courtisans, exception faite peut-être pour les ministres dont la tenue se rapprocha longtemps de celle des gens de robe. Ils étaient assis, alors que dans les autres conseils, sauf à celui des finances, ils se tenaient debout. C'est ainsi que les représente une curieuse gravure du temps. Une grave question était celle de la préséance : comment l'a-t-on résolue ? Suivant l'abbé de Choisy, à la mort de Louvois, en 1691, le roi ne voulut plus établir de rang entre ses ministres, « et, s'étant mis au bout d'une longue table, il fit mettre Monseigneur à sa gauche et M. de Croissy à sa droite, parce qu'il a toujours des lettres à lire comme secrétaire d'État des étrangers. M. de Beauvillier prit sa place au-dessous de M. de Croissy, et ensuite M. Le Peletier ; M. de Pomponne se mit au-dessous de Monseigneur, et au-dessous de lui M. de Pontchrain ». En 1699, Dangeau nous indique un autre ordre qui ne dépendrait point de l'importance du ministère ou de la fonction, mais de la date à laquelle chacun des membres a été nommé ministre d'État. « Le roi est au bout de la table, Monseigneur à un des côtés, M. de Beauvillier (1691) et M. de Pomponne (*idem*) de l'autre côté, M. le Chancelier (1694) du côté de Monseigneur mais laissant un siège vide entre Monseigneur et lui ; M. de Torcy est au bout de la table. » Les deux descriptions ne sont pas contradictoires puisqu'elles s'appliquent à des époques différentes. Aussi bien l'importance du problème est-elle très relative.

Sur la véritable physionomie du Conseil, notre indigence documentaire est grande. Point de procès-verbaux, mais seulement ce qui ne saurait être équivalent, les notes prises par Brienne, et par Le Tellier en 1661, et que l'on a publiées sous le nom de *Mémoriaux* du Conseil, et le *Journal* de Torcy pour les années 1709-1711. Dans les mémoires du temps, bien peu d'indications. Une vue synthétique de Spanheim, confirmée par les faits nous indique l'essentiel. « C'est dans ce Conseil du ministère que se traitent toutes les grandes affaires de l'État, tant de paix que de guerre, que les ministres qui y entrent y font rapport de celles de leur département particulier..., qu'on lit les dépêches des ministres au roi dans les cours étrangères, les réponses qu'on y fait et les instructions qu'on leur donne, qu'on y délibère sur les traités, les alliances et les intérêts de la couronne avec les puissances étrangères. » Spanheim a point tort, mais son témoignage mérite d'être précisé.

Il est bien rare, que les contemporains connaissent l'ordre du jour d'un Conseil. Le secret est bien gardé. « On croit, écrit en avril 1709, Dangeau, qu'on a pris la dernière résolution sur les propositions exorbitantes que les alliés font pour la guerre. » En janvier 1711, le Conseil chôme, le mauvais temps ayant retardé l'arrivée de tous les courriers : la même année, en mars, on s'occupe des affaires de Bavière et de Rome. Tout cela est bien vague et quasi insignifiant.

Serons-nous plus heureux avec le *Journal* de Torcy et avec ses *Mémoires* ? Leur auteur nous montre clairement qu'après le rôle du roi, celui du secrétaire d'Etat des étrangers est essentiel. Mais quelle est l'attitude des autres membres du Conseil ? Beauvillier semble avoir été un des plus influents. En cas d'absence de Torcy, c'est lui qui le remplace et fait le rapport sur les Affaires étrangères. Les divergences d'avis entre les conseillers, quand le roi les invite à opiner successivement, sont considérables. Dans les grandes circonstances, tout le monde parle et développe ses raisons. Dans le fameux Conseil du 9 novembre 1700, où fut décidée l'acceptation du testament du roi d'Espagne, l'ordre des opinants fut le suivant : Torcy, Beauvillier, le chancelier, le Dauphin. Il semble que les princes du sang. Monseigneur et le duc de Bourgogne parlent les derniers. Monseigneur déclare lui-même en 1710 qu'il n'est pas « harangueur » et qu'il s'expliquera en peu de paroles. Il n'en est pas de même du duc de Bourgogne, dont les interventions sont fréquentes et vives. Parmi les ministres, Voysin, qui remplace au Conseil et à la guerre Chamill brusquement disgracié en juin 1709, est un homme — au dire de Torcy qui n'aimait point Chamill — qui parle de bon sens et sans passion, et chez qui le jugement supplée à l'expérience.

Telles sont les principales silhouettes du conseil d'État pendant les dernières années du règne. Sans doute, les discussions furent-elles plus vives encore au temps où Colbert et Louvois.

antagonistes, en faisaient pie, quand y manœuvrait le vieux Le Tellier, chargé de prudence et d'expérience, se faisant petit devant le roi pour ne pas éveiller sa susceptibilité et sa crainte d'être gouverné. Mais de ces temps héroïques, aucun indice ne demeure, et ces luttes d'influence durent se poursuivre bien ailleurs qu'au Conseil !

Tout au moins est-il possible d'indiquer, de manière plus détaillée que ne le fait Spanheim, les principales occupations du Conseil en matière de politique extérieure pendant la longue durée du gouvernement personnel.

Le Conseil travaille souvent sur des mémoires qui lui sont fournis par le secrétaire d'État des étrangers.

Régulièrement il prend connaissance, soit par extraits, soit intégralement des lettres des ambassadeurs ou plénipotentiaires, sitôt qu'elles sont déchiffrées. Il discute le sens général des réponses à leur adresser. S'agit-il d'un traité, il se prononce sur les propositions de paix, quand le roi, comme en 1709 et 1710, veut bien les lui soumettre.

Il s'occupe ensuite du choix des ambassadeurs ou plénipotentiaires. Souvent, le roi sans le consulter expressément, lui fait part de ses nominations qui deviennent définitives à pir de ce moment-là. La teneur des instructions à donner à ces envoyés est fixée au Conseil dans ses grandes lignes.

La direction d'ensemble des opérations militaires, qu'accompagnent des négociations, ou qui marquent une orientation de la politique générale lui est fort souvent soumise, et parfois il se prononce sur elle.

C'est peu évidemment pour satisfaire notre curiosité. Aussi bien serait-il dangereux d'isoler l'action du Conseil de l'action diplomatique générale, comme également d'augmenter son importance. Il ne représente qu'une pie du travail central. Tout ne passe point devant ses yeux. La matière lui est en quelque sorte préparée. Son rôle est purement consultatif. Il délibère sur les questions qui lui sont proposées et d'après les informations qui lui sont données. Il n'a jamais le dernier mot : s'il s'agit du détail, le soin en revient au secrétaire d'État des étrangers ; s'il s'agit de la décision, c'est le roi qui tranche, une fois les avis écoutés. Il n'est, en somme, qu'un *moment* de l'élaboration politique. Son recrutement, son mode de nomination ne lui assurent aucune indépendance, lui enlèvent toute initiative hors celle que le roi, de lui, sollicite. Tout au plus, a-t-on l'impression qu'au début du XVIIIe siècle le roi s'adresse plus volontiers à son Conseil qu'auparavant, qu'il favorise la discussion, qu'il se relâche un peu de ses habitudes de décider en tout temps et à toute occasion. Encore est-elle bien fugitive, et le résultat peut-être d'une documentation plus abondante et plus précise que pour les époques précédentes.

CHAPITRE II

Le secrétaire d'État des Affaires étrangères et les principaux collaborateurs du Roi

*

Le Conseil d'État n'étant qu'une réunion purement consultative, il faut voir dans le secrétaire des étrangers le collaborateur le plus important du roi, qui participe à ses décisions et exécute ses ordres, dirigeant toute la machine déjà compliquée que constitue le département des relations avec l'extérieur. Décrire son activité, ce sera analyser ses pouvoirs théoriques, comme aussi définir le caractère de son autorité, suivant qu'il s'appelle Lionne, Pomponne, Croissy ou Torcy. Enfin indiquer la limitation de son pouvoir ce sera aussi déterminer la part d'influence que peuvent avoir ses collègues au Conseil d'en haut, qu'ils soient chanceliers ou secrétaires d'État de la guerre, et en même temps celle de quelques personnages en marge, depuis Turenne jusqu'à Mme de Maintenon.

*

Sans remonter plus loin que 1661 pour l'étude de cette charge, il est loisible de constater qu'à cette date la spécialisation du secrétaire des étrangers est déjà fort avancée, mais qu'elle est loin d'être complètement établie. D'abord, d'autres occupations y sont adjointes. Vers 1663, Lionne a la marine dans ses attributions. Il s'en plaint, représentant qu'il « exerce une charge très laborieuse... formant de sa main toutes les minutes des dépêches de S.M. aux ambassadeurs et ministres qui la servent au dehors ». Mais ce n'est qu'en 1669 qu'un règlement le débarrassera au profit du bourreau de travail, qu'était Colbert, de la marine et du commerce — et aussi, ce qui s'accorde peu avec nos idées modernes — des consulats dans les pays étrangers.

Ce n'est point tout. Les provinces pour leur administration sont pagées entre les divers secrétaires d'État, auxquels elles fournissent des revenus supplémentaires, celles dans lesquelles subsistent des États Provinciaux étant particulièrement recherchées à cause de leur munificence. Lionne, en 1668 avait la Champagne et la Brie, la Bretagne, la Provence, les trois Évêchés. Sa situation fut renforcée de ce point de vue, quand il eût perdu la marine : il reçut quelques provinces en compensation. En 1673, divers échanges eurent lieu entre Pomponne, successeur de Lionne, et Louvois, secrétaire d'État de la guerre. En 1715, Torcy avait dans son ressort la Bretagne, la Provence, le Berry, la Champagne, le Lyonnais, le Limousin, l'Angoumois, la Saintonge, la Navarre, le Béarn, etc.

Il y a plus : le secrétaire d'État des étrangers est secrétaire du roi au même titre que les autres. Trois mois par an, il est chargé des expéditions de lettres officielles : le reste du temps, ses collègues le remplaçent. En 1668, par exemple, il s'acquitte de ce service pendant les mois de mars, de juillet et de novembre.

Ce sont là fonctions étrangères aux Affaires extérieures. Par contre, il arriva que le secrétaire des étrangers fut surintendant des postes, charge qui, grâce au cabinet noir, pouvait lui fournir de précieuses informations. Ce fut le cas pour Torcy. Mais Torcy constitue une exception. Lorsque la surintendance des postes et relais avait été restaurée en 1668, c'était au profit de Louvois et aux dépens de Lionne, puisque, comme nous l'apprend Saint-Maurice, l'envoyé de Piémont, « les postes de Rome et de Venise... avaient toujours été de la dépendance des secrétaires des Affaires étrangères ». Après la mort de Louvois, la surintendance échut à Le Peletier, puis à Pomponne, en 1697. La spécialisation n'est donc réalisée que par hasard et presque sans intention.

Avant d'analyser la participation du secrétaire d'État des étrangers aux Affaires extérieures proprement dites, il convient d'examiner les conditions de sa nomination et le caractère de sa charge.

Celle-ci est vénale, mais il faut l'autorisation et même la désignation du roi pour avoir le droit de l'acheter. « Elle est soumise, écrit clairement Frédéric Masson, à un *brevet de retenue*, c'est-à-dire qu'en entrant en fonctions le nouveau titulaire a à payer à son prédécesseur, ou aux héritiers de celui-ci, une certaine somme fixée par le roi, et versée par ses prédécesseurs au trésor royal. »

En somme, le prix est variable. La cession nécessite des négociations compliquées dans lesquelles le roi intervient souvent. Quelques exemples éclairciront le mystère apparent de cette transmission.

En 1662, Brienne père, secrétaire d'État des étrangers, qui „ depuis plusieurs années avait obtenu pour son fils la survivance de sa charge, reçut l'ordre de s'en défaire au profit de Lionne, dont la provision date du 20 avril 1663 ; Lionne dut verser 200.000 livres au père et 700.000 livres au fils : mais il est probable que la générosité royale lui vint en aide.

Le cas de Pomponne est beaucoup mieux connu. Quand il remplaça Lionne défunt en 1671, le marquis de Berny, fils de ce dernier, avait la survivance de sa charge. Le roi ne se crut pas plus lié par cette concession de 1667 qu'il ne l'avait été envers Brienne fils : il ne voulait point de Berny, qu'il avait vu à l'œuvre, qu'il jugeait trop jeune et insuffisant. Seulement Pomponne était pauvre. Le prix de la charge – une lettre de Louis XIV de septembre 1671 nous l'apprend – fut fixé à 800.000 livres dont Pomponne était redevable à Berny. Le roi intervint : Il donna à Berny la charge de premier écuyer de la grande écurie, qui valait 300.000 livres ; Pomponne fut déchargé d'autant. Restèrent 500.000 livres à trouver « dans votre bourse ou celle de vos amis et parents, » écrivait Louis XIV à Pomponne. En compensation, le roi lui accordait un brevet de retenue de 500.000 livres, c'est-à-dire le droit de se faire rembourser par son successeur. En fait, quand Pomponne fut disgracié en 1679 et remplacé par Colbert de Croissy, le roi lui fit donner 700.000 livres pour sa charge. Évidemment, Pomponne fut un favorisé. Torcy obtint en 1690 la survivance de son père, Colbert de Croissy. Quand il devint secrétaire d'État en titre, il eut un brevet de retenue de 500.000 livres. Le titulaire choisi et la charge achetée, le nouveau secrétaire d'État des étrangers reçoit la provision de sa charge, qui rappelle ses services antérieurs et met en lumière brièvement les qualités qui l'ont signalé à la désignation royale.

Les revenus de la charge de secrétaire d'État des étrangers n'étaient, relativement, pas considérables. L'ambassadeur vénitien Sagredo la déclarait de peu de rapport, mais reconnaissait qu'elle s'accompagnait de beaucoup plus d'estime et de considération que les autres. Le secrétaire d'État recevait 100.000 livres personnellement ; ministre d'État, il avait l'habituelle pension de 20.000 livres. Il touchait les intérêts de la finance de sa charge ; il percevait des gratifications de divers corps des provinces qui étaient de son ressort. De plus, il avait un logement à Versailles, dans le corps de logis situé au-dessus des gardes suisses. Enfin, les cadeaux et les bienfaits du roi s'étendaient sur lui et sur sa famille. Le tout était à considérer.

En somme, Louis XIV préside au recrutement de ses ministres avec la même autorité qu'à celui des membres de ses conseils. Il les congédie sans hésitation. Il disgracie les deux Brienne et Pomponne comme il destituera Chamill. Obtenir la survivance de la charge pour le fils d'un secrétaire en place est une faveur : ce n'est pas une garantie d'avenir. Ni noble, ni ecclésiastique. Plus encore que les ministres d'État, Louis XIV veut que les secrétaires d'État lui doivent tout. Évidemment, quelques-unes de ces nominations furent très disputées. Ce ne fut point le cas pour Lionne, que Louis XIV connaissait bien et qui exerçait les fonctions avant d'avoir le titre[11]. Mais quand Lionne mourut, les postulants furent nombreux : de véritables batailles d'influence se livrèrent entre le clan Le Tellier et le clan Colbert. Parmi les candidats figuraient le cardinal de Bonzy, le président de Mesmes, Honoré Courtin, diplomate expérimenté, parent de Le Tellier. Pomponne, qui était pour lors en Suède, fut choisi par une décision personnelle de Louis XIV qui tint à l'en informer lui-même. Il avait un passé diplomatique très brillant, et quoique janséniste, Louis XIV l'avait fort remarqué. Aussi bien Lionne ne lui avait-il rendu que de fort bons services.

Dans ces conditions, sa disgrâce en 1679 n'a pu que surprendre les contemporains. De nos jours, on a beaucoup épilogué sur elle. Diverses raisons ont été invoquées : le retard dans le courrier qu'attendait le roi, et que Pomponne lui communiqua alors qu'il était déjà renseigné par une autre voie, ne fut certainement qu'une cause occasionnelle. Les vrais motifs sont ailleurs. Pomponne fut considéré comme une victime. Louvois qui ne l'aimait point et était son rival avait travaillé à sa chute. D'aucuns prétendent qu'il montrait au gré du roi trop de mansuétude dans ses rapports avec la cour de Rome, trop de modestie dans sa correspondance générale, trop d'éloignement vis-à-vis de la politique de prestige et d'annexions, et qu'il eût difficilement pratiqué la politique de Réunions en pleine paix. Le tout ne manque pas de vraisemblance, mais il est bien certain que la négligence générale de Pomponne, qui n'avait rien d'un commis et tout d'un homme du monde, favori des salons, le desservit auprès du roi, qui s'est expliqué fort clairement à ce sujet dans ses *Mémoires*. Aussi bien des ambassadeurs étrangers, comme ceux de Savoie et de Venise, qui l'avaient jugé d'abord fort favorablement, étaient-ils devenus presque aussi sévères que Louis XIV dans leurs appréciations. Nous espérons montrer que la disgrâce de Pomponne correspond à la reprise en main par Louis XIV de la direction et surtout de l'organisation des Affaires étrangères. L'estime que le roi garda pour Pomponne le fit rappeler au Conseil d'État en 1696.

Pour le choix de son successeur, l'action de Colbert semble avoir été prépondérante. Ce fut Colbert de Croissy, ancien intendant, puis magistrat, président à mortier au parlement de Metz, chargé de missions diplomatiques et ambassadeur en Angleterre, mais surtout frère du contrôleur général. Il mourut en 1696, et depuis 1689, son fils Torcy avait sa survivance. Une habile combinaison le conserva, mais le mit sous les ordres de Pomponne, devenu, en pie par l'intervention de Louis XIV, son beau-père. Pomponne avait de l'expérience et de la surdité,

Torcy de la jeunesse et de l'activité. Tout était pour le mieux. Encore que sa situation ait paru souvent menacée, Torcy devint secrétaire d'État en titre et le demeura jusqu'en 1715.

Résumons les enseignements de ce bref exposé chronologique. Le roi a toujours choisi des secrétaires qui avaient participé à la vie diplomatique à l'étranger, de Lionne à Croissy. Ajoutons que la plupart d'entre eux avaient une formation intellectuelle solide. Pomponne était un bel esprit, avec le sérieux des gens de Port-Royal auxquels il appartenait par sa famille, Croissy presque un juriste. Mais la culture la plus spécialisée fut peut-être celle de Torcy, dirigée par son père Croissy qui le mit à ce que l'on pourrait appeler l'École des ministres ou des secrétaires d'État des étrangers. Une thèse de philosophie, un séjour dans les bureaux, où il fait des lectures de correspondance diplomatique empruntée aux règnes précédents, quelques missions sans grande importance, prétextes de voyages dans presque toutes les capitales européennes, la connaissance assez rare en son temps de plusieurs langues étrangères, plus d'observations que de négociations essentielles, quelques semaines de séjour à Rome pour un conclave, c'est-à-dire une des plus belles et difficiles opérations politiques de l'époque, et voilà un jeune apprenti mûr pour la survivance. Joignons-y les curieux conseils écrits que Croissy a rédigés pour lui et que Delavaud a publiés. En voici la substance : « S'appliquer à la lecture de l'histoire, sans négliger la géographie, le droit, les ordonnances et les coutumes » ; faire « une petite conférence » avec ceux qui l'accompagnent sur ce qu'il apprend dans ses pérégrinations européennes ; pratiquer le latin et l'allemand ; « se donner un abord plus agréable, plus honnête et plus civil que celui qui lui est ordinaire » ; parler en ses missions conformément à la pensée du roi, dont la politique ne veille (en 1684) qu'au repos de l'Europe, mais dont la modération n'exclut pas tout retour à l'intervention militaire. » Programme fort varié, et qui, combiné avec l'expérience de la cour devait produire un ministre des Affaires étrangères plus qu'honorable !

En somme, Louis XIV a eu la main assez heureuse pour le choix de ses secrétaires d'État des étrangers, même dans les dernières années de son règne, alors que les hommes de valeur commencent à faire défaut dans les autres ministères. On ne peut partager les sévérités de Saint-Simon pour les bourgeois anoblis desquels il s'est entouré.

*

Les hommes brièvement caractérisés, et leur recrutement expliqué, voyons-les au travail. D'abord quelles sont leurs principales occupations ? « Toute la fonction du secrétaire, écrit fort inexactement Saint-Simon, consiste aux dépêches étrangères, et aux audiences qu'il donne aux ambassadeurs et autres ministres étrangers. » C'est réduire à plaisir l'intérêt de la charge, Voici, en réalité telles qu'elles nous apparaissent d'après les documents contemporains, les diverses formes d'activité du secrétaire d'État, abstraction faite de sa participation au Conseil d'État, pour lequel il élabore des mémoires ou choisit des extraits de correspondance avec l'étranger[12].

Le secrétaire d'État reçoit les ambassadeurs étrangers, s'entretient avec les envoyés secrets, s'empresse auprès des princes souverains le plus souvent de passage incognito : des premiers il accueille les demandes d'audiences, sollicite les confidences, transmet les desiderata ; en général, il assiste à leurs entrevues avec le roi. Parfois il les promène et régale sur l'ordre du roi.

Il travaille, suivant les indications qui lui sont données, à la rédaction des instructions des ambassadeurs, reçoit leurs dépêches, les fait déchiffrer, leur adresse des réponses.

Il s'occupe d'innombrables questions de détail, depuis les passeports à accorder aux étrangers, jusqu'à la propagande, et la réfutation des pamphlets ennemis.

Enfin — et ce n'est pas la pie moindre de sa besogne, ni la plus facile à préciser — il travaille avec le roi en toute occasion, et quand ce dernier lui en donne l'ordre. Dans ces entretiens que nous connaissons mal — et que remplace une correspondance, quand le roi et le secrétaire d'État ne sont point dans le même lieu — se déterminent et se règlent, peut-être autant qu'au Conseil, les grandes lignes de la politique extérieure.

Cet exposé général se complique et se diversifie si nous entrons dans le détail, qu'il est beaucoup plus délicat de se représenter exactement.

Il est clair que recevoir les ambassadeurs — et nous verrons plus bas le mécanisme de ces réceptions — est pour les secrétaires d'État des étrangers une lourde charge. Mais elle n'est point réservée qu'à eux : de ce point de vue la pratique et la doctrine royales ont souvent changé

Au début du gouvernement personnel, presque tous les ministres les reçoivent, en particulier Le Tellier, qui confie, il est vrai, nous apprend le Vénitien Grimani, le soin à Lionne de leur répondre. Colbert se laisse interroger sur des questions financières, mais se renferme dans ce rôle strict et garde une discrétion, dont Louvois sera manifestement incapable.

Spanheim prétend que ce régime cessa momentanément quand Croissy devint secrétaire d'État. Colbert, sans doute pour renforcer la situation de son frère, dont il avait exercé l'emploi en attendant son retour de Bavière, « se déclara que les ministres étrangers n'avaient plus à l'avenir à s'adresser à lui pour l'informer de leurs commissions, et dont il serait au besoin assez instruit par le rapport que M. de Croissy, à qui cela appartenait, en ferait au roi et au Conseil ». Si la phrase est enchevêtrée, le sens est clair. Louvois imita Colbert, et Croissy fut le seul à recevoir les envoyés étrangers, ce dont ils se trouvèrent fort dépités « puisque, note avec bon sens Spanheim, ils sont exclus par là de donner aux occasions et suivant le besoin les informations requises de leurs commissions et des intérêts de leurs princes, aux autres ministres d'État qui cependant ne laissent pas d'avoir le droit d'en connaître et d'en délibérer ». On ne saurait mettre en lumière plus nettement l'interdépendance, qu'il faut avoir permanente en l'esprit, des deux organismes.

Mais Spanheim se trompe quand il croit pouvoir faire dater cette innovation de la venue au pouvoir de Colbert de Croissy. Ce n'était que la reprise de mesures antérieures tombées en désuétude. En 1669, écrit Saint-Maurice, le roi avait déjà résolu « que désormais les ministres étrangers *ne s'adressassent plus* qu'à M. de Lionne, pour tout ce qu'ils avaient à négocier en cette cour, sans voir les autres ministres pour affaires, si ce n'est que lui les y renvoyât ». Et bien avant Spanheim, Saint-Maurice gémissait de ne pouvoir plus voir à son habitude Colbert et Le Tellier, et aussi du retard des affaires.

Il est probable que la réforme de Colbert de Croissy eut le même insuccès que celle de Lionne. La réalité ne s'y prêtait guère. Tout au plus peut-on voir dans ces tentatives un effort des secrétaires d'État des étrangers, soutenus par le roi, pour défendre jalousement les prérogatives de leurs charges.

En fait, ils s'alarmaient à tort : ils demeurèrent les maîtres de la situation. Pour les voir à l'œuvre, il suffit de se rapporter aux secs, mais intéressants *memoranda* des audiences données aux ambassadeurs par Croissy et ses successeurs, que conservent les Archives des Affaires étrangères, et dont Pagès a jadis brièvement montré l'intérêt[13].

Ils nous apprennent que les audiences de Croissy ont lieu le mardi, qu'on s'y entretient tantôt de bagatelles comme l'octroi de passeports, tantôt des négociations en cours beaucoup plus importantes, sur lesquelles lui sont remis des mémoires. En marge de ces *memoranda,* Croissy multiplie les notes au crayon, fixe des jours pour les audiences, indique par avance ce qu'il demandera à ses commis de préparer, etc. Nous saisissons ainsi le travail diplomatique en pleine réalisation. Les initiatives permises et limitées y abondent. Sûr de la volonté du roi, Croissy répond de lui-même en ces audiences à certaines doléances des ambassadeurs. L'impression générale qui résulte de la lecture de ces *memoranda* c'est que toutes les affaires, même les plus petites se traitent avec une sage lenteur. Pendant des mois les mêmes réclamations des envoyés étrangers contre telle arrestation de leurs compatriotes, ou contre la saisie d'un bateau se renouvellent avec régularité. La cour de France met beaucoup de temps à se renseigner ou à se décider.

Sous Torcy, les *memoranda* furent continués. Mais leur intérêt diminue fortement. Ils deviennent de plus en plus une préparation directe au travail du Conseil. Pourtant les résumés d'audiences ou d'entretiens avec les ambassadeurs subsistent. Mais leur valeur n'existe qu'en fonction des questions spéciales qui y sont traitées et pour l'étude directe de ces dernières. Une note exceptionnelle est celle qui est relative à un compte rendu par l'ambassadeur de Savoie d'une conversation qu'il avait eue en tête-à-tête avec le roi. Ainsi Torcy n'assistait pas toujours aux audiences, et n'était informé parfois que de seconde main. Le cas est rare, mais les mémorialistes en signalent d'autres. L'habitude demeure pourtant que le secrétaire d'État soit présent aux audiences données par le roi.

Il est intéressant de remarquer que les ambassadeurs étrangers ont porté des jugements très différents sur les secrétaires d'État, dans la mesure où ils les ont connus par leurs entretiens avec eux. Sur Lionne, les ambassadeurs vénitiens ne tarissent pas d'éloges : ils parlent volontiers de sa *gentilezza*, de sa *soavita di trattare*. Sur Pomponne, les avis sont plus divergents. On incrimine volontiers sa langueur au travail et sa lenteur à la décision, mais on apprécie sa politesse. « Tous les ministres étrangers, qui ont été chez lui, écrit Saint-Maurice au duc de Savoie, sont très satisfaits de sa civilité et charmés de son bien dire. » Colbert de Croissy semble avoir été moins favorablement jugé. Il eut — les Mémoires du temps nous l'apprennent — plusieurs brouilles retentissantes avec le nonce du pape, et surtout avec l'ambassadeur de Venise. On lui reprochait sa violence, sa mauvaise grâce, même lorsqu'il s'efforçait d'être courtois, son manque de patience. Sans doute, n'avait-il pas la finesse, la souplesse, l'expérience des cours des diplomates italiens. Ezéchiel Spanheim se contente plus facilement, et il juge Croissy à son habitude avec pénétration et impialité. « Il est fort régulier, écrit-il, à donner de l'audience aux ministres publics, et surtout à n'y manquer point dans les jours de la semaine qu'il y a destinés. Il y garde même dans l'accueil et dans les manières toute l'honnêteté et les bienséances requises, à moins que la nature des affaires qu'on a à traiter avec lui, ou quelque autre prévention ne lui fasse prendre quelque travers. Ce qui lui arrive assez souvent par le défaut d'un tempérament qui le rend sujet à s'emporter aisément et à ne garder pas alors tout le flegme et la modération qui seraient requis dans un emploi pareil au sien ! » Qualités et défauts figurent, habilement balancés, dans cette esquisse, qu'il suffit de feuilleter Sourches et Dangeau pour trouver véridique, les multiples petits incidents qu'ils relatent la confirmant entièrement. Du successeur de Croissy, Torcy, nul ne semble s'être plaint. Il est vrai que le nombre des ambassadeurs à la cour de France fut fort réduit pendant toute la durée de la guerre de succession d'Espagne.

Au même titre que la tenue des audiences, et plus absorbante peut-être, la correspondance avec les ambassadeurs et envoyés français à l'étranger constitue une occupation essentielle du secrétaire d'État. Elle n'est point laissée d'ailleurs à son initiative personnelle, puisque son contenu est déterminé par avance au Conseil d'État. D'autre part, le roi lui-même est en relations régulières par lettres avec les diplomates. Mais il est arrivé au temps de Lionne que les brouillons du roi fussent l'œuvre de Lionne lui-même ! Il y a là une incessante collaboration, bien difficile à préciser, et qui a dû varier suivant les époques, l'importance que prenaient les distractions dans la vie du roi, la confiance qu'il accordait à son secrétaire d'État.

C'est dans cette correspondance que se montre toute l'habileté d'un secrétaire d'État. Sur la valeur littéraire et politique de ces écrits, les avis diffèrent au XVIIᵉ siècle. Il est curieux de les confronter. Notons d'ailleurs que les contemporains étaient moins renseignés que nous ne le sommes, puisqu'ils ne connaissaient pas tous les originaux dont nous pouvons maintenant disposer. De Lionne, Brienne parlait avec quelque dédain. « M. de Lionne écrivait facilement, mais avec peu de politesse. » Tel n'est point l'avis de ceux qui ont lu ou feuilleté la correspondance de ce ministre. Elle est un peu déconcertante, tantôt lourde et enchevêtrée, tantôt vive et spirituelle. Le ton est parfois rogue : il reflète la politique de prestige et d'hégémonie. Les erreurs géographiques s'y rencontrent. La culture est superficielle ; l'élan prime-sautier fréquent ; les idées abondent, et l'allure est volontiers impérative ou ironique. Au moins Lionne avait-il le mérite d'improviser de sa propre plume et de laisser peu de travail à ses commis. Sur Pomponne, au contraire, les éloges sont presque unanimes. Louis XIV trouvait qu'il manquait de grandeur. Mais l'ami de Mme de Sévigné avait pour lui l'admiration de la société parisienne. Brienne remarquait qu' « il écrivait très purement » mais il ajoute qu' « il enfantait ses dépêches avec un travail et une peine inconcevables ». Louis XIV lui-même, avant d'avoir fait de Pomponne un ministre reconnaissait l'intérêt de sa correspondance : il avait, comme le note Gourville « pris du goût pour lui pour le bon style de ses lettres ».

De Torcy, il n'est guère parlé dans les écrits du temps : son *Journal,* ses *Mémoires* témoignent d'honnêtes qualités : de la clé, de la netteté, une période un peu moins lourde à l'habitude que celle de Lionne, voilà ce que manifestent ses lettres. Par contre, son prédécesseur et père Croissy avait la réputation d'un bon écrivain. « Personne n'écrivait mieux, affirme le médisant abbé de Choisy, et toutes ses dépêches qu'il dictait lui-même sans le secours de ses commis étaient admirables. » L'éloge est un peu gros et paraît tel quand on se trouve en présence des originaux. Mais voilà de quoi contrebattre l'opinion commune qui faisait du commis Bergeret — membre de l'Académie française, alors que semblable honneur n'échut à aucun des secrétaires d'État des étrangers — le principal et éminent responsable de la correspondance du ministre. Dans l'ensemble, nous doutons fort qu'un *choix de lettres du XVIIe siècle* s'enrichisse tout particulièrement par des extraits de dépêches, d'un mérite surtout technique, exception peut-être faite pour Lionne et le fleuri Pomponne.

*

L'étude à laquelle nous nous sommes livrés de l'activité du secrétaire d'État s'éclaircira et se précisera quand nous analyserons dans le détail la collaboration si essentielle du roi et du ministre. Mais elle serait incomplète si elle laissait de côté les collaborateurs réguliers, bien que subalternes d'un Lionne ou d'un Torcy. Dès 1661, et même avant, il n'y a plus seulement un secrétaire d'État des étrangers, il y a un ministère et une bureaucratie encore embryonnaire. Que savons-nous d'elle ?[14].

Un premier effort serait de se demander ce que fut le budget des Affaires étrangères de 1661 à 1715. Malheureusement nos renseignements sont fort incomplets, et portent surtout sur les dépenses nécessaires pour le traitement des ambassadeurs, servis directement sur un ordre de paiement par le garde du trésor royal : 810.000 livres en 1680, 675.000 en 1688, en 1699, 836.000, en 1715, un million[15]. En 1700, la dépense pour les Affaires étrangères dépasse 4 millions de livres, dont 606.000 livres pour les appointements, pensions et gratifications, 1.560.000 livres pour les subsides de Bavière, 1.271.000 pour ceux de Cologne, ces deux puissances étant alors nos alliées, 600.000 livres pour les rebelles de Hongrie. En 1707, les appointements montent à 924.000 livres sur un total de 4.458.000, les autres chiffres demeurant sensiblement les mêmes. Pour la dépense des bureaux, rien de précis. Il est seulement parlé dans un *Mémoire* attribué à Saint-Simon[16], et datant vraisemblablement de la fin du règne, d'une somme de 30.000 livres.

Que furent ces bureaux avant 1714 ? Étaient-ils déjà différenciés ? Il ne le semble pas. Pas de secrétaire du ministre à état permanent. Le dépôt des Archives n'apparaîtra qu'à la fin du règne, en 1710 et 1711. Il y a des chiffreurs, des traducteurs, mais pas de service spécial organisé. Les éléments d'un bureau de presse non encore homogène seront groupés par Torcy. Au fond, nous ne connaissons guère que des commis, dont Bourgeois déclare à propos de l'un d'eux, Bergeret, qu'ils furent « de ces hommes de mérite qui, dans l'obscurité du second rang furent en pie l'âme de l'ancienne diplomatie ». Hypothèse vraisemblable, mais dont la démonstration en l'état actuel des documents est extrêmement difficile.

Des bureaux des Affaires étrangères en 1661, Brienne jeune nous donne en ses *Mémoires* une esquisse amusante et comme une vue cavalière. Convoqué après la mort de Mazarin à Vincennes pour le premier conseil du roi, Brienne père part en chaise à porteurs, Brienne fils avec Du Fresne et Ariste ses premiers commis, en carrosse. Dautiège et Valencé suivent à cheval, et « apportent du papier et de l'encre en cas de besoin ». C'est le ministère complet, bureaux compris, qui court les chemins !

Dans les années suivantes, l'accroissement du personnel fut sensible. La liste toujours grandissante a été établie par Piccioni, corrigeant et complétant Baschet[17]. Nous y glanerons quelques noms.

Un fait essentiel apparaît, c'est le renouvellement partiel du personnel, quand un ministre remplace son précécesseur. La difficulté est de distinguer les premiers commis de ceux qui leur sont adjoints. Parayre et Pachau sont les principaux collaborateurs de Lionne, et le dernier a le service exclusif du chiffre. Il semble avoir été son homme de confiance en toute occasion. Une triste aventure fut celle d'un sous-commis ou aide-copiste, La Pause, qui, coupable d'avoir vendu des documents aux ambassadeurs étrangers, se fit pendre en 1664. Ce cas de corruption est exceptionnel. L'intégrité du personnel diplomatique au temps de Louis XIV faisait d'autant plus sensation, qu'elle n'était point de mise dans les pays voisins.

Pomponne fut plus conservateur que son prédécesseur. Mais son homme de confiance fut un de ses anciens secrétaires, Tourmont, dont Auerbach affirme qu'il fut « directeur des affaires du Nord »[18], et qui entretint une abondante correspondance avec les ambassadeurs français à l'étranger.

Avec Croissy, dont l'arrivée aux affaires constituera une véritable réaction contre le ministère précédent, un bouleversement se produisit. Pachau, Parayre, Tourmont[19] furent congédiés. Des nouveaux premiers commis, le plus connu et le plus actif fut Bergeret, futur membre de l'Académie française, souvent cité dans les *Mémoires* du temps. Avocat général au Parlement de Metz « il avait quitté cette charge pour devenir commis du secrétariat des Affaires étrangères, pour lesquelles il avait du génie », nous dit Sourches. Seul l'abbé de Choisy fait des réserves : au moins a-t-il le mérite de nous apprendre le chiffre des appointements de Bergeret, qui étaient de 2.000 écus par an.

Sous Torcy, le personnel semble s'augmenter, puisque à côté des premiers commis d'autres plus nombreux figurent. Il convient de mettre à part Clair Adam, ancien « domestique » de Colbert de Croissy, placé par lui auprès de Torcy jeune pendant ses voyages de formation politique, chargé d'ouvrir les lettres du ministre lors de son absence en 1706 ; Antoine Pecquet, dont la carrière devait être brillante, puisqu'il fut secrétaire du Conseil des Affaires étrangères sous la Régence, auteur de l' *de négocier* ; et aussi Saint-Prest, qui dirigea, paraît-il le Bureau de la Presse, en tout cas, celui des Archives, et fut un des instaurateurs et des animateurs de l'*Académie politique*, école diplomatique instituée par Torcy.

Renseignements non négligeables sans doute, mais qui ne font point sortir de l'anonymat la collaboration des bureaux avec leur chef, secrétaire d'État des étrangers.

*

Jusqu'ici, nous n'avons trouvé de difficultés que pour la délimitation du travail personnel du roi, et de l'activité du secrétaire d'État des étrangers. Mais d'autres proviennent de rivalités entre ce dernier et ses collègues, quand ils veulent déborder leur charge pour empiéter sur la direction de la politique extérieure. En général, le roi servira d'arbitre. Et peut-être n'était-il point fâché de pratiquer ainsi le *divide ut imperes*. Surtout cet enchevêtrement des fonctions mal définies est une des caractéristiques de l'ancien régime.

Les cas les plus curieux ont été ceux de Louvois et de Chamill. Il ne faut point les confondre avec des collaborations nécessaires. On ne saurait en effet faire un traité de commerce sans consulter le contrôleur général des finances, ou son successeur Seignelay, pas plus qu'on ne peut se priver d'eux pour le choix d'un ambassadeur à Constantinople. Toutes les questions économiques relèvent de leur compétence autant que de celle du secrétaire d'État des étrangers. De même, Louvois ou Barbezieux s'occupent de levées de troupes, donnent des instructions en ce qui concerne les questions militaires. Mais Louvois et Chamill ont certainement voulu être plus que des collaborateurs ; ils se sont intéressés à des questions qui n'étaient point de leur ressort, et pour lesquelles ils ont employé des agents personnels. Les faits suivants le montreront nettement, comme aussi ils mettront en lumière la réaction naturelle des secrétaires d'État des étrangers, menacés dans leurs attributions.

On a très probablement exagéré à la suite de G. Rousset l'influence de Louvois sur la politique extérieure de Louis XIV, et en particulier son rôle dans les réunions en pleine paix. *Historici certant*[20] ! et le débat n'est point définitivement tranché. Mais ses intrusions dans l'action diplomatique ne sont point contestables.

Pour Boislisle, elles commencent dès 1663, au moment des négociations relatives au rachat de Dunkerque. Pendant la campagne de Dévolution, Louvois suit le roi, et sert souvent d'intermédiaire, plus encore que Berny, entre lui et Pomponne. En 1667 et 1668, il se livre à des manœuvres obscures mais prudentes contre la paix. En 1670, il est en conflit avec Lionne comme le montrent deux curieux mémoires conservés aux Archives des Affaires étrangères. Le litige était de peu d'importance : il s'agissait de levées de gens de guerre à l'étranger[21]. Mais les considérations générales émises par Lionne ou un de ses scribes en faveur de son « département » contre « les prétentions de M. de Louvois » sont fort suggestives. Lionne se déclare « l'organe de S.M. pour expliquer ses pensées et ses intentions dans les pays étrangers, et le seul canal dont les étrangers peuvent se servir pour avoir accès auprès de S.M...., le seul aussi qui a droit d'écrire aux princes et ministres étrangers... pour, avec ces instructions et ordres qu'il a seul droit de leur envoyer de la p de S.M., traiter toutes les choses qui concernent le service, c'est-à-dire négocier pour traités de paix, confédérations, commerce, etc. » C'était une conception très nette, mais très peu conciliante des attributions du secrétaire d'État des étrangers. Il est peu probable qu'il obtint satisfaction contre Louvois. Un second mémoire, tout à fait anonyme, montre bien la difficulté du problème. « Les départements de MM. les secrétaires d'État ont toujours été et sont encore fort distincts et séparés : néanmoins, il arrive souvent de la confusion dans leurs fonctions, à quoi les pies intéressées pourraient aisément remédier en convenant entre elles de bonne foi. » Malheureusement, c'était la bonne foi qui manquait le plus des deux côtés. On ne pouvait, d'ailleurs, ajoutait ce mémoire, avoir recours aux précédents, comme s'il s'agissait d'autres charges de la couronne. Les grands emplois de secrétaires, remarquait judicieusement l'auteur, variaient en effet d'importance, suivant la personnalité qui en était chargée, et la part plus ou moins grande de leur titulaire dans la confiance du maître. On ne saurait plus subtilement, à l'occasion d'un conflit peu essentiel, mais de grande valeur symbolique, indiquer les caractères principaux d'une institution, susceptible d'extension ou de restriction au gré des événements et des circonstances.

Si les prétentions de Louvois, trop jeune ministre, n'ont fait que gêner Lionne, elles sont au temps de Pomponne, de caractère moins résistant, devenues véritablement dangereuses. Louvois avait fait l'intérim des Affaires étrangères entre la mort de Lionne et le retour de Pomponne en France : il y avait pris goût véritablement. Il avait fort bien réussi : « Les ministres étrangers qui étaient alors à Paris, écrit Spanheim, ont rendu ce témoignage à M. de Louvois qu'il s'acquitta de cet emploi, dont il était chargé provisionnellement avec beaucoup d'habileté et d'application. » Dans le Conseil d'en haut, où il venait d'être introduit, il fut assez souvent en désaccord avec Pomponne. Quand on négocia avec les Hollandais, après leurs premières défaites en 1672, Pomponne, nous apprend Saint-Maurice, était d'avis de les écouter et de les laisser parler, Louvois de leur imposer des conditions. D'où brouille que le roi dut faire cesser. Mais l'essentiel n'est pas là. Il est dans les fréquentes interventions de Louvois dans le département de Pomponne, desquelles ce dernier se plaignit amèrement, sans peut-être obtenir gain de cause. « Je reçois présentement, écrivait Louvois à Courtin[22], l'un de ses fidèles, la lettre que vous avez prise la peine de m'écrire... sur ce que M. de Pomponne a dit à un de vos amis au sujet du *commerce que nous avions ensemble* et de la lettre du roi que vous estimez que le chagrin qu'il en a vous a attirée. » Le roi semble en effet avoir blâmé le fait qu'un plénipotentiaire au Congrès de Cologne — c'était à ce moment la fonction de Courtin — fût en correspondance avec Louvois. Mais Louvois feignit de ne point tenir compte des récriminations de Pomponne. « Il y a longtemps, déclarait-il, qu'il est travaillé de la maladie de vouloir faire sa charge, et d'empêcher que personne ne s'en mêle. » De là à multiplier les incriminations malveillantes contre Pomponne, il n'y avait qu'un pas. Louvois le franchit aisément. « Soit que son humeur appréhensive lui fasse craindre qu'il ne le fasse pas bien, ou qu'il lui revienne quelque chose de ce que l'on dit dans le public, il est devenu depuis quelque temps fort fâcheux pour cela. » En conclusion, Louvois, très sûr — jusqu'à l'excès — de son crédit en pleine guerre, rassurait Courtin. « Cela ne nous doit point faire appréhender de mauvais office, pourvu que vous n'y en donniez point de matière, parce que toutes vos lettres et les réponses qu'il y fait, se lisant en présence de S.M., elle juge elle-même de ce que vous écrivez et y en donne la réponse. » En somme c'est un ministre d'État qui, fort de sa présence au Conseil d'en haut, espère contrebalancer l'action du secrétaire d'État des étrangers. Cette lettre nous renseigne plus qu'aucun texte officiel ou qu'aucun fragment de Mémoire sur le mécanisme des institutions, les grincements de la machine administrative, le conflit des ambitions. On ne s'étonnera pas dans ces conditions que Louvois ait joué son rôle dans la disgrâce de Pomponne.

Le pire est que Louvois, mécontent sans doute de n'avoir point vu triompher son candidat, continua sous Croissy ses agissements. Les plus prudents des historiens reconnaissent qu' « il s'est mêlé des Affaires étrangères par des agents secrets comme ministre chargé des provinces frontières et qu'il a débordé sur le département de Croissy » (Emile Bourgeois). Louvois l'avoue lui-même, lorsqu'il déclare en 1681 au Piémontais Pianese[23] : « Je ne vous écris point de lettres ostensibles, parce que *je ne dois point avoir de commerce dans les pays étrangers,* et que je ne voudrais pas que cela revenant à ceux qui en sont chargés leur donnât lieu de croire que j'entreprends sur leur emploi. » Plus prudent que sous Pomponne, Louvois demeure tout aussi actif sous Croissy. Vis-à-vis du Piémont, il agit souvent à l'insu de Croissy, avec la complicité de Mme Royale. L'on pourrait multiplier les exemples de ses interventions en d'autres pays. Tout comme un secrétaire d'État des étrangers, il avait son service de renseignements et de nouvelles dans les pays voisins. Le directeur dans les Pays-Bas espagnols était Adrien Cazier, qui lui envoyait de nombreux mémoires, « ayant reçu la défense sous de grosses peines d'en parler à qui que ce soit »[24]. Depuis de nombreuses années, par l'intermédiaire de Du Fresnoy, premier commis, il renseignait Louvois « sur ce qui se faisait à Cologne, sur la ligue d'Augsbourg,.... et surtout ce qui s'est fait en Angleterre, en Irlande, en Hollande et aux Pays-Bas ». Évidemment

Louvois fut publiquement ou dans l'ombre un dangereux collaborateur pour tous ceux qui furent ses collègues aux Affaires étrangères, surtout lorsque négociations et préparatifs militaires s'enchevêtraient, et que le Conseil d'État se transmuait souvent en Conseil de guerre.

Il y a lieu d'être plus bref sur les rapports difficiles de Chamill, secrétaire d'État de la guerre et de Torcy. C'est la même aventure qui recommence, mais elle a moins d'envergure. Chamill est un médiocre que le roi finira par disgracier pour incapacité. Saint-Simon insiste longuement sur les intrigues de Chamill, un instant d'accord avec d'Harcourt, ambassadeur en Espagne, contre Torcy : les autres mémorialistes font de même. Une première crise date de 1703. Torcy semble avoir obtenu gain de cause grâce à l'intervention royale. Chamill dut admettre une stricte séparation des pouvoirs. Il s'en explique dans une lettre officielle à Torcy, sur un ton conciliant, sous lequel se dissimule à peine l'aigreur d'un accord imposé. « Je satisfais avec plaisir *à ce que vous avez exigé de moi*, écrit-il à Torcy[25], en vous envoyant ce mémoire qui est l'effet des engagements que j'ai pris avec vous. » Le litige était ardu ; l'établissement de Philippe V en Espagne s'était accompagné d'une correspondance directe de Chamill avec les ambassadeurs du roi. Chamill, avec mille réticences et protestations rétrospectives, se réduirait désormais à ce qui regardait strictement les opérations militaires. « Je ne prétends point avoir aucune part des affaires du gouvernement que *comme les autres ministres qui ont l'honneur d'assister au conseil.* » Torcy répondit brièvement et sèchement. Il admettait que sur « les détails de guerre » le roi d'Espagne s'adressât directement à lui. Pour le reste, c'est au roi seul que les ambassadeurs devaient rendre compte. Ce n'était qu'une paix factice. Dès 1708, Chamill s'intéressait activement aux affaires d'Italie, et Torcy mécontent, écrivait au maréchal de Tessé : « L'expérience m'apprend qu'il sera difficile de persuader M. Chamill de se réduire à faire sa besogne. » Ce fut pire encore lorsque Chamill, qui avait lui aussi ses agents secrets, voulut se mêler des négociations entreprises avec les alliés en 1709. Ainsi furent compliquées les affaires. Torcy s'étant plaint à Beauvillier, un nouveau traité fut conclu. « Il se fit un écrit, nous apprend Saint-Simon[26], par lequel Chamill s'engagea à n'entretenir plus personne pour s'ingérer de la paix, ni d'aucune affaire étrangère, et promit de plus de renvoyer de bonne foi à Torcy ceux qui en ce genre pourraient s'adresser à lui désormais. » Cette fois, l'adversaire était terrassé, et bientôt son exclusion du Conseil d'en haut devait rendre entière la liberté de Torcy[27].

*

Des collaborateurs officiels des secrétaires d'État des étrangers et des ministres en général, si nous passons à tous ceux qui, sans titre et sans fonctions précises furent associés à la politique extérieure, nous nous trouvons sur un terrain incertain et mal reconnu, où il est difficile de ne point aller à l'aventure. En voici cependant l'approximative délimitation.

Notons d'abord que du Dauphin et du duc de Bourgogne on ne connaît point toute l'action, lorsqu'on a relevé leur présence au Conseil. Les ministres et Torcy ont souvent reçu l'ordre de leur communiquer les documents intéressants et d'aller travailler avec eux. Le Dauphin lui-même n'ayant point assisté un jour au Conseil, se fit remettre pour la revoir une instruction diplomatique, dont il avait été donné lecture. Mais le cas dut être exceptionnel.

Par contre, il convient d'éliminer ceux que Spanheim appelle les favoris du roi. Qu'il s'agisse du cardinal de Bouillon, du maréchal de Bellefonds, de Lauzun, du duc de la Rochefoucauld, on les trouve mêlés à des intrigues, ou chargés de missions diplomatiques insignifiantes, mais sans nulle sérieuse influence. Peut-être, seulement, faut-il faire exception pour le second maréchal de Villeroy, que le roi fit entrer en son Conseil en 1714, et pour lequel, au dire de Saint-Simon, en raison de sa médiocrité, il eut d'infinis ménagements, afin d'atténuer la faiblesse de ses dires et de ses avis. Et pourtant il est probable que dès 1702 une pie des dépêches diplomatiques lui fut communiquée par ordre du roi.

Au début du gouvernement personnel, il convient de signaler la participation de Turenne aux Affaires étrangères, ailleurs même que dans le Conseil d'en haut. Le roi lui demande des mémoires, et sollicite son avis sur de nombreuses questions de politique extérieure. Surtout Turenne a avec Louis XIV, dans la matinée, de fréquents entretiens dont il rend compte à Lionne par de brefs billets[28], l'entente étant parfaite entre le maréchal et le secrétaire d'État. Souvent des papiers importants, tels que des projets de traités, lui sont communiqués. De son côté, il transmet les renseignements qui lui proviennent de ses correspondants au dehors, ou des étrangers qui ont avec lui des entretiens. S'il écrit ou agit au delà des frontières, c'est avec l'aveu du roi et quelquefois sur ses ordres. Il est agent officieux en même temps que conseiller dont on demande parfois les avis. Irrégulièrement, il correspondra avec des ambassadeurs ou des envoyés français en divers pays. Il joindra même ses indications par écrit aux instructions officielles.

Le cas de Turenne ne fut peut-être point unique. On ne saurait pourtant en rapprocher sans inexactitude celui du marquis d'Harcourt, ambassadeur heureux à Madrid, en liaison avec Mme de Maintenon, et qui voulut un instant, vers 1703, avoir la direction des affaires d'Espagne, puis en 1709 se perdit d'ambition en voulant entrer malgré le duc de Beauvillier dans le Conseil. Mais il est certain que le roi, auquel il avait rendu d'éminents services, l'écouta longtemps volontiers. Par contre, beaucoup plus sérieuse fut l'action du duc de Chevreuse, auquel on communique les dépêches, avec lequel Torcy — et d'autres ministres — confèrent, et qui a, si l'on en croit Saint-Simon, de longues et secrètes audiences du roi soit dans son cabinet, soit dans la soirée. « C'était d'affaires d'État qu'il s'agissait dans ses conversations. » Chevreuse était d'ailleurs en excellents rapports avec Torcy et avec Beauvillier. Donc collaboration, mais non rivalité.

Chevreuse et d'Harcourt nous amènent naturellement à Mme de Maintenon, dont la participation au gouvernement du roi, aussi bien en matière de politique extérieure que de politique intérieure, paraît difficilement niable. Il suffit en effet de feuilleter ce qui reste de sa correspondance – en grande pie brûlée quelques jours avant la mort du roi – et de parcourir les Mémoires du temps. Il importe peu en effet qu'elle ait ou non participé à tel conseil, s'il est prouvé que pendant de longues années, c'est le plus souvent chez elle que les conseils se tiennent. Que comme elle-même l'écrit, elle ne donne point son avis sans être sollicitée, c'est également possible. Il serait tout à fait abusif d'attribuer à son action les grandes décisions de politique extérieure, que le roi, fort jaloux de son autorité s'est toujours réservées. Au moins reconnaîtra-t-on qu'en 1709 elle a pesé sur Louis XIV dans un sens résolument pacifique. On est bien obligé de considérer comme une véritable collaboratrice du roi une femme devant qui les ministres travaillent, devant qui sont lues, sitôt déchiffrées, les dépêches de nos ambassadeurs. Tout au plus peut-on noter que Torcy résista longtemps, qu'il fut le dernier des ministres à venir s'entretenir avec le roi dans l'appartement de Mme de Maintenon. Quant à l'étude détaillée des rapports du roi et de Mme de Maintenon et de la participation de cette dernière à la diplomatie, elle a été faite à maintes reprises, et ne semble guère pouvoir être renouvelée que par l'apport de documents, dont la découverte est fort hypothétique[29].

*

Ministres et collaborateurs du roi pour les affaires étrangères nous sont maintenant connus. Sans doute, le secrétaire d'État est au premier plan : il fournit un travail régulier et journalier : l'exécution lui est complètement réservée. D'autres interviennent à côté de lui pour l'information et pour la décision. Plus tard il nous apparaîtra comme chef du personnel dans ses rapports avec les envoyés français à l'étranger. Mais il nous est désormais possible, et il devient nécessaire de dégager le rôle de Louis XIV et son action dans le travail diplomatique, que tout ce qu'il nous a été donné d'étudier et d'analyser jusqu'ici nous permet de prévoir comme essentielle.

CHAPITRE III

Le Roi, chef et centre de l'action diplomatique

Il n'est point de notre intention de refaire après tant d'autres un portrait de Louis XIV, mais seulement d'examiner dans quelle mesure et aussi avec quelles ressources intellectuelles et quelle formation préalable il s'est appliqué aux questions extérieures, qui l'intéressèrent beaucoup plus que les problèmes intérieurs. La tradition l'y inclinait : point de roi de France qui ne se soit occupé particulièrement de la direction des services diplomatiques. A vrai dire, Louis XIV eut d'autant plus de facilité à dominer en cette matière, qu'il ne trouva point parmi ses collaborateurs l'équivalent d'un Colbert, si nettement supérieur malgré ses erreurs en ce qui concernait l'économie générale du royaume.

Nous savons aujourd'hui à quoi nous en tenir sur la légende de l'éducation systématiquement négligée de Louis XIV et qu'il convient de rejeter malgré Spanheim et Saint-Simon. Sans doute il apprit peu dans les livres. Mais il avait reçu de Mazarin de précieux conseils, et un commencement de formation pratique. « Il ne manquait jamais, écrit Brienne le jeune, pour la période antérieure à 1661, de venir prendre une longue leçon de politique, après que le Conseil était fini. » De bonne heure, il figura dans les audiences solennelles d'ambassadeurs, et bientôt y joua son rôle. En 1657, l'ambassadeur de Hollande, Boreel, vieillard grincheux et maladroit, se livre dans une réception publique à une violente diatribe, qu'interrompt à plusieurs reprises le cardinal Mazarin, contre les « pirateries des Français ». En terminant, et n'ayant point satisfaction, il s'adresse personnellement au jeune roi, « en demandant s'il ne pourrait obtenir rien de plus. Rien, dit le roi, allez, allez », et Boreel est congédié[30].

A côté de cette initiation théorique et pratique, les dernières recommandations de Mazarin mourant, dont quelques-unes relatives à la politique extérieure, apparaissent moins importantes : ni ecclésiastique dans ses conseils, ni premier ministre, et la désignation de bons serviteurs comme Le Tellier et Lionne.

Tels sont les préludes. Quant aux défauts et aux qualités du roi pour l'action diplomatique, ils sont abondamment relatés dans les écrits des contemporains, une fois la précaution prise de faire la part de la presque universelle adulation.

Les étrangers sont volontiers critiques, témoin Spanheim. « Ce n'est pas, écrit-il, un de ces génies de premier ordre, qui voit, qui pénètre, qui résout, qui entreprend tout par lui-même, qui en forme le plan et en exécute le projet. » Cela revient à dire que Louis XIV n'a rien d'un Richelieu. Il a su utiliser les idées de ses collaborateurs, et cette action collective est tellement fondue et homogène qu'il est presque impossible actuellement de connaître le véritable inventeur de telle forme de politique française comme l'exploitation du *droit de Dévolution,* ou le système des *Réunions* en pleine paix.

Spanheim ne tarde pas à devenir plus sévère. Il parle d' « une suffisance du roi assez bornée dans le fond des affaires, qui se contente d'en savoir les dehors, sans les approfondir suffisamment », et il ajoute : « Si le roi a assez de talent pour comprendre les grandes affaires, on peut dire qu'il ne s'en occupe pas assez pour les digérer et pour les envisager par tous les biais quelles peuvent avoir. » Impression défavorable, qui méritera d'être examinée de près.

Vient ensuite la traditionnelle balance en tout bon portrait psychologique des éléments positifs et négatifs. « Une grande application aux affaires, un secret dans les délibérations, et beaucoup de fermeté dans l'exécution des résolutions prises... un tempérament naturellement rassis, qui n'avait rien de brusque, ni d'emporté, qui le rend assez maître de soi-même et de ses mouvements. » Spanheim ajoute que Louis XIV parle peu et à propos. Et voilà qui, s'écartant des généralités, devient beaucoup plus significatif. Application, discrétion, fermeté, sang-froid, seraient donc les mérites essentiels de Louis XIV, directeur de la diplomatie française. Ce sont ceux que. lui reconnaissent et les mémoires du temps, et les lettres des ambassadeurs français. Quant aux défauts, Spanheim les dénombre non sans âpreté : ce sont l'orgueil, la passion de la gloire, la confiance excessive en ses forces, le mépris de ses ennemis, l'entêtement, l'entraînement par de mauvais conseils. L'ensemble est assez confus, puisque la politique du roi y est jugée et définie en même temps que son caractère.

Spanheim n'a guère aimé le Louis XIV de la Révocation de l'Édit de Nantes et de la guerre de la Ligue d'Augsbourg qu'il a surtout connu. Bien que brefs, les ambassadeurs vénitiens sont plus élogieux : « S.M. relate Morosini, possède un talent particulier pour les négociations. » Son successeur, Contarini, loue l'exquise politesse du roi, l'adresse de ses réponses aux ambassadeurs, dans lesquelles, s'exprimant sur un ton de voix agréable et harmonieux, il reprend un à un les points essentiels des discours qu'ils lui ont tenus précédemment. Ce sont là mérites bien réels, comme nous le verrons.

*

Sur le soin jaloux que le roi met à recruter personnellement ses secrétaires d'État et les membres du Conseil d'en haut, aucun doute ne peut subsister. Parfois seulement, il semble subir des influences. Encore ne faut-il pas qu'il s'en aperçoive. Quand, en 1702, Mme de Maintenon et ses amis voulurent un peu trop ouvertement faire entrer d'Harcourt au Conseil, le roi le vit et refusa tout net. Il ne voulait point être dominé.

On en pourrait presque dire autant pour la désignation des ambassadeurs, encore que le roi y attache moins d'importance et se laisse volontiers suggérer certains noms[31]. Là encore sa volonté est prépondérante. C'est lui qui disgracie l'abbé de Polignac retour de Pologne, malgré les hautes protections qui l'entourent : c'est lui qui, quelques années plus tard, la réconciliation survenue, le replace dans la carrière. L'avancement des diplomates, l'accord des gratifications dépendent surtout de lui. Il tient à bien l'affirmer dans sa correspondance. « ...Vous pourriez, écrivait-il à notre ambassadeur à Vienne, Grémonville, dont les ministres autrichiens étaient prêts à demander le rappel en janvier 1670, dire au prince de Lobkovitz en termes bien intelligibles qu'il se trompe fort, s'il croit qu'une de ses lettres à Lionne peut suffire pour votre prompte révocation, ou pour préjudicier à votre fortune, parce qu'en outre que vous vous savez que

Lionne n'aura jamais cette volonté, vous savez encore mieux qu'il n'a pas le crédit auprès de moi de me faire faire le moindre mauvais traitement à une personne que je connais, qui m'a bien servi. » On ne saurait être plus catégorique, et quelle invraisemblance n'y a-t-il pas à ce que Lionne lui-même eût fait le brouillon de cette lettre !

Choisir ses collaborateurs aux divers degrés est donc la première forme de son activité. Sans doute, il n'a pas été infaillible. Mais dans l'ensemble, pour le haut personnel, il a montré beaucoup de connaissance des hommes, et d'habileté à les utiliser, voire même en les opposant.

Ses autres fonctions relevant de la politique extérieure sont multiples et l'occupent beaucoup, plus encore peut-être dans la dernière pie du règne, quand il ne va plus à la guerre, et que Mme de Maintenon a définitivement fixé ses sentiments.

Il préside le Conseil d'en haut avec moins d'ardeur peut-être que dans les premières années du gouvernement personnel, où il découvrait toute l'étendue de son métier de roi, mais à partir de 1690 avec une implacable assiduité.

Quel est dans ce conseil son rôle et son attitude ? Torcy nous le montre réagissant avec vigueur contre les avis qui lui paraissent inopportuns ou inacceptables, et perdant à l'occasion quelque peu de cette modération de commande qu'il gardait toujours en public. En janvier 1710 on discutait en plein conseil les mesures propres à hâter les négociations de paix : Beauvillier et Torcy les préconisèrent vivement. Le roi se fâcha, se plaignant qu'on voulût précipiter les affaires. Sa colère se tourna contre Beauvillier et Torcy. Seule Mme de Maintenon put - l'apaiser et le réduire.

Aussi bien les décisions n'étaient-elles point prises à la majorité, mais par le roi seul qui parlait d'ordinaire le dernier[32]. Un propos par lui tenu en 1709 et que nous rapporte Sourches est particulièrement significatif. Il désapprouvait vigoureusement l'empereur Léopold, qui venait de mourir, d'avoir dans les plus grandes affaires d'État suivi l'avis que lui donnaient les plus nombreux de ses conseillers. « Pour lui, ajoutait-il, il était persuadé qu'un grand monarque devait prendre les voix de tous ceux qui composaient son conseil, mais qu'il était à propos qu'il digérât leurs sentiments et qu'il choisît lui-même le meilleur. »

A en croire le marquis d'Argenson, Torcy dont l'adresse vis-à-vis du roi ne semble pas toujours avoir été extrême, eut un jour l'idée de simplifier le travail du Conseil, tout en réduisant la besogne de Louis XIV. Il proposait de faire étudier les questions les plus importantes par un petit comité qui soumettrait ensuite ses propositions au

Conseil. La suggestion fut fort mal accueillie. Le roi, bien que très âgé, y vit une tentative pour restreindre son pouvoir de décision, et peut-être un soupçon injurieux à l'égard de sa puissance de travail et de son active vieillesse. Il n'en fut plus question.

Rappelons enfin, pour mieux mettre en lumière l'importance du rôle royal, que c'est Louis XIV qui choisit les questions dont l'examen par le Conseil d'en haut lui paraît désirable. Nul n'a le droit d'interroger le roi, ni de parler sur un sujet qui n'est pas soumis au Conseil.

En dehors du Conseil d'en haut, tout un travail s'élabore en conversations particulières. Les plus fréquentes et les plus régulières aussi ont lieu avec le secrétaire d'État des étrangers. Il en fut ainsi, semble-t-il, au début du gouvernement personnel. A défaut d'autres indications, la correspondance que Lionne, demeuré à Paris pendant quelques mois de l'année 1667, eut avec le roi alors à l'armée, nous fournit de précieux renseignements sur ce qu'était leur collaboration. Elle comprend toute une série de petits mémoires fort curieux. Extraits ou résumés de correspondance d'ambassadeurs, analyse des réponses faites par Lionne, avis du secrétaire sur d'innombrables affaires de détail, récits de conversations avec des ambassadeurs étrangers, telles sont les matières variées qui y figurent. Souvent la lettre de Lionne s'accompagne de documents transmis au roi. Quand Lionne a donné ce qu'il appelle « son faible sentiment », le roi lui répond ou lui fait répondre. Parfois il se contente d'envoyer à Lionne son propre mémoire, annoté de brèves apostilles, un non, un *bon,* une phrase courte, indiquant la décision à prendre en face de chaque paragraphe. Tout est résolu par le roi, jusqu'aux feux de joie à allumer en France pour l'exaltation du nouveau pape[33].

Cette double correspondance paraît être un cas exceptionnel. Le plus souvent la collaboration du roi et du secrétaire d'État se fait oralement. L'activité du roi ne semble guère s'être ralentie avec les successeurs de Lionne, en particulier avec Colbert de Croissy. Les heures même des audiences d'ambassadeurs sont par lui fixées. De Torcy l'on peut dire qu'il était quotidiennement à la disposition du roi. « Torcy, note Sourches, avait toujours accoutumé d'envoyer savoir à quelle heure le roi trouverait bon qu'il vînt lui parler. » Autant de variations que de jours. Les longs entretiens en tête-à-tête sont rares : le premier fit sensation en 1712. Tantôt Torcy se présente « un peu auparavant la fin du souper du roi », il l'attend dans son cabinet et lui lit des dépêches pendant près d'une demi-heure. Tantôt c'est le matin, « lorsque le roi fut rentré dans son cabinet après son prie-Dieu », et le duc de Bourgogne est présent. Un soir de 1709, c'est chez Mme de

Maintenon, où le roi a l'habitude depuis 1692 de se trouver entre sept heures et dix heures du soir, et alors qu'il travaillait avec Chamill, que Torcy lui apporte de la correspondance d'ambassadeur. Il arrivera à Torcy d'interrompre le Conseil des finances, où il ne siège pas, pour remettre à Louis XIV des lettres urgentes. Lui aussi finira par s'habituer au travail régulier du soir chez Mme de Maintenon. Quand les affaires pressent, le roi voit Torcy jusqu'à deux fois par jour. Il demeure avec lui le Conseil terminé. Parfois d'autres ministres sont présents.

*

Le troisième mode d'activité du roi, plus extérieur que les deux premiers, et dans lequel il excelle de l'avis unanime, c'est la réception publique ou privée des ambassadeurs étrangers. Il s'est efforcé de l'ordonner, alors qu'avant lui elle était trop souvent improvisée. Son prestige extérieur, auquel il tient tant, en dépend pour une petit p. Ses goûts naturels l'y incitent. Il a toujours aimé une diplomatie décorative. C'est une des formes de la vie de la cour. Peut-être les affaires sérieuses et le travail du cabinet en ont-ils un peu souffert. Louis XIV n'a guère pratiqué la méditation, ni la réflexion solitaire. Il ne faisait oraison que devant Dieu, souvent même encore en public. Grave critique sans doute : il avait pris l'habitude de ne penser comme de ne vivre qu'en présence d'autres personnes.

Le contact avec les ambassadeurs ou envoyés étrangers s'établit soit par des audiences publiques dont le cérémonial est soigneusement réglé, soit par des entretiens particuliers, dans lesquels le plus souvent — mais il y a des exceptions — le secrétaire d'État des étrangers est en tiers.

Dans les audiences publiques, représentations dont nous. verrons plus bas le détail, le roi montre beaucoup de prudence, de dignité et de laconisme. Il est parfaitement servi par sa majesté et sa dissimulation naturelle. « Il parle peu, écrit Spanheim, qui eut souvent l'occasion de l'entretenir même dans l'intimité, mais à propos... : il se ménage dans les rencontres d'éclat ou d'audience qu'il donne pour s'y renfermer dans les bornes qu'il se prescrit, sans s'étendre au delà et ainsi sans que rien lui échappe qui puisse lui faire tort ou lui donner aucune prise. » Le compliment est mérité : Dangeau et Saint-Simon font chorus avec Spanheim. « Pour les ministres étrangers, remarque Saint-Simon, qui ne chercheront toujours qu'à le pénétrer et l'engager, force honnêteté, force clôture, force fermeté à les renvoyer aux Affaires étrangères. » Ce système a ses avantages, incontestables que notre auteur dénombre. « Cela lui procurera toujours le loisir d'examiner, de délibérer et de se tenir hors de prise. Le roi n'a jamais traité avec pas un : il savait d'avance quelle serait la matière de l'audience demandée, répondant courtoisement et sans jamais enfoncer, ni s'engager encore moins : si le ministre insistait, ce qu'il n'osait guère, il lui disait honnêtement qu'il ne pouvait s'expliquer davantage, en lui montrant Torcy... Il l'éconduisait ainsi, et si le ministre faisait la sourde oreille, il le quittait avec une légère inclinaison de la tête et se retirait dans un autre cabinet. » Il n'y a rien à ajouter à ce tableau.

Ce laconisme et cette réserve étaient voulus, et Louis XIV en quelques phrases de ses *Mémoires,* sous la forme de conseils au Dauphin, les explique et les justifie sans modestie. « Quoique je vous parle ici continuellement des entretiens que j'ai avec les ministres étrangers, je ne prétendrais pas donner conseil indifféremment à tous ceux qui portent des couronnes de s'exposer à cette épreuve, sans avoir auparavant bien examiné s'ils sont capables d'en bien sortir. » A ce prélude majestueux succède l'indication du danger à éviter : « Beaucoup de monarques seraient capables de se gouverner sagement dans les choses où ils ont eu le temps de prendre conseil, qui ne seraient pas pour cela suffisants pour soutenir eux-mêmes leurs affaires contre des hommes habiles et consommés, qui ne viennent jamais à eux sans préparation, et qui cherchent toujours à prendre les avantages de leurs maîtres. » Et le roi ajoute : « Quelque notion que l'on puisse vous avoir donnée du sujet qui se doit traiter, un ministre étranger peut à toute heure, ou par hasard, ou avec dessein, nous proposer de certaines choses, sur lesquelles nous ne sommes pas préparés. »

Si prudent qu'il fût, Louis XIV ne semble jamais avoir été monotone ni incolore. Il s'adapte en ces réceptions solennelles aux circonstances et aux hommes. Quand il se sent en confiance, qu'il ne redoute aucune question inopportune, ni aucun litige en fonction de l'étiquette à laquelle lui-même et ses contemporains attachaient tant d'importance, il se détend volontiers. Ainsi fit-il en 1669 avec Saint-Maurice, envoyé de Savoie qu'il s'excusa de recevoir après le nonce, personnage incommode. Quand il sut que Saint-Maurice « était un homme sans façon », « il dit tout haut qu'il voudrait bien que tous les ambassadeurs en agissent avec lui comme celui de Savoie ».

En d'autres occasions, Louis XIV, à son ordinaire poli et courtois, hausse le ton jusqu'à l'insolence. C'est ou que ses résolutions sont prises, ou qu'il veut intimider l'adversaire. Ainsi procéda-t-il à plusieurs reprises avec les ambassadeurs de Hollande, d'abord avec Van Beuningen dont le ton lui déplut et contre lequel il porta plainte auprès des États généraux, puis avec l'inoffensif de Groot, alors qu'en 1672 il était décidé à la guerre. En 1670, Windischgraetz, envoyé extraordinaire de l'empereur, se plaignant de l'occupation de la Lorraine et demandant à négocier à ce sujet, suivant l'usage, avec des commissaires du roi, Louis XIV répliqua, raconte Saint-Maurice, « qu'il faisait lui-même ses affaires, *qu'en lui résidait tout son conseil,* qu'il pouvait dès l'heure lui parler d'affaires, et que, sur-le-champ il lui rendrait réponse ». Surpris de cette sortie, Windischgraetz se déroba, invoquant la difficulté du litige, qui devait être examiné textes en main. Le roi riposta « que ce serait à son loisir, qu'il l'écouterait toutes les fois qu'il voudrait et ne tarderait pas à lui donner des réponses. » Colère voulue ! Louis XIV désirait avant tout ne point négocier, et ne pas laisser mettre en discussion la question lorraine. En 1684, la Hollande s'étant entremise pour la paix et ayant formulé des propositions, le roi dans une audience publique manifeste à l'ambassadeur tout son étonnement. Celui-ci insistant, et offrant de lui montrer des ces de la frontière désirée par les Provinces-Unies, Louis XIV déclare ne pas l'ignorer et met fin à l'entretien.

Les audiences secrètes sont naturellement moins connues que les audiences publiques, mais exceptionnellement le roi y manifeste la même ardeur. Très mécontent de l'attitude de Venise pendant la guerre de succession d'Espagne, il eut avec son ambassadeur plusieurs entrevues orageuses : à l'une d'elles, nous raconte Sourches, le roi « éleva la voix contre son ordinaire, de sorte que Sainctot, introducteur des ambassadeurs, qui était dans le cabinet, jugea à propos d'en sortir pour n'être pas présent à une semblable scène ».

Par contre, le roi est-il engagé dans une négociation difficile dont il espère grand profit, ou désire-t-il entrer en relations amicales avec quelque puissance, il cajole les ambassadeurs. En 1698, au lendemain de la paix de Ryswick, il reçoit de manière charmante les ambassadeurs de Hollande. « On n'avait guère vu d'audience si familière que celle-là fut, relate Sourches, et ensuite il y eut bien du vin répandu à la table où le roi fit traiter les ambassadeurs. »

*

A l'occasion des rapports du roi avec les ambassadeurs français à l'étranger, apparaît un grave problème qu'il faut bien se poser, sans espérer arriver à une conclusion ferme : celui de la correspondance de Louis XIV. Il faudrait y adjoindre le problème controversé de la valeur historique de ses *Mémoires*[34] ; sur ce sujet les critiques de part et d'autre gardent leurs positions. Ils nous incitent seulement à n'user des *Mémoires* qu'avec une grande prudence. Périgny et Pellisson ont passé par là : ils ont surajouté leur rhétorique souvent poncive à la pensée royale.

Les lettres signées par Louis XIV sont innombrables, et nous n'en n'avons nulle édition complète ni scientifique. Dans quelle mesure sont-elles son œuvre personnelle ? Il est bien difficile de le dire. D'aucuns prétendent qu'il est particulièrement responsable des lettres soi-disant autographes. Ce que l'on appelle *lettres de la main* du roi sont le plus souvent des missives à des princes, à de hauts personnages du royaume, cardinaux, maréchaux, ducs et pairs, le tout en général manquant d'intérêt. Encore n'ont-elles point le plus souvent le mérite d'être des autographes. Le roi a toujours eu autour de lui d'habiles imitateurs de son écriture, qui lui évitaient la peine d'user de sa propre main : le président Rose, Callières, Torcy dans les dernières années.

Quant aux lettres importantes signées par le roi, en particulier celles qui sont adressées aux ambassadeurs français, dans quelle mesure sont-elles l'œuvre personnelle de Louis XIV ou celle de ses collaborateurs, c'est ce que nous ne savons point exactement. Évidemment les secrétaires d'État des étrangers ont rédigé des brouillons, que le roi a fait transcrire en y introduisant plus ou moins de modifications. Les Archives des Affaires étrangères en contiennent de nombreux. Tout ce que l'on peut affirmer c'est que ces brouillons, avant de devenir des lettres définitives, ont été le plus souvent contrôlés. Voici ce qu'écrit en 1661, à notre ambassadeur en Angleterre, en une lettre intéressante, Hugues de Lionne : « J'ai l'honneur de lire au roi les dépêches... Il me fait après l'honneur de m'appeler pour me dire ses intentions pour la réponse, à laquelle je travaille sous lui article par article... La dépêche étant formée, je prends soin de la faire mettre en chiffres, et ai l'honneur de lui présenter à signer. » La méthode fut-elle la même qu'aux premiers jours du règne ? On ne saurait l'affirmer péremptoirement. Pourtant ce sont à des conclusions analogues qu'arrive Baudrill, après une étude consciencieuse de la correspondance de Louis XIV et de Philippe V. « Rédigées par Torcy, écrit-il, les dépêches ont été revues par Louis XIV. Les lettres particulières ont été dictées ou inspirées. »

Au demeurant, et par compensation, il est bien certain que beaucoup de lettres du secrétaire d'État des étrangers sont écrites à la suite d'entretiens avec Louis XIV. En les lisant, il est souvent possible de distinguer la pie spéciale au ministre et celle qui représente la politique générale, et risque d'avoir été revue ou commandée par le roi. Naturellement cette distinction pratique n'existe pas dans la théorie : « Vous saurez, écrivait Torcy à Villars, plénipotentiaire en Allemagne en 1714, que le roi connaît assez l'état de ses affaires pour se déterminer par lui-même, prendre et changer ses résolutions, comme il croit le plus convenable, et que l'honneur de faire savoir ses volontés est notre seul page. »

Quoi qu'il en soit, et une fois rappelé que semblable problème se pose pour toutes les lettres officielles du temps, qu'elles soient de Richelieu et de Mazarin, par exemple, il est clair que les ambassadeurs reçoivent des lettres non seulement du secrétaire d'État des étrangers, mais encore du roi. La décision date de 1661. Lionne annonce à Gravel : le roi répondra à toutes les lettres de ses ambassadeurs sur les affaires les plus importantes, et lui-même « écrira directement quand il naîtra des occasions de cette nature. »

L'ensemble de ces lettres — qu'elles soient plus ou moins l'œuvre personnelle de Louis XIV, il importe peu si son contrôle s'est exercé sur leur composition et leur inspiration — est fort curieux. La forme n'est peut-être point œuvre royale, mais qui nous démontrera que la pensée n'est point le fait de l'action personnelle de Louis XIV vis-à-vis des informations et des suggestions qui lui sont données ? Nous n'avons point le secret des conversations orales qui furent de tout temps l'essentiel de la substance diplomatique, et dont les lettres ne sont que le reflet desséché malgré leur habituelle prolixité. Une grande souplesse diplomatique s'y manifeste incontestablement.

Contentons-nous d'une citation en choisissant un texte peu connu. Dans une lettre à notre envoyé en Allemagne, Verjus, alors qu'il - s'agissait en 1675 de négociations avec l'électeur de Cologne, voici les conseils subtils que donnait Louis XIV. « Prenez garde, lui recommandait-il, d'insinuer aux ministres si adroitement mes pensées que, bien que je ne les vois pas disposés à conclure présentement cette négociation, elle soit toujours à l'électeur et à ses ministres une marque de la confiance que j'ai en eux, et qu'elle leur laisse l'espérance des avantages qu'ils pourraient obtenir de moi en le finissant. » Louis XIV avait bien profité des leçons de son maître Mazarin.

Des lettres aux souverains et des réponses qui leur sont adressées, il n'y a guère lieu de tenir compte. Littérature officielle, où les compliments protocolaires sont l'essentiel. Par contre, il convient d'insister sur les lettres que le roi reçoit, en particulier de ses ambassadeurs à l'étranger.

« C'est l'usage, écrit Rousseau de Chamoy avec simplicité, que les ambassadeurs, les envoyés et les résidents écrivent directement au roi, et joignent à leurs dépêches une petite lettre seulement au secrétaire d'État des étrangers. » Propos de théoricien, que démentent souvent les faits. Il faut se défier d'un Rousseau, comme d'un Callières ou d'un Wicquefort. Ce sont des simplificateurs et non point des « greffiers de l'usage ».

Rousseau de Chamoy oublie d'abord de dire que Louis XIV a singulièrement innové quand il a prescrit la double correspondance. C'est un élément important de la quasi-révolution de 1661, et de l'installation de l'ordre nouveau. Voici ce qu'on lit dans les *Mémoriaux du Conseil* à la date de 1661. « Mander à tous les ministres étrangers, que dorénavant ils écrivent au roi la dépêche d'affaires, laquelle ils accompagnent d'une lettre au secrétaire d'État où *ils mettront les choses particulières* que par respect ils n'auront pas cru devoir écrire dans celle du roi, et en mettant le tout sous l'enveloppe du secrétaire d'État. » Lionne commente la décision royale, et en même temps veille à son intelligente application. Il conviendra d'écrire au roi, explique-t-il à Lumbres, notre ambassadeur en Pologne[35], « quand il y aura dans une négociation *quelques particularités et circonstances bien importantes, que vous jugiez requérir le secret plus que d'autres.* » Voilà qui est clair, et de Thou, ambassadeur en Hollande, se fait rudoyer, pour avoir entretenu le roi de bagatelles.

Quelques années plus tard, l'obligation d'écrire au roi devient plus rigoureuse. « Quoique je fasse toujours voir au roi les lettres particulières dont vous m'honorez, et qu'il semblerait, cela étant, que ce fût la même chose d'écrire à S.M. ou à moi, puisqu'elle est toujours également bien informée, il faut, ordonne Lionne à Comminges, ambassadeur en Angleterre, écrire toujours directement à S.M., quand même vous n'auriez d'autre chose à lui mander que de l'avertir que vous n'en avez aucune matière. » Et Lionne ne cache pas à Comminges qu'il écrit sur l'ordre direct du roi !

Il n'est pas prouvé que ces instructions aient été observées ponctuellement dans les années qui suivirent. Mais au lendemain de la chute de Pomponne, Feuquières, ambassadeur en Suède, fut blâmé de son laconisme. « Je vois, écrivait-il le 24 janvier 1680, que V.M. veut que je rende mes dépêches *plus amples* et être informé de diverses particularités, afin de connaître l'usage qu'elle en peut faire pour son service. » Évidemment, des faits nouveaux s'étaient produits. Le roi, après l'expérience malheureuse de Pomponne, désirait être renseigné dans le détail, alors qu'auparavant il croyait pouvoir se contenter d'indications générales. Un peu désorienté, Feuquières ajoutait : « Pour ce qui est des particularités... je m'y étendrai désormais davantage sans m'attribuer le discernement de ce qui importera à votre service, espérant que V.M. excusera la superfluité qui se trouvera. » Par contre, le roi semblait excédé des demandes personnelles des ambassadeurs et de leurs réclamations pécuniaires ou familiales. « Je ne mettrai dans mes dépêches, déclarait humblement Feuquières à Colbert de Croissy, le 6 mars 1680, que ce qui regardera le service de S.M. Mais je vous demande la permission et la consolation de pouvoir quelquefois vous écrire des lettres particulières sur ce qui touchera mes intérêts. »

L'élan donné en 1680 ne semble pas s'être maintenu. De nouveau les ambassadeurs durent reprendre l'habitude de n'entretenir le roi que de généralités. On écrivit régulièrement au roi, mais on réserva les particularités pour la lettre au secrétaire d'État. « Je sais bien, écrivait de Suède d'Avaux à Croissy, en 1693, que vous ne voulez pas que je vous écrive d'aucune affaire. Néanmoins je crois qu'il est plus à propos que je vous rende compte de beaucoup de petites choses que d'en remplir les lettres au roi. » En somme, on en revenait automatiquement à la pratique instaurée au début du gouvernement personnel[36].

Ces lettres d'ambassadeurs, qu'elles soient adressées au roi ou au secrétaire d'État, comment Louis XIV en prend-il connaissance ? Jamais directement, puisqu'elles sont, au moins partiellement, chiffrées, et doivent être mises en clair d'abord au département. A la fin du règne, une des principales occupations de Torcy était de les apporter jour par jour au roi. Peut-être à cette époque Louis XIV les lisait-il dans leur intégralité. Mais ce ne fut pas toujours le cas dans les années précédentes, en particulier pour les documents desquels ces lettres s'accompagnaient parfois. Envoyant à Torcy, qui faisait alors son apprentissage de secrétaire d'État sous la direction de Pomponne, un discours qu'il avait tenu au roi de Suède, d'Avaux, ambassadeur de France à Stockholm lui écrivait, en 1697 : « Vous savez bien *qu'il dépend de M. de Pomponne de lire ou de ne pas lire ma harangue au roi* : je vous prie, ajoutait-il, de l'engager à la lire s'il la trouve à son gré. » Aussi bien une lecture complète eut-elle été fastidieuse et vraiment inutile.

Pour ce qui est des instructions des ambassadeurs à leur départ pour les pays étrangers, elles résultent d'une collaboration du roi et du ministre analogue à celle qui s'est établie pour la correspondance[37]. Enfin le roi reçoit les ambassadeurs soit à leur départ, soit à leur retour, quelquefois même pendant leurs voyages en France. En 1661, Louis XIV entendit « par la bouche de M. de la Barde l'état présent des affaires de Suisse ». En 1709, il donna une longue audience au maréchal de Tessé, qui lui rendit compte de toutes ses négociations en Italie. N'avoir point de conversation avec le roi à la fin d'une mission est presque signe de disgrâce. Une fois de plus, l'action de Louis XIV s'exerce oralement, et les documents écrits ne nous en donnent qu'une idée incomplète.

*

Tel nous apparaît le rôle de Louis XIV. Le juger est assez difficile. Des occupations d'importance inégale y figurent sur le même plan. Lavisse l'a redit après Spanheim ; on n'y sent point un génie créateur. A côté d'appréciables qualités, l'assiduité, la conscience et surtout l'esprit de décision, ce qui semble faire défaut au roi, c'est la capacité de dominer de grandes questions. Il est beaucoup plus informé qu'on ne l'a cru. Morosini le trouvait très au courant des affaires d'Italie. Mais on est un peu inquiet de ne point le voir s'isoler de ses collaborateurs pour se livrer lui-même à un travail personnel. Des entrevues *secrètes* et sans *tiers* avec des princes étrangers ou des ambassadeurs n'en constituent pas l'équivalent. Comment avec la vie de la cour en aurait-il trouvé le temps ?

Un fait pourtant est curieux et jette une vive lumière sur la personnalité du roi en fonction des Affaires étrangères, c'est qu'il ait pu dans certains cas avoir de petits secrets, en dehors non seulement de son Conseil, mais même de certains collaborateurs, ministres ou ambassadeurs. Le cas s'est renouvelé plusieurs fois, comme le montreront quelques exemples.

Ce sera en 1661 l'ignorance dans laquelle sera tenu pendant quelques mois d'Estrades, ambassadeur en Angleterre, vis-à-vis des secours clandestins que Turenne est chargé officieusement, par l'intermédiaire de la Grande-Bretagne, d'envoyer au Portugal, toujours en lutte contre l'Espagne.

Ce sera en 1677 la « fausse ambassade » du cardinal d'Estrées auprès de la Savoie. D'Estrées est chargé de faire croire à la duchesse de Savoie que le roi a l'intention d'attaquer les Espagnols dans le Milanais. Ni lui-même, ni Pomponne alors secrétaire d'État des Affaires étrangères « ne soupçonnèrent, prétend Rousset, qu'il s'agissait d'une vaine démonstration et d'une simple ruse de guerre ». Seuls eussent été au courant Louis XIV, Louvois et un simple commissaire des guerres, Camus-Duclos. Mais topique pour d'Estrées, pour Villars, commandant des troupes françaises en Savoie, la démonstration de Rousset ne l'est point pour Pomponne !

Autre exemple de négociations secrètes, dont le roi est presque seul à tenir les fils, celles qui eurent lieu avec l'Espagne et Philippe V, vers 1710. Le duc de Noailles fut chargé d'une mission auprès de Philippe V, qu'il devait inciter à la paix et à d'importantes cessions aux alliés. Noailles revint avec une lettre de Philippe V, et « S.M. déclara au Conseil, raconte Torcy, qu'elle ne s'expliquerait point sur le secret particulier au roi d'Espagne, que le duc de Noailles avait été chargé de lui confier ». Torcy lui-même ne fut renseigné qu'en 1711 et encore partiellement, les pourparlers ayant continué par l'intermédiaire de Mme de Maintenon, à laquelle Philippe V confiait le soin de transmettre des lettres à Louis XIV.

En somme quelques indications curieuses, mais trop sporadiques pour nous permettre de conclure à une politique personnelle du roi. Il s'agissait de petites affaires, ou de problèmes en pie familiaux. La dissimulation naturelle de Louis XIV trouvait ainsi à s'exercer. Si le roi a réellement dirigé sa propre diplomatie, c'est, comme nous aurons l'occasion de le voir pendant les années qui vont de 1698 à 1700, dans ses rapports avec Guillaume III et dans la question des pages de la succession d'Espagne. Mais ses ministres n'en ignoraient rien.

*

Ce n'est point seulement le rôle du roi qui ressort de l'exposé d'ensemble auquel nous nous sommes livrés, c'est aussi son influence sur les institutions diplomatiques françaises. Le régime de 1661 est son œuvre propre, le Conseil restreint sa création. Il faut y joindre comme innovation le secret qui désormais caractérisera la politique française. Louis XIV le pratique et l'exige de ses collaborateurs. « On ne pouvait l'entamer, écrit l'abbé Hébert, curé de Versailles, puis évêque d'Agen, sur quelque chose que ce pût être : les ambassadeurs des princes qui étaient en sa cour pour les affaires de leurs maîtres ne pouvaient rien découvrir de ses desseins et de ses projets... Ceux qui. dans ces temps-là, avaient l'honneur d'être de son Conseil, avaient la même précaution sur tout ce qui était résolu. » Rien de tel en aucun autre pays d'Europe. L'organisation française eut de ce fait une réelle supériorité.

La machine ainsi ordonnée, a-t-elle fonctionné sans à-coup jusqu'à la fin du règne ? A l'époque où Torcy nous la montre en action, elle semble avoir acquis son maximum de rendement automatique, diminué seulement par la difficulté des circonstances et, aussi par la relative infériorité des collaborateurs du roi. Fonctionnaire honorable et prudent, Torcy ne vaut pas Lionne.

Cette distinction faite, il nous paraît — sans que l'on puisse arriver à une affirmation péremptoire — que Louis XIV, de son propre mouvement, a opéré un redressement assez sérieux dans les années 1679-1680.

Ce n'est là qu'une hypothèse, mais divers faits la rendent soutenable et vraisemblable. L'on sait généralement — et La visse a justement insisté sur ce point — que Louis XIV avait été fort mécontent de la paix de Nimègue. Sans doute jugea-t-il sa politique mal servie, et l'instrument dont il faisait emploi imparfait ou faussé. Le remplacement de Pomponne par Colbert de Croissy est très significatif, parce que le nouveau ministre ne ressemble pas à son prédécesseur, parce que, nous dit Spanheim, il est « fort soumis aux volontés du roi,... fort régulier à lui rendre compte exact, et sans en attendre les jours de Conseil, de tout ce qu'il croit en valoir la peine, et qu'il apprend par la dépêche ». Sa nomination est donc un retour à la fois à la régularité et à l'obéissance. Et pour commencer, Croissy renouvela complètement les bureaux du secrétaire d'État des étrangers.

Coïncidences curieuses ! On signale en ces années de nombreuses mutations dans le personnel diplomatique. Les ambassadeurs sont requis de donner des renseignements plus complets. L'on voit apparaître pour la première fois dans les instructions la recommandation qui deviendra classique, formulée toujours de la même manière, sur la nécessité d'une relation que les ambassadeurs doivent remettre au roi, retour de leur mission.

En somme, une remise au point de l'organisation diplomatique intérieure, un renouveau d'intérêt porté par le roi au fonctionnement de la politique extérieure, une affirmation nouvelle de son autorité et de la direction qu'il assume, voilà ce que permet de supposer l'étude des années 1679-1680. Et c'est un dernier argument qui s'adjoint aux précédents pour assigner à Louis XIV un rôle actif — sur la valeur duquel les opinions peuvent varier, puisqu'il faudra bien le juger surtout par les résultats — mais qui est essentiel pour la compréhension des institutions diplomatiques françaises.

LIVRE II

Les relations diplomatiques de Louis XIV avec les puissances étrangères

Au XVIIe siècle, comme de nos jours, la diplomatie d'un État a deux objectifs principaux : se renseigner sur les pays étrangers, proches ou lointains ; négocier avec eux. Information, signature de traités d'alliance, d'amitié, de commerce ou de paix sont ses principales occupations. Il faut en ajouter une troisième, moins importante à nos yeux, mais tout aussi absorbante, accomplir tous les actes de la politesse internationale, félicitations pour les mariages ou les naissances, condoléances pour les morts. L'Europe est une grande famille de rois et de princes souverains, dans laquelle l'état de guerre lui-même ne supprime pas les rapports personnels.

Pour l'entretien de ces relations si compliquées, Je roi de France dispose d'un personnel diplomatique nombreux à l'étranger, ambassadeurs, envoyés, résidents, voire même agents secrets. Il faut leur adjoindre tous ceux que le roi charge de missions exceptionnelles et temporaires.

Moins avancés pour la plupart que la France, ayant des institutions diplomatiques moins complètes, les autres États, empires, royaumes, républiques, princes souverains ont aussi leurs représentants à la cour de France. Mais bien peu sont permanents, et leurs séjours ne sont pas réguliers. Eux aussi traitent avec le roi et avec les ministres ; eux aussi renseignent leurs gouvernements.

Il y a là une double vie spéciale, qu'il est intéressant de reconstituer : elle est compliquée, fastueuse, souvent difficile à saisir ; la représentation y occupe autant de place que l'action ; les querelles d'étiquette y absorbent autant de temps que les négociations. L'ensemble est caractéristique de l'époque. Il nous renseigne presque autant sur l'Europe d'alors que sur la France elle-même. La description de la vie extérieure d'une période complète l'analyse des institutions.

CHAPITRE PREMIER

Les ambassadeurs français à l'étranger

Une des incontestables supériorités de la diplomatie française au XVIIe siècle, c'est le grand nombre de ses représentants. Le relevé géographique en a été fait fort consciencieusement pour le mois de novembre 1661, c'est-à-dire pour les débuts du gouvernement personnel. Il y avait en Italie des ambassadeurs à Rome, à Venise, à Turin ; des résidents à Florence, à Gênes et à Raguse, avant-garde de l'Orient. En Suisse, un ambassadeur permanent siégeait à Soleure. En Allemagne, naturellement point d'ambassadeur, mais un résident à Francfort près de la Diète, des résidents en Bavière, en Saxe, en Hesse-Cassel, à Hambourg, voire même à Strasbourg. A Vienne, un poste de résident non occupé. Des ambassadeurs en Danemark et Suède, en Pologne. Des ambassadeurs à La Haye, à Londres à Madrid, à Lisbonne et enfin à Constantinople. Ces postes n'étaient pas tous pourvus de titulaires, soit du fait du hasard, soit par pénurie financière.

Transportons-nous en l'année 1685[38]. La situation n'a fait que s'améliorer. Il y a des ambassadeurs à Rome, à Turin, à Venise, à Constantinople, en Hollande, en Angleterre, en Espagne, en Portugal, en Danemark, en Suisse ; à Vienne, auprès des ducs de Würtemberg, de l'électeur de Bavière, de l'électeur palatin, de l'électeur de Mayence, il y a des envoyés extraordinaires ; auprès de la Diète impériale, un plénipotentiaire. En Italie, nous trouvons un envoyé extraordinaire à Mantoue, un autre à Gênes. Enfin, il subsiste des résidents à Hambourg et à Genève. En somme le personnel est accru : le titre d'envoyé extraordinaire prévaut de plus en plus sur celui, inférieur, de résident. Notre représentation à Berlin est établie définitivement et solidement. La situation de notre ambassadeur en Suisse est renforcée par l'établissement d'une résidence à Genève, et bientôt dans les Grisons. Remarquons seulement que l'année 1685 est exceptionnelle ; nulle guerre en Europe ; les relations diplomatiques ne sont interrompues avec aucun État européen. Il ne faut point d'ailleurs oublier que certains postes d'envoyés extraordinaires, soit avant, soit après 1685, sont restés souvent inoccupés, en particulier ceux de Florence ou de Mantoue, alors que chômaient les négociations.

Quant aux différences de titres qui nous frappent en cette énumération, elles ont moins d'importance qu'on ne le suppose, et ne valent que pour exercer l'ingéniosité des théoriciens du temps. Callières simplifie avec raison : il distingue seulement les négociateurs du premier ordre, ambassadeurs ordinaires et extraordinaires, ceux du second ordre, envoyés extraordinaires et résidents. L'ambassadeur extraordinaire ne se différencie de l'ambassadeur ordinaire que par le caractère temporaire de sa mission, et par le droit qu'il a à quelques honneurs supplémentaires. Les ambassadeurs représentent le roi dans les capitales politiques essentielles, Madrid, Londres, etc. Si à Vienne il n'y a qu'un envoyé extraordinaire, c'est parce que la cour impériale accorde à l'ambassadeur d'Espagne une préséance que le roi de France ne saurait accepter.

Les envoyés extraordinaires sont de beaucoup les plus importants des ministres de second ordre. Ils sont envoyés dans les petites cours, celles des électeurs, par exemple, mais peuvent parfois tenir la place d'ambassadeurs. Au cours du XVIIe et du XVIIIe siècles, se crée progressivement entre leur condition et celle des résidents, qui deviennent de simples agents d'affaires, une véritable barrière, malgré les efforts désespérés de ces derniers qui ont des défenseurs comme Wicquefort, Callières et le grand Leibniz.

Reste enfin le titre mal défini de plénipotentiaire. Après s'être appliqué d'abord à des ministres de second rang, il a été principalement « donné et attribué, nous dit Rousseau de Chamoy, à ceux que les souverains envoient à des conférences pour la paix, ou à des assemblées d'État, comme aux diètes de l'Empire ou autres ».

Pour qui n'est pas l'historiographe du cérémonial, voilà qui suffit pour comprendre les querelles de préséance qui ont lieu dans les cours étrangères entre diplomates de divers pays, et toutes les difficultés qui en proviennent, chacun d'eux réclamant les honneurs qui sont dus non seulement à la puissance qu'il représente, mais encore au titre qu'il porte.

*

Étudier ce nombreux personnel diplomatique[39], c'est d'abord se demander s'il y a pour lui comme de nos jours une « carrière ». Comment sont choisis nos représentants dans les cours étrangères, à quelle classe sociale appartiennent-ils ? Quelles sont leur formation antérieure et leur préparation ? Y a-t-il des règles pour leur avancement ? Quelles sont leurs disgrâces et leurs récompenses ?

Depuis le XVe siècle, un véritable débat académique se poursuit en France, relativement au recrutement du personnel diplomatique parmi les nobles, le clergé, les parlementaires. Encore que Louis XIV se soit inspiré de nombreuses considérations et qu'il ait subi des influences, c'est cependant de lui avant tout que dépend le recrutement des diplomates. Comment a-t-il procédé ?

A en croire une publication officieuse, l'*État de la France,* pour l'année 1698, on enverrait, en ce temps des grands seigneurs ou des hommes d'épée à Rome, à Vienne, à Madrid, à Londres ; des gens de robe à Venise, en Hollande et en Suisse ; tantôt des uns, tantôt des autres en Savoie et en Turquie. Rien n'est moins exact, et cette soi-disant règle comporte trop d'exceptions.

D'une enquête sommaire — et qu'il est impossible de faire complète — il ressort que les ecclésiastiques sont beaucoup moins nombreux que les gens d'épée ou de robe. On les trouve en Pologne, en Savoie, à Venise, en Espagne, voire même à Rome, où ils n'auront jamais que le titre d'envoyé et point celui d'ambassadeur. Louis XIV se défie de l'action du Saint-Siège sur des hommes d'église ! Il ne veut point mêler le temporel et le spirituel. Pour un conclave, un ambassadeur laïque a plus de liberté qu'un cardinal : il coordonne plus facilement l'action des cardinaux français. Le clergé n'en a pas moins fourni des serviteurs de premier ordre, le cardinal de Bonzy à Venise, en Pologne, en Espagne ; Toussaint de Forbin-Janson, évêque, puis cardinal, ambassadeur en Pologne, etc.

La simple énumération des hommes de robe est impressionnante. Nous les voyons en Suisse, à Constantinople, en Angleterre. Ce seront par exemple Amelot, conseiller au Parlement avant de représenter le roi à Venise, à Lisbonne, à Soleure, à Madrid ; Honoré Courtin, d'abord conseiller au parlement de Rouen, puis intendant de Picardie, enfin diplomate chargé de postes importants, et fort apprécié de Louis XIV ; Girardin, ci-devant lieutenant civil du nouveau Châtelet, ambassadeur à Constantinople ; Harlay, premier président au Parlement de Paris, plénipotentiaire à Ryswick ; Saint-André qui quitta sa présidence au Parlement de Grenoble pour aller à Venise, et bien d'autres.

Pourtant, nobles — quelques-uns de généalogie douteuse ou récente — et gens d'épée, semblent constituer la majorité. Beaucoup servent aux armées avant de passer dans les ambassades : ils y reviennent parfois comme les gens de robe en leur parlement ou dans les Conseils du roi. Citons parmi eux d'Estrades, dont l'envoi à La Haye étonna fort les Hollandais, plus habitués aux magistrats qu'aux gens de guerre ; le marquis de Béthune, ambassadeur en Pologne, « homme d'esprit avec beaucoup d'agrément, fait pour la société et fort capable d'affaires », nous dit Saint-Simon ; Bonrepaus, sous-lieutenant de galères, puis intendant général de marine, avant d'être chargé de missions diplomatiques et économiques essentielles ; le duc d'Estrées, grand seigneur très brillamment apparenté, qui mourut à Rome ambassadeur fastueux et ruiné ; Feuquières et son fils Rébenac ; Du Luc, ambassadeur à Soleure ; Puysieux, employé en Haute-Alsace et lieutenant-général, qui « trouva l'ambassade de Suisse tout auprès de lui et à sa bienséance » ; enfin les deux Villars, père et fils, dont la biographie est bien connue.

Malgré cette prédominance, à la cour on n'était pas toujours satisfait des choix du roi, et l'on brocardait tout particulièrement les gens de robe. « Ils sont, écrivait Callières à la marquise d'Hüxelles, le 17 février 1697, accoutumés à juger des procès, et à voir des clients craintifs et soumis par la peine de perdre leurs biens : ils s'accoutument à un air grave, pour ne pas dire orgueilleux, qui n'est nullement propre avec des étrangers indépendants du prince qui les envoie. » En fait, à cette même date, le roi fit appel pour les postes vacants, délaissant les parlementaires, à des militaires et à des nobles ; mais la guerre de Succession d'Espagne survint, raréfiant les relations diplomatiques. On ne sait donc si cet ensemble de choix fut un simple hasard ou le résultat d'un dessein prémédité.

Notons enfin comme une simple curiosité qu'à cette époque les étrangers ne sont point exclus des postes diplomatiques français. Les résidents à l'étranger sont souvent gens du pays. Tels Louis Strozzi à Florence ; Jean Frischmann, Allemand d'origine à Strasbourg ; Pierre Bidal, baron d'Asfeld, d'abord simple marchand, puis agent de la reine Christine, finalement résident à Hambourg.

En somme les choix du roi sont avant tout individuels. Bien entendu le simple sens commun l'empêchera d'envoyer un évêque en pays musulman. Y a-t-il pourtant des considérations plus précises, desquelles il s'inspire ?

Aucune préparation systématique et organisée n'ouvre au XVIIe siècle la carrière diplomatique. Sans doute, un Brienne jeune, un Torcy, reçoivent une initiation que leur donnent des précepteurs, des lectures et des voyages : mais c'est là le résultat de la volonté paternelle et de l'éducation familiale. Callières n'hésite pas à écrire : « Les bons négociateurs sont plus rares chez nous que les bons officiers, parce qu'on n'y a point encore établi de discipline et de règles certaines pour instruire de bons sujets dans les connaissances nécessaires dans ces sortes d'emplois. »

Évidemment, les diplomates improvisés ne furent point tous remarquables. Un Millet, maréchal de camp, fut dépaysé et médiocre à la cour de Berlin. Un Villars, grand homme de guerre, commit bien des fautes comme négociateur à Rastadt. L'idée de Callières devait être reprise à la fin du règne, lorsque Torcy[40] créa vers 1712 une sorte d'Académie politique, qui comprendrait sous la direction de Saint-Prest, six jeunes gens, pourvus d'une pension de 1.000 livres, qui classeraient et dépouilleraient les Archives du département, et autant d'attachés libres, lesquels recevraient une éducation spéciale pour devenir dans la diplomatie de bons serviteurs du roi. On les appelait « Messieurs du Cabinet ». Ils devaient faire des lectures techniques et entendre des conférences. Malheureusement, l'entreprise périclita et l'Académie disparut prématurément en 1720. L'idée n'était pas mûre.

A défaut de spécialistes, qui n'existaient pas, Louis XIV eût pu avoir recours aux sous-ordres directs du secrétaire d'État, à ses commis. Il le fit rarement et pour des postes de second ordre. Commis de Croissy, d'Iberville devint résident à Genève.

Même défiance ou même ignorance systématique de ceux qui sont les collaborateurs directs des ambassadeurs, leurs secrétaires. Ils sont les serviteurs particuliers de l'ambassadeur[41] : rien de plus, sinon de temps en temps quelque gratification, ou pendant quelques mois l'intérim d'un titulaire absent ou non encore remplacé. En tout cas, l'on cite comme une exception ceux qui obtinrent un poste fixe, tels Du Pré, ancien secrétaire d'ambassadeur, successivement résident à Strasbourg, à Cologne et à Genève, Rousseau de Chamoy au service de Pomponne en Suède, qui finit par être plénipotentiaire à la Diète de l'Empire.

Le roi avait donc le champ complètement libre. Aucune tradition, aucune habitude ne dirigeaient ses choix. Dans les premières années du règne disparaît progressivement l'ancien personnel utilisé par Mazarin. Pour le remplacer, le roi fait appel à des hommes nouveaux. Il subit des influences, moins cependant qu'on ne l'a cru en son temps. On a beaucoup médit des parents et des créatures des ministres. « Tout habiles qu'ils sont, écrivait Callières de ces derniers, ils n'ont pas reçu du ciel le droit de communiquer leur habileté à leur famille. » Callières était un mécontent aigri. Les parents de ministres sont rares dans la carrière. Il est vrai que leurs clients le sont moins. Certaines interventions sont fort naturelles : non seulement celle du secrétaire d'État des étrangers, mais encore pour la désignation de l'ambassadeur à Constantinople, agent autant économique que politique, celle du contrôleur général des finances, qui a charge du commerce et des colonies. Les petits faits que l'on cite, les interventions de Mme de Montespan pour la nomination malencontreuse de Tambonneau en Suisse, du prince de Conti pour l'envoi de Breteuil à Mantoue, de La Rochefoucauld en faveur de l'habile homme qu'était Puysieux, du duc de Chevreuse en faveur de Callières lui-même, ne sont pas suffisants pour nous donner l'impression que le roi s'inspira régulièrement des conseils de son entourage. En réalité, Louis XIV se laisse guider le plus souvent par des considérations utilitaires et pratiques, qu'elles soient générales ou particulières.

Et d'abord les questions pécuniaires jouent leur rôle. Certains postes sont accablants par les dépenses qu'il convient d'y pouvoir faire, celui de Rome en particulier. Aussi y envoie-t-on de préférence des grands seigneurs fortunés, ou à la rigueur des ecclésiastiques pourvus de bénéfices, qui ne coûtent au roi que la peine de les donner. En 1703, Châteauneuf est désigné pour Lisbonne, parce « qu'il est homme d'esprit et de mérite, et dont *les affaires sont en état de soutenir l'ambassade* » (Dangeau). Dès lors, il pourra se passer du paiement régulier de son traitement !

Autre raison de nomination, non moins importante, et révélatrice de l'époque. La diplomatie a un caractère tout à fait personnel : l'envoyé n'est pas le représentant de la France, mais du roi. Aussi quand le roi choisit quelqu'un qui touche de près à sa personne, premier gentilhomme de la chambre, gentilhomme ordinaire, lecteur ou secrétaire, c'est avec l'intention, manifestée à plusieurs reprises dans les *Instructions,* d'honorer tout particulièrement le souverain, roi, électeur ou grand-duc qui le reçoit. Certaines charges facilitent donc à leur titulaire l'accès de la carrière. Le duc de Créqui était premier gentilhomme de la chambre, quand il fut dépêché comme ambassadeur à Rome.

Enfin, il est surtout tenu compte des circonstances, des services antérieurs de toute espèce, voire même des connaissances spéciales des candidats, de leur science du pays, de leur expérience politique, de la souplesse et du brillant de leur esprit. A-t-on besoin d'un conciliateur à Rome en 1666, pour effacer le mauvais effet de l'ambassade de Créqui, on enverra le duc de Chaulnes. Au début de la guerre de Succession d'Espagne, c'est un chef militaire, Marsin, qui représentera le roi en Espagne. A Dresde, le médiocre Chassan réclamait comme successeur le célèbre Courtin, parce qu'il « parle allemand et qu'il aime à boire ». De Crécy, qui fut plusieurs années résident à Ratisbonne et dans les cours allemandes, Saint-Simon déclare avec une admiration justifiée : « Personne ne savait plus à fond que lui les usages, les lois et le droit de l'Empire et de l'Allemagne, et fort bien l'histoire. » Au sujet de Saint-Géran, envoyé à Berlin, Courtin écrivait en 1672 dans une lettre à Pomponne : « Il a fort bon esprit, mais vous devez songer à l'avenir à envoyer en Allemagne des gens qui en connaissent les intérêts ; c'est un pays plein de docteurs qui jettent de grands scrupules dans l'esprit des princes de qui ils sont les conseillers. Il est nécessaire que ceux qui vont chez ces princes soient assez instruits pour répondre à leurs objections. » Ce furent de semblables maximes qui, en 1684 firent choisir comme ambassadeur à Constantinople[42] – presque malgré lui – Girardin, qui avait déjà passé quatorze mois en Turquie « pour son plaisir » et qui connaissait la langue du pays. Au demeurant, de bonnes intentions et beaucoup de choix excellents !

Il reste que la carrière n'étant pas fixe, l'avancement n'est point régulier. Certains ambassadeurs ne le furent qu'exceptionnellement et pour quelques mois, Créqui à Rome, le duc d'Aumont en Angleterre. D'autres rentrèrent dans l'administration, la magistrature ou l'armée. Entre les postes d'ambassadeurs, pas de hiérarchie établie. Rome, siège de la Papauté est considérée comme le poste le plus éminent en dignité. Constantinople et Soleure sont avantageux pécuniairement. Tantôt les séjours sont courts et tantôt longs[43]. En Suisse et en Turquie, les mutations sont rares. Ailleurs, on tient compte des désirs personnels et de l'état de santé des ambassadeurs. Un déplacement n'est point forcément un avancement. Une carrière singulière sera celle du marquis de Villars qui, à trois reprises et à plusieurs années de distance sera ambassadeur à Madrid.

Comment le roi récompense-t-il ses fidèles serviteurs, et rend-il justice à leurs mérites ? La procédure est variée. Quand l'état des finances le permet, il peut leur accorder des gratifications. D'autre part, s'être bien acquitté de ses fonctions diplomatiques devient pour certains un titre pour une promotion dans la carrière administrative, parlementaire ou militaire. Honoré Courtin mourra doyen du Conseil d'État en 1703. Tallard sera promu maréchal de France autant pour ses services civils que pour ses qualités d'homme de guerre. Des ecclésiastiques seront faits cardinaux à la sollicitation du roi. Comme récompenses spéciales, l'usage semble s'être établi de garder aux ambassadeurs les trois places de conseillers d'État d'épée, et parfois celles, en même nombre, de conseillers d'État d'Église.

Et pourtant ces brillantes espérances ne réussissent pas toujours à attirer les candidats. Pendant le ministère de Colbert de Croissy, une crise fort sérieuse de recrutement se produisit. Le

Vénitien Foscarini en rend responsable Croissy. « Il y a peu de personnes qui veuillent sous son ministère accepter des emplois à l'étranger. » D'autres raisons paraissent plus sérieuses. A en croire Sourches, Louvois, toujours désireux de s'immiscer dans les affaires qui n'étaient point de son département, les eût signalées au roi. « Il manquait tous les jours d'ambassadeurs, lui eût-il dit, n'y ayant plus personne qui voulut aller en ambassade, parce que la plupart de ceux qui y avaient été n'ont rapporté aucune autre récompense que le chagrin de s'y être ruinés. » Il concluait qu' « il fallait que le roi accordât le collier de l'ordre à ceux qui l'avaient bien servi dans les ambassades, pour engager d'autres à y aller. » Cet argument semble avoir impressionné le roi qui se montra prodigue de colliers en 1688 et en 1697 pour les diplomates. Il est peu vraisemblable que la crise ait été conjurée : la vraie raison du déficit des candidats demeurait l'irrégularité des paiements de la cour et peut-être leur insuffisance[44]. Les mêmes doléances contre « le peu d'attention qu'on fait aux services rendus dans les pays étrangers » réapparaissent en 1715 dans un mémoire de Bonnac, qui pourtant appartenait à la carrière.

Si les récompenses sont médiocres, les disgrâces sont rares. Si l'on est peu satisfait des services d'un diplomate, on se contente de ne plus l'employer. La défaveur la plus signalée, mais aussi la plus éphémère fut celle de l'abbé de Polignac, qui, ambassadeur en Pologne, se brouilla avec la reine, de plus outrepassa ses pouvoirs en matière financière, et, de retour en France, fut exilé dans son abbaye de Bonport. Encore, au bout de quelques années. Torcy obtint-il son rappel et lui fit-il accorder de nouveaux emplois. Bien des plaintes sont souvent formulées par des gouvernements étrangers contre des ambassadeurs français. Mais le roi en tient rarement compte, et craint avant tout de paraître désavouer ses représentants.

En somme, la carrière diplomatique en France au temps de Louis XIV est une institution ébauchée, non terminée, et pourtant notre pays paraît supérieur à ce point de vue aux autres États de l'Europe qui le prendront très souvent pour modèle.

*

De nos jours on a affirmé fort à la légère qu'au temps de Louis XIV le personnel diplomatique servait le roi sans être défrayé et quasi pour le plaisir. Or, les archives des Affaires étrangères contiennent presque complètes, année par année, les listes des paiements faits aux ambassadeurs, soit en gratifications, soit en paiements d'appointements. Hauterive, sans donner ses références, évalue la dépense faite pour le personnel diplomatique en 1688 à 675.000 livres, en 1715 à un million. Dans un « Abrégé des finances du roi de l'année 1680 », rédigé par Colbert, on voit en *projet de dépenses,* 500.000 livres pour les ambassades, et 300.000 livres pour les Ligues suisses, en dépenses réelles, 810.000 et 262.000 livres. Le détail nous instruira davantage.

Suivant Bonnac, dans son rapport précité d'octobre 1715, les ambassadeurs doivent toucher 36.000 livres par an, les envoyés 18.000, les résidents 6 ou 12.000. Seulement, cette théorie, Bonnac le reconnaît partiellement lui-même, ne correspond pas à la réalité : les traitements des ambassadeurs de Rome, Madrid, Vienne et Londres sont ordinairement plus forts que les autres. « Ceux de Portugal, Venise et Suisse n'ont été payés autrefois que sur le pied de 24.000 livres par an ».

Laissons parler les chiffres empruntés à quelques états de dépense. Voici ceux de l'année 1685[45]. Grande variété pour le traitement des ambassadeurs. A Rome 72.000 livres, à Londres 48.000 ; à La Haye, Madrid, Lisbonne, Copenhague 36.000 ; à Turin, Venise, Soleure 24.000. Les envoyés extraordinaires reçoivent entre 2.000 et 1.000 livres par mois. Bidal, résident à Hambourg, touche 8.000 livres par an, et Du

Pré, résident à Genève, seulement 6.000 livres. Un état de 1692 complète nos renseignements en attribuant 36.000 livres à nos ambassadeurs à Constantinople et en Pologne.

Ces chiffres n'ont qu'une valeur approximative. Beaucoup sont variables suivant les années et les personnes. En 1698, le traitement de Monaco à Rome est de 72,000 livres, celui de Tallard en Angleterre de 48.000, ceux des ambassadeurs en Suède, en Hollande, en Turquie, en Danemark, de 36.000 livres. A Turin, Briord touche 30.000 livres, les ambassadeurs de Venise, de Suisse, de Portugal, 24.000 livres. Dans l'ensemble se manifeste un léger relèvement général, bien insuffisant encore au jugement de Bonnac en 1715, « le luxe étant augmenté dans toute l'Europe, et toutes les choses qui y servent ayant aussi augmenté de prix ». Or au XVIIe siècle, pas de diplomatie sans luxe, tout au moins de diplomatie française.

Il serait d'ailleurs incomplet de ne tenir compte que du traitement des ambassadeurs pour établir le budget dont ils disposent. Aux appointements réguliers, s'ajoutent des suppléments assez nombreux qui sont accordés au plus petit des agents comme au plus grand. Il est vrai qu'ils dépendent de la bonne volonté du roi, du secrétaire d'État ou de ses subordonnés, surtout de l'état des finances. A Vitry, envoyé à Vienne, qui voulait se faire rembourser des frais extraordinaires, Croissy répondait sèchement, le 28 août 1680 : « S.M. n'a jamais admis ces sortes de cahiers supplémentaires de frais, et les ministres les ont toujours pris sur leurs appointements. » Le principe une fois rappelé, Croissy conseillait à Vitry d'attendre une occasion meilleure.

Ces suppléments d'appointements sont accordés pour des raisons assez variées. Un ambassadeur qui s'installe reçoit souvent une véritable indemnité. Cheverny, envoyé à Vienne en 1685, obtient en surplus de ses appointements 12.000 francs pour son ameublement, et 6.000 francs de gratification. Feuquières, transféré de l'ambassade de Suède à celle d'Espagne, touche 4.000 écus pour son ameublement. Pour l'établissement de l'ambassadeur ou ses déplacements, une véritable tradition se crée. Au fur et à mesure que le règne s'avance, les gratifications deviennent quasi de règle. « Le roi, écrit Dangeau en 1701, en donne presque tous les ans à la plupart de ses envoyés, pour peu qu'ils aient l'occasion de faire la moindre dépense extraordinaire. » Tantôt l'ambassadeur doit prendre le deuil en une cour étrangère, draper ses carrosses et donner livrée funéraire à ses valets ; tantôt il doit célébrer par des fêtes quelque heureux événement survenu à la cour de France, naissance de prince ou mariage ; tantôt il doit accompagner à la guerre le monarque auprès duquel il est accrédité. Ou il lui faut de l'argent pour l'entretien de sa chapelle en pays protestant. La correspondance des ambassadeurs n'est qu'une quémanderie perpétuelle, que la cour n'arrive jamais à satisfaire complètement. Pourtant, les sommes sont importantes. En 1692, Bonrepaus obtient pour son équipage en Danemark 24.000 livres au lieu de 12.000, « que le roi donnait seulement pour de semblables emplois » (Sourches), et 45.000 livres de gratification. Il était *persona gratissima*[46].

Une autre raison plus curieuse de sollicitation, c'est la perte au change. Le grand marché des changes est à cette époque en Hollande, à Amsterdam. L'organisation bancaire en France étant très défectueuse, et pour d'autres raisons encore, le change français, comme l'a fort bien montré Hauser[47], a été constamment, pendant le règne de Louis XIV, un change déprécié. Dans presque toutes les capitales européennes nos ambassadeurs s'en plaignent amèrement, que ce soient La Haye, Londres ou Madrid. D'Estrades prétendait, en 1661, que la moitié de ses appointements était perdue par le change. De Suède, d'Avaux transmettait en 1693 de semblables doléances. Aussi arriva-t-il parfois, en particulier à Madrid, que le roi ordonna à cet effet des gratifications supplémentaires.

Certaines ambassades offrent des compensations et sont particulièrement recherchées. Elles sont peu nombreuses. On fuit Rome où l'on se ruine malgré 72.000 livres d'appointements. On sollicite Constantinople ou Soleure. Ce sont, écrit au XVIIIe siècle le duc de Luynes, les deux seules ambassades « qui ne dérangent pas les affaires ». L'ambassadeur en Turquie est en pie entretenu par les commerçants français de Marseille et du Levant : sa fonction, prétend Dangeau, vaut au moins 80.000 livres de rente. En Suisse, les distributions d'argent faites aux Cantons ne laissent point de profiter à l'ambassadeur qui en est chargé. Enfin, les dépenses obligatoires y paraissent moins considérables qu'ailleurs. D'aucuns prétendent, au XVIIe siècle, que le poste de Madrid ne manque point d'avantages puisque les immunités y valent environ 10.000 livres par an. Mais ce n'est point, semble-t-il, l'avis des ambassadeurs, à feuilleter leur correspondance. La vie y est trop chère et il faut faire venir de nombreuses denrées de France.

Avons-nous terminé l'énumération des ressources desquelles peut disposer un ambassadeur ? Officiellement oui. Mais il y a pour beaucoup d'entre eux des suppléments personnels à ajouter. Un homme d'Église a ses bénéfices, un homme de robe son office, un homme d'épée quelque gouvernement. Feuquières est gouverneur de Verdun. Bonrepaus, ambassadeur de Danemark en 1692, garde, nous dit Dangeau, « 12.000 francs qu'il avait d'appointements à la charge d'intendant général de marine que le roi a supprimée, et il a encore une pension de 1.000 écus et sa charge de lecteur du roi ». Lorsque Lavardin sollicita, en 1687, l'ambassade de Rome, le roi lui accorda 50.000 écus de brevet de retenue sur la lieutenance générale de Bretagne. « Cette somme, écrit Sourches, était précisément ce qu'il fallait qu'il empruntât pour la dépense de la première année de son ambassade : car il ne pouvait s'empêcher de dépenser d'abord 100.000 écus ; le roi en donnait 20.000 pour l'ameublement, et 24.000 pour les appointements ordinaires ; aussi lui en fallait-il encore 56.000. » De semblables combinaisons permirent parfois de renforcer le traitement des ambassadeurs et des envoyés extraordinaires. Au demeurant, ceux d'entre eux qui étaient fortunés – et il y en eut beaucoup – avaient toujours la ressource de se ruiner pour le service du roi et de demander ensuite leur rappel. Ainsi fit le duc d'Aumont à Londres en 1713[48].

L'argent du roi ne suffit donc pas le plus souvent aux dépenses que croient devoir faire la plupart de ses envoyés, et dont l'énormité nous apparaîtra clairement lorsque nous les verrons à l'œuvre dans les capitales étrangères. Mais il y a plus. Cet argent, qu'il s'agisse de traitements réguliers ou de gratifications, est versé fort irrégulièrement et le plus souvent avec de considérables retards. Les plaintes commencent dès les premières années du gouvernement personnel. Elles ne font que se multiplier et s'aggraver au début du XVIIIe siècle ; mais elles apparaissent aux époques même les plus brillantes du règne. A feuilleter la correspondance des ambassadeurs, on en est obsédé. Bornons-nous à quelques exemples. Un des plus caractéristiques est celui de Feuquières, ambassadeur en Suède, qui avait, il est vrai, de considérables charges de famille. Mais en 1673, il était dans le même état d'impécuniosité que la plupart de ses collègues. « Les ambassadeurs n'ont point été payés, lui écrivait sa protectrice et parente, Mme de Pomponne, femme du secrétaire d'État des étrangers... *Il n'y a eu que ceux qui ont eu un ordre particulier de M. Colbert,* qui sont MM. d'Estrées, de Villars, de Grémonville. » L'année d'après, nulle amélioration. « Le temps, constate mélancoliquement Mme de Pomponne, va devenir plus difficile qu'il n'a été par le passé. » On réclame les paiements trois ou quatre mois avant de les obtenir. « C'est une chose par laquelle on se trouve distingué que d'être payé de ses appointements. » Feuquières s'endette et ne vit que d'avances difficilement faites par les banquiers de Hambourg.

Si Feuquières se plaint plus souvent et plus fort que les autres, son cas n'est pas exceptionnel. En 1699, Tallard, à Londres, crie lui aussi misère[49], avec dignité, sans doute, mais en précisant les raisons de sa détresse. « J'avoue que quand j'ai entrepris une besogne où l'argent est aussi nécessaire, je m'étais flatté que je pouvais compter sur les appointements que le roi me donne : cela fit que je cherchais un banquier qui m'avançant son crédit reçût son remboursement sur le trésor royal... Il lui est dû plus de 30.000 écus de mes appointements... Il m'est impossible de rester un mois hors de France si vous n'avez la bonté de me faire payer. » En même temps, Tallard réclamait une indemnité de perte au change de 8.000 livres. La négociation dont il était chargé était d'importance. Il obtint partiellement satisfaction, Mais pendant la guerre de Succession d'Espagne, l'état financier s'aggrava et les ambassadeurs – bien que leur nombre eût considérablement diminué – reçurent de Versailles de l'argent fort irrégulièrement. On ne peut passer sous silence les doléances d'Amelot, ambassadeur du roi très chrétien auprès de son petit-fils Philippe V, en 1709. « Je ne suis point payé depuis très longtemps de mes appointements, et comme le Sr Bernard m'en fournit ici la valeur, je lui dois actuellement plus de 160.000 livres. » Sans le crédit consenti par les banquiers, les diplomates français n'auraient pu subsister à certains moments à l'étranger !

*

L'ambassadeur ou l'envoyé en une capitale européenne une fois choisi par le roi, il convient de le voir à l'œuvre et de le suivre de près à la fois dans son action et dans sa vie quotidienne.

L'essentiel est pour lui de prendre congé du roi et de recevoir ses instructions par écrit, ainsi que ses lettres de créance. Dans ce même temps, préoccupation matérielle, mais fort absorbante, il devra préparer son voyage, organiser sa suite, son train de maison, faire pour ses bagages des dépenses considérables. Le tout demandera du temps, quelquefois plusieurs mois.

On ne saurait trop insister sur l'importance des instructions données par le roi à ses agents diplomatiques. Elles contiennent des indications très importantes sur la politique française, ses moyens d'action, ses procédés. C'est une mine documentaire inépuisable.

Leur longueur et leur intérêt sont variables suivant l'importance des cours auxquelles elles s'appliquent. Essentielles s'il s'agit de Rome, de

Vienne, de Madrid, etc., elles sont insignifiantes pour la diète germanique, pour tel ou tel petit État italien ou allemand. Sans doute l'usage s'en était introduit bien avant 1661 : mais avec Louis XIV elles devinrent plus détaillées, plus riches en renseignements et en formules de lignes de conduite.

De l'instruction en général, Rousseau de Chamoy, en son *Idée du parfait ambassadeur* donne une définition assez précise et suffisamment compréhensive. « Elle contient, écrit-il, le détail des affaires qu'on commet à l'ambassadeur, la manière dont il doit y travailler, la description de la cour où il est chargé d'aller, les intérêts, les prétentions et le génie du Prince et de ses ministres, leurs inclinations favorables ou contraires, les partisans qu'on a auprès d'eux et la conduite que l'ambassadeur doit tenir à son arrivée et dans la suite de son employ. » Ce sont bien là les maîtresses pièces de toute instruction complète.

Naturellement, les variantes sont nombreuses et l'ordre que semble indiquer Rousseau n'est pas toujours respecté. Aussi bien faut-il tenir compte et de la diversité des personnalités qui se succédèrent au secrétariat d'État des étrangers, et auxquelles revenait la responsabilité de la rédaction de ces instructions et des changements de direction de la politique louisquatorzienne.

Le plus souvent, l'exorde de l'instruction énumère les raisons qui ont attiré le choix du roi sur le diplomate par lui désigné. Puis vient un résumé historique de la situation, parfois long et circonstancié. Des indications très précises sont données sur l'étiquette et le cérémonial, afin que l'ambassadeur en toute occasion ne manque point de garder son rang. Après 1679, la galerie de portraits psychologiques, qui ne disparaîtra que dans la seconde moitié du XVIIIe siècle, devient la règle. Rois, ministres, favoris, cardinaux, grands seigneurs sont dépeints avec leurs qualités, leurs faiblesses ; on note leur attitude habituelle à l'égard de la France, l'influence sur eux de l'or étranger, ou — cas plus rare — leur incorruptibilité. Des femmes même, reines ou favorites, il est parfois parlé. Au tableau de la cour s'ajoute souvent, en Espagne par exemple, un bref résumé des institutions et de la manière de négocier. Il semble que l'instruction, en s'enrichissant, remplace ou fixe par écrit les renseignements oraux fournis préalablement au cours d'une conversation par Louis XIV ou son ministre[50].

Enfin, à partir de 1679 également, la plupart des instructions comportent certains paragraphes identiques, relatifs au chiffre, à la correspondance à entretenir avec le roi, à la relation obligatoire à faire au départ. Des clichés apparaissent, qui sont reproduits fidèlement, quel que soit le titulaire de la mission. Telle est, par exemple, la définition du rôle et de la fonction de l'ambassadeur que l'on peut lire dans une instruction à Sébeville, envoyé à Vienne en 1681, mais qui figure également dans les instructions données à ses successeurs Lusignan et Cheverny. Elle mérite d'être partiellement citée : « Comme c'est à S.M. que l'envoyé doit rendre compte directement de l'exécution de ses ordres, et que les informations qu'elle reçoit de ses ministres dans les pays étrangers doivent servir de fondement aux résolutions les plus importantes qu'elle prend..., la principale pie de leur devoir est de ne rien ajouter à la vérité, de l'informer mot pour mot de tout ce qui a été dit de p et d'autre, dans les conférences qu'ils ont avec le prince ou avec ses ministres. »

L'instruction comporte parfois des appendices, des annexes ou des compléments. Il arrive que de courts mémoires secrets lui soient adjoints, qui expriment brutalement et de manière concise la véritable pensée du roi. C'est le cas par exemple pour Rébenac à Madrid en 1688, alors qu'il s'agit déjà d'assurer la succession d'Espagne au Dauphin en cas de brusque mort de Charles II.

A l'instruction politique s'ajoute parfois une instruction économique, qui est l'œuvre du contrôleur général des finances, de Colbert, puis de Seignelay[51]. Exceptionnellement, il arrivera à Turenne d'ajouter dans les premières années du règne, qu'il s'agisse du Portugal ou de Hollande, une instruction officieuse à l'instruction officielle, au su et sur l'ordre même du roi et du secrétaire d'État des étrangers. Mais la dernière demeure essentielle.

Pour sa rédaction, la contribution la plus considérable est celle du secrétaire d'État. Le Conseil d'en haut en a souvent communication. L'avis du roi est essentiel. Les instructions ne sont expédiées qu'après son approbation. On cite comme un cas rare celui de Pomponne, envoyé en Hollande, qui rédigea lui-même ses propres instructions ; Lionne les trouva si parfaites qu'il les soumit à la signature royale sans y rien changer. Ce fut le commencement de la fortune de Pomponne.

En même temps que ses instructions, le diplomate chargé nouvellement de mission emporte les lettres de créance qui l'accréditent auprès de l'État vers lequel il est député. Suivant Callières, elles sont de deux espèces : *lettre de cachet* expédiée et contresignée par le secrétaire d'État des étrangers, et que l'on remet à la première audience publique ; *lettre de la main* écrite par un des secrétaires du cabinet et signée de la main du roi. La lettre de créance, note fort justement Rousseau de Chamoy, « est proprement le titre de l'ambassadeur et ce qui établit son rang et sa mission ».

En pareille matière, la réalité paraît plus compliquée que la théorie. Partant pour Rome en 1661, le sieur d'Aubeville n'emporte pas moins de trois lettres de créance pour le pape, « l'une simplement sur le sujet de l'envoi », l'autre sur les deux grâces que le roi sollicite du pape. En 1693, un ambassadeur en Pologne est muni de lettres de créance non seulement pour le roi et la reine, mais encore pour quelques grands personnages de la République.

Aux lettres de créance s'ajoutent parfois les pouvoirs qui « se donnent quand l'ambassadeur est chargé de négocier quelque affaire particulière ou quelque traité avec le souverain, et c'est ce qu'on appellerait entre particuliers une procuration » (Rousseau).

Enfin, le représentant du roi emporte d'ordinaire pour la correspondance avec la cour au moins deux tables de chiffres[52], dont l'une, peut-on lire presque dans les mêmes termes dans de nombreuses instructions, « lui servira pour les articles les plus importants de ses dépêches, et dont il jugera que le secret doit être impénétrable et le gardera lui-même dans sa cassette. »

Tel est le bagage moral de l'ambassadeur à son départ de France. Les écrits du temps lui recommandent de profiter de ces délais pour s'informer avant son départ des mœurs et de l'histoire du pays où il doit se rendre, de tenter sur lui une enquête orale auprès des connaisseurs, d'étudier le cérémonial spécial à chaque cour. Beaucoup le firent, mais d'aucuns n'y pensèrent guère, et se trouvèrent par la suite — leur correspondance nous l'apprend — pris au dépourvu. Une bonne chance pour un ambassadeur est de prendre contact avec son prédécesseur, s'il a eu le temps de rentrer en France.

Quant aux préparatifs matériels, on peut dire que leur étendue et leur complication dépassent notre imagination moderne. Il lui faut d'abord recruter sa suite, dont l'importance varie avec le titre même du diplomate, ambassadeur, envoyé extraordinaire ou résident, et dépend également de la fortune de l'intéressé. Distinguons le personnel même de l'ambassade et les domestiques. Le premier comprend un ou plusieurs secrétaires, un chapelain, quelquefois des interprètes, des gentilshommes d'escorte en nombre variable. Les variantes sont innombrables. A Rome il faudra par exemple[53] deux secrétaires français, « l'un pour les affaires de l'ambassade et l'autre pour les affaires de la maison et dépêches particulières », en plus un secrétaire italien[54]. A Constantinople, Pierre de Girardin, ambassadeur de 1686 à 1689, emmenait avec lui un intendant, deux secrétaires, l'un pour la chancellerie et la juridiction du commerce, l'autre pour les dépêches, une dame d'honneur et comme escorte volontaire, quinze gentilshommes. A Berlin, Rébenac, qui n'est qu'envoyé extraordinaire en 1680, se contentera d'un gentilhomme, d'un aumônier et d'un secrétaire. Un simple résident comme Chauvigny qui débute à Genève en 1679 n'a avec lui qu'un secrétaire et un aumônier.

Dans la suite de l'ambassadeur, il faut mettre tout à fait à p le secrétaire, encore que sa situation demeure ambiguë, et qu'il soit en marge de la carrière diplomatique. En vain, Wicquefort déclarait-il que le secrétaire de l'ambassade « a aussi une qualité représentante ». En vain Rousseau insistait-il sur l'importance de ce personnage, et le soin avec lequel il devait être choisi, le poste lui-même étant admirablement apte à « former des jeunes gens aux emplois étrangers ». Le titre ne fut jamais reconnu officiellement. Ce ne fut point d'ailleurs la faute de Torcy[55], qui signala au Conseil d'en haut les dangers de cette situation. Ne voyait-on pas d'anciens secrétaires d'ambassadeurs français entrer au service d'ambassadeurs ennemis et leur apporter le secret des négociations qu'ils avaient connues ! Torcy eût voulu qu'un certain nombre d'entre eux reçussent des appointements du roi, ou même qu'on « créât une charge des emplois de secrétaire ». Le roi n'y consentit pas : on leur assura seulement une gratification annuelle de 1.000 livres dans l'intervalle de leurs emplois. Sitôt en activité, ils étaient rétribués par leur maître.

L'histoire n'est point faite de ces collaborateurs essentiels des ambassadeurs. Quelques-uns seulement d'entre eux sont connus. Akakia, ancien secrétaire de d'Avaux en 1648, envoyé dans les cours du Nord et en Hongrie ; Étienne Du Pré, secrétaire de Villars à Madrid en 1669, plus tard ministre en Italie ; Rousseau, ancien secrétaire de Pomponne en Suède, qui eut lui aussi une carrière diplomatique ; Poussin, secrétaire de Tallard à Londres, qui remplit les mêmes fonctions à Copenhague ; La Picquetière, successivement secrétaire, envoyé extraordinaire, résident en Suède, etc. Ceux que nous nommons semblent avoir été des exceptions, puisqu'ils s'élevèrent de leurs fonctions subalternes et purement privées à des postes classés de la hiérarchie. La grande majorité des autres se sont contentés d'être avec les aumôniers les membres les plus importants de la suite de nos diplomates. Le type le plus curieux de l'un de ces employés de passage fut Jean de la Chapelle, esprit cultivé et propagandiste intéressant que Puysieux garda avec lui en Suisse, de 1706 à 1707, et qui joua, comme on l'a dit justement, le rôle de « vice-ambassadeur de France à Soleure »[56].

A cet état-major s'ajoute une domesticité extrêmement nombreuse, tout à fait comparable à celle qui encombre à Paris les hôtels des grands seigneurs et accompagne par la ville leurs carrosses. Le pauvre Chauvigny se contentera d'un valet de chambre tapissier et de deux laquais. Mais le fastueux Girardin a un train de maison digne d'impressionner le Grand Turc[57] : deux écuyers, trois filles de chambre, trois officiers de cuisine, trois valets d'office, deux pages, seize laquais, un jardinier, tel est son personnel au départ ; encore se propose-t-il de prendre à Marseille deux porteurs de chaises et à Constantinople huit autres laquais. L'énumération n'est pas terminée. Girardin y adjoindra deux portiers, six palefreniers, des janissaires, dix-huit musiciens et un chef pour les diriger, des représentants de tous les corps de métiers, tailleurs, tapissiers, etc. Il est vrai qu'il est le plus rémunéré de tous les ambassadeurs. Mais ses collègues font presque tous de même, dans la mesure de leurs moyens. Le cardinal de Bonzy à Venise a près de quarante serviteurs, dont deux petits Turcs et huit gondoliers, tant pour la commodité que pour la couleur locale sans doute[58]. A Berlin, suite et domestiques compris, Rébenac finira par avoir vingt-cinq personnes, sans compter quelques marmitons ! Comment s'étonner des embarras pécuniaires de nos diplomates à l'étranger ?

Plus impressionnante encore dans les documents du temps est l'énumération des bagages. Rousseau de Chamoy en ses conseils expérimentés se montre péremptoire. « Sa vaisselle d'argent, ses carrosses et ses livrées sont les choses dont un ambassadeur de France doit indispensablement se pourvoir en partant, parce que c'est ce qu'il a le plus besoin d'avoir prêt à son arrivée, et qu'on ne les trouve en aucun pays, ni de si belles, ni de si bien faites. » Là encore le premier rang semble devoir être attribué à l'ambassadeur de Constantinople. Aussi bien ne trouverait-il point ce qui est nécessaire chez les Turcs, et doit-il emporter des présents pour le Grand Seigneur. Il fera voiturer jusqu'à Toulon 60 ballots de meubles − pour lesquels il jouit du droit de la franchise douanière − et 1.200 marcs de vaisselle. Pour le Sultan des étoffes d'or, du velours, du satin, des draps les plus fins d'Angleterre. Pour l'ambassade, des tapisseries à personnages et des tapisseries à verdure.

En Suède, moins de faste est nécessaire, mais les dépenses sont encore considérables, telles que les prévoit Pomponne en une lettre circonstanciée qu'il adresse à Feuquières son successeur[59]. « Il vous faut trois pièces meublées : une salle, une

166

chambre d'audience, votre chambre ou cabinet. Il vous faut deux carrosses... Deux pages et six laquais suffisent... Vous prendrez votre linge de table à Hambourg et ferez faire votre batterie de cuisine à Stockholm. » Rarement un débutant dans la carrière fut mieux renseigné et plus convié à l'économie ! Mais la nécessité le força à dépasser les prévisions de Pomponne, et les dettes s'accumulèrent. Carrosses, chevaux de trait, chevaux de selle étaient la ruine des diplomates à l'étranger, surtout dans les États où la cour se déplaçait et où il fallait l'accompagner. Certains, très précautionneux, allaient même jusqu'à emporter des provisions de bouche : 400 livres de beurre, 250 livres de confiture figurent sur le mémoire des habits, linge, hardes, etc., que le marquis d'Harcourt fit sortir de France pour Madrid.

Tout étant prêt, il restait à l'ambassadeur à rejoindre son poste. Le voyage était parfois très compliqué, toujours fort long. Pour Rome on s'embarquait à Toulon et l'on prenait terre à Civita Vecchia. Mais Lavardin s'y en alla par Lyon, Florence et Sienne. C'est de Toulon que p également l'ambassadeur pour Constantinople, escorté le plus souvent de vaisseaux de guerre. Les pérégrinations les plus redoutées sont celles qui acheminent nos diplomates vers Varsovie ou vers les cours du Nord. C'est ainsi que pour Stockholm deux voies sont usuelles, l'une par mer, l'autre par terre, également mauvaises et lentes. Si l'on embarque à Dunkerque pour gagner la Norvège, la traversée est souvent difficile. Mais par l'Allemagne, en hiver il est vrai, il fallut à Courtin deux mois et demi pour arriver à Stockholm. Aussi le poste n'était-il guère recherché.

*

Voici donc l'ambassadeur rendu dans l'État qui fait l'objet de sa mission. Son premier désir doit être d'y trouver un logis, si son prédécesseur ne lui a pas épargné ce souci. Point de demeure permanente, assurée par les soins du gouvernement. L'histoire des divers lieux de séjour de nos diplomates à l'étranger n'est qu'ébauchée : elle ne manquerait ni de piquant, ni d'intérêt. Un seul pays, la Suisse, avait fait bâtir une habitation pour l'ambassadeur de France en sa résidence officielle, Soleure. Un hôtel assez vaste, mais d'une architecture simple, avec une cour ornée d'une fontaine monumentale avait remplacé en 1619 la maison modeste édifiée en 1554[60]. A Rome, le palais Farnèse, propriété du duc de Parme, fut assez souvent la résidence de nos ambassadeurs, mais non point de manière continue ; cependant une tradition commençait à s'établir. Partout ailleurs c'étaient le hasard et la bonne ou malchance qui logeaient nos diplomates ; beaucoup se plaignaient de la cherté des loyers et de la difficulté des recherches, voire même des obstacles qui leur étaient suscités par les étrangers au milieu desquels ils allaient vivre.

Viendront ensuite, ou presque simultanément, les premiers contacts officiels avec l'État étranger et la population. Ici nous risquons de nous égarer dans l'infinie complication du cérémonial, variant suivant chaque pays, suivant le titre que porte le diplomate, le tout aggravé par la rigueur de Louis XIV et de ses ministres, leur inflexibilité pour tout ce qui regarde l'étiquette. L'embarras des envoyés, mis en présence de problèmes de détail, demeure souvent fort grand. Faut-il accorder la main, c'est-à-dire la droite à tel ou tel personnage important ? Quel est le rang des reines mères et des belles-filles à la cour de Danemark ? Heureusement le roi, son secrétaire d'État, ses commis sont là pour trancher ces graves problèmes. Peu à peu seront constitués au secrétariat d'État des Affaires étrangères des cérémoniaux relatant les pratiques en usage dans chaque cour. Mais la cour de France elle-même, avant 1661, ne savait pas toujours ce qu'elle devait exiger. Elle n'avait ni l'expérience de la cour de Rome, qui faisait presque loi en semblable matière, ni celle de la cour d'Espagne. Avec Louis XIV, une régularisation et une codification du cérémonial s'opérèrent. Encore fallut-il compter sur les résistances étrangères. D'où d'interminables débats, dont quelques-uns ne manquèrent point de conséquences graves. Rupture momentanée de relations avec la Suède, avec le Danemark par exemple. Il s'agissait du mode de réception des ambassadeurs. Pas de correspondance de diplomate qui ne relate de conflits de ce genre, dont il suffit de signaler la multiplicité ! Pour l'époque ils avaient leur raison d'être et leur signification.

Pour les débuts d'un ambassadeur, deux cérémonies, qui n'ont point lieu nécessairement le même jour, étaient essentielles : l'audience publique et l'entrée solennelle. La première, précédée d'un défilé majestueux dans la ville où se tient la cour étrangère, n'est qu'une remise de lettres de créance, accompagnée de « discours généraux » et sans grande signification. Elle marque la fin de l'incognito de l'ambassadeur et le début de sa carrière publique. La seconde est une prise de contact avec la population, une occasion pour l'ambassadeur de montrer sa magnificence et qu'il est le représentant du plus grand roi du monde. Aussi bien Louis XIV y attache-t-il une importance toute particulière, et ne se lasse-t-il point de semoncer ses agents jusqu'à ce qu'ils aient obtenu du souverain étranger l'autorisation de la faire solennellement. L'entrée se place au point culminant du cérémonial : elle est réservée aux ambassadeurs des têtes couronnées, et les envoyés n'y ont point droit. Elle se prépare avec lenteur et minutie, et s'exécute avec pompe. Quelques exemples nous en montreront toute la splendeur.

C'est peut-être en Espagne qu'elle mérite d'être décrite d'abord ; elle constitue un moyen de frapper l'opinion publique, d'impressionner ce peuple de Madrid, sur lequel Louis XIV espère bien régner un jour, de le bien disposer pour la cause française. Voici quelques détails sur l'entrée que fit à Madrid, le 9 août 1679, le marquis de Villars[61]. Le roi envoya au-devant de lui son majordome, vingt des premiers seigneurs de la cour, cent autres personnes à cheval et quatre carrosses pour sa propre personne, suivis de plus de deux cents autres. Villars sortit *à cheval* de son logis — suivant l'usage d'Espagne — et se rendit au palais royal, où il eut audience. Son retour se fit dans les mêmes conditions. « Je demeurai surprise, écrit Mme d'Aulnoy, que pour une chose aussi commune que ces sortes d'entrée, toutes les dames fussent sur leurs balcons avec des habits magnifiques. »

En Angleterre, en 1663, Comminges, notre ambassadeur, avait voulu ne point faire d'entrée à cause de la dépense. Le roi très soucieux, au lendemain du fameux conflit de Vatteville et d'Estrades, d'affirmer la préséance récemment reconnue de la France sur l'Espagne, n'y consentit point. Comminges dut s'exécuter[62]. Le 14 avril, l'aide des cérémonies vint le prendre dans son hôtel pour le conduire à Grenvitche (Greenwich) « qui est le lieu où l'on va recevoir les ambassadeurs pour les conduire à Londres ». Là, l'attendait le maître des cérémonies, et bientôt arriva le comte de Devonshire, délégué du. roi avec une escorte et quatre barges. Dans la plus belle, superbement ornée, il entra avec l'ambassadeur, et tous deux remontèrent la Tamise, tandis que les vaisseaux du port faisaient des décharges d'illerie. Toujours au son du canon, il débarqua à la Tour de Londres où se continua le cortège, qui le ramena à son hôtel. Quelques jours plus tard, il obtint son audience publique. Sur le passage de Comminges, en ces deux cérémonies, grand concours de peuple, attiré beaucoup plus par la simple curiosité que par l'amour de la France !

Autant de pays, autant de différences dans le détail. Nous conclurons sur deux nations de gouvernement aristocratique, Venise[63] et les cantons helvétiques.

Le 25 septembre 1679, Varangeville fit son entrée dans la cité des Doges. Il commença par se rendre avec sa suite à l'île du Saint-Esprit, pénétra solennellement à l'église des Cordeliers, puis descendit dans un appartement que la République avait fait meubler pour lui, et y reçut les compliments du corps diplomatique. C'est là que vinrent le trouver soixante sénateurs, ayant à leur tête Giustiniani, ancien ambassadeur en France. Après échange de harangues, l'ambassadeur monta en gondole, accompagné de tout un cortège d'embarcations pleines de masques et glissa vers la ville. Il atterrit à son palais, où un second compliment lui fut fait au nom de la République ; l'escorte officielle se retira pendant que trompettes, violons et hautbois se faisaient entendre, et que l'on offrait à tous les masques confitures et rafraîchissements. Le lendemain eut lieu la solennelle audience du Doge.

De son entrée à Soleure[64], le 13 mai 1698, Puysieux, notre ambassadeur en Suisse, donne une curieuse relation en une lettre adressée au roi, fort friand de ces détails. C'est dans une maison de campagne, aux environs de la ville, que vinrent le trouver les députés du Conseil de canton. Après assaut de compliments, Puysieux monta à cheval au bruit des canons, et se rendit à la ville où la bourgeoisie rangée sous les armes, l'accueillit avec des décharges de mousqueterie. Un cortège s'organisa, carrosses vides, personnel de l'ambassade à cheval, précédant l'ambassadeur entre l'avoyer et le banneret. Venaient ensuite les officiers de la garnison française de Huningue, dont Puysieux était gouverneur, des membres du grand Conseil, etc. Les jours suivants se passèrent en compliments réciproques. Le chapitre de la collégiale vint féliciter l'ambassadeur.

Voilà donc quelques thèmes de réception. Tous reposent sur la même fiction. Quoique installé depuis plusieurs semaines, l'ambassadeur est censé ne point avoir pénétré dans sa future résidence. Et toujours il sort de la ville pour s'établir en quelque lieu proche, où viennent le trouver les délégués officiels, comme s'il arrivait directement de France. Il n'est jusque-là qu'un simple particulier que l'on fait semblant d'ignorer. Ainsi procède-t-on dans toute l'Europe au XVIIe siècle, mais sans doute avec moins de pompe et de régularité.

*

A l'étranger, la situation de l'ambassadeur résulte à la fois de conditions générales, créées par le droit international de l'Europe et de conditions particulières : il est le représentant d'une tête couronnée, d'un roi puissant, qui ne veut reconnaître en Europe nulle prééminence, et qui a presque autant de force réelle que de prétentions. Il doit sauvegarder à la fois ses droits, qui lui sont communs avec les autres membres du corps diplomatique, et ses distinctions et privilèges. Le tout ne se fit point sans difficulté.

Dès cette époque, non seulement la personne de l'ambassadeur est inviolable, mais encore il jouit du droit d'exterritorialité, qui fait de sa demeure une terre française, où nul ne peut pénétrer. Les conséquences en sont fort étendues. « Les ambassadeurs et tous les autres ministres étrangers, écrit Rousseau de Chamoy, sont d'un consentement commun sous la protection du droit des gens : l'on comprend sous ce nom leur famille et leurs domestiques ; leurs maisons étant par conséquent inviolables comme eux, ils sont en droit d'y avoir l'exercice libre de leur religion... ; ils ne sont point sujets à la justice des lieux et s'ils font, eux-mêmes ou leurs domestiques, quelque chose qui y soit contraire, on doit s'adresser à eux ou à leurs maîtres pour en avoir raison. »

Ce sont là de considérables avantages. Leur exercice prête à de très nombreux abus, et amène de fréquentes querelles, dont quelques-unes eurent de fort fâcheux résultats.

L'immunité du personnel de l'ambassade s'étendit non seulement à la suite de nos diplomates, mais à leur personnel domestique, engagé dans de nombreuses rixes avec la populace des villes, trop souvent turbulent. Ce fut une bataille de laquais et de Corses qui détermina à Rome les graves incidents de 1662, au temps du duc de Créqui[65]. Bien plus, nos ambassades et les bâtiments qui en dépendaient, les maisons d'alentour, devinrent parfois le refuge des filous et des assassins qui s'y retiraient, et sur lesquels ne pouvait désormais s'exercer la justice locale. Un véritable droit d'asile s'établit en faveur des malfaiteurs à Rome tout particulièrement. Les papes s'en émurent, et Innocent XI prit à cœur la suppression des quiers d'ambassadeurs. On sait assez ce que fut la résistance de Louis XIV qui fut le dernier des souverains d'Europe à céder, à la suite des incidents qui accompagnèrent la venue à Rome du marquis de Lavardin[66]. Et pourtant le marquis de Sourches relate encore un conflit survenu à Rome en 1710 entre le cardinal de la Trémoille et le pape, au sujet de l'intervention de la police romaine dans une maison voisine du palais de l'ambassade.

En d'autres capitales, les abus furent moins scandaleux, mais les querelles non moins fréquentes. En Espagne, l'immunité du quartier que l'on appelait *barrio*[67], telle que les officiers de justice n'y pénétraient pas, fut abandonnée d'abord par le Nonce et l'Empire. En 1680, notre ambassadeur, Villars, la maintenait encore fermement. Elle ne disparut pour la France que tardivement en 1684. En Danemark, en 1702, ce fut une querelle de ce genre qui, jointe à d'autres, amena le rappel de Chamilly. En somme, Louis XIV crut de son honneur de renoncer le dernier à un privilège, dont lui-même reconnaissait les dangereux excès, tant il était jaloux de la situation prééminente de ses agents, et prétendait ne se régler sur l'exemple d'aucun autre souverain.

Sous le nom général de *franchises*, on désigne souvent dans la langue diplomatique du XVIIe siècle, non seulement l'immunité judiciaire, mais encore une faveur fort sensible à nos ambassadeurs, celle de ne point payer les droits de douane pour les denrées et produits qu'ils font venir de France. Elle existait dans certains pays, non dans tous : en Hollande, elle était inconnue ; en France, nous dit Wicquefort, elle était perçue, mais pouvait être remboursée par le roi[68]. Ailleurs, il ne s'agissait naturellement que de produits à consommer par le personnel de l'ambassade. Mais de là à laisser le personnel domestique faire commerce à son profit des objets ainsi reçus en franchise, il n'y avait qu'un pas : il fut vite franchi. Aussi, de bonne heure, le roi d'Espagne préféra donner à chaque ambassadeur une somme fixe pour le dédommager de ses entrées et supprimer la *franquicias*. Il n'y eut réclamation que lorsque l'argent destiné à cet effet fut employé à d'autres dépenses, ou lorsqu'un ambassadeur n'obtint pas la somme accordée à son prédécesseur. En d'autres pays, les ambassadeurs de France furent moins heureux. Feuquières, dès 1673, se plaignait en Suède de n'avoir pas « de quoi payer ses provisions » à cause du droit d'entrée. En 1681, Rébenac à Berlin jetait les hauts cris, parce qu'on voulait y soumettre les ministres étrangers, jusque-là exempts. Ils durent se résigner, mais leurs dépenses en furent — sans dédommagement — considérablement augmentées.

Dans leur ensemble, les véritables droits des ambassadeurs français demeurèrent respectés, et ils défendirent avec acharnement ce qu'ils considéraient un peu partout comme leur incontestable préséance, par une lutte minutieuse et presque ininterrompue, à laquelle le roi les incitait sans relâche. Des adoucissements n'y furent guère apportés qu'à partir de 1698. Quant à leur inviolabilité, proclamée par tous les théoriciens, et partout reconnue en principe, elle fut — nous aurons l'occasion de le voir en étudiant leurs rentrées, parfois mouvementées en France — soumise à de dures épreuves. Les atteintes au droit international, qui commençait seulement à s'imposer, étaient fréquentes en ce temps du côté étranger comme du côté français.

*

L'on peut distinguer à première vue deux pies dans la vie de l'ambassadeur, celle qui est consacrée aux fêtes, aux plaisirs et aux divertissements, celle qui est réservée aux affaires sérieuses, aux négociations, à la correspondance. En fait, elles sont difficilement séparables. Faire sa cour à Madrid ou à Vienne, donner des réjouissances, c'est agir utilement, c'est ou se rendre agréable ou se renseigner.

Le représentant de la France doit être fastueux et libéral. L'est-il toujours avec discernement ? Callières en doute lorsqu'il écrit : « La plupart des négociateurs dépensent beaucoup plus volontiers à entretenir un grand nombre de chevaux et de valets inutiles qu'à gagner des gens capables de leur donner des avis importants. » Mais Callières n'a pas rempli de grands emplois. Tout dépend d'ailleurs des circonstances. Quand d'Harcourt est envoyé en Espagne pour préparer l'avènement d'un Bourbon, il lui faut faire la conquête non seulement de la cour, mais des Espagnols. « La magnificence, déclare-t-il en une lettre du 24 février 1698, plaît fort à ces peuples, et met du moins les bourgeois et le peuple dans nos intérêts[69]. » Tout aussi curieux pour des raisons différentes est le cas du duc d'Aumont, envoyé à Londres en 1713, lors de la terminaison de la guerre entre la France et l'Angleterre. Lui-même donne un récit amusant et circonstancié dans une lettre à Torcy[70] : « Il était juste qu'un ambassadeur extraordinaire du roi distinguât sa joie à la publication de la paix : je pris un jour particulier, et je priai une des dames d'honneur de la reine à souper chez moi, et d'y amener principalement toute la maison de cette princesse... Le bal, le jeu et le concert commencèrent tout à la fois vers les huit heures du soir... On se mit à table à dix heures. J'avais une table de quarante couverts, une de trente, et une troisième de vingt : à celle-ci on se relevait, et elle ne désemplissait point. On était encore à table, lorsque les masques entrèrent par billets. Il y en entra deux ou trois cents, dans le cours du bal qui dura jusqu'à six heures du matin. » Le populaire ne fut pas oublié. « On lui distribua beaucoup de bière et même de vin. » Les Anglais parurent fort satisfaits. « Cette nation, remarque d'Aumont, peu accoutumée à donner des fêtes est d'autant plus charmée d'en recevoir qu'elles sont rares dans ce pays. »

On ne saurait demander à nos envoyés de multiplier dans les cours où ils sont accrédités semblables manifestations. Mais c'est presque une obligation pour eux de tenir table ouverte. « Une bonne table, remarque Callières, avec sa grosse finesse normande, facilite les moyens de savoir ce qui se passe, lorsque les gens du pays ont la liberté d'aller manger chez l'ambassadeur, et la dépense qu'il y fait est non seulement honorable, mais encore très utile à son maître, lorsque le négociateur le sait bien mettre en œuvre... la chaleur du vin fait souvent découvrir des secrets importants ». C'est le cas dans les pays du Nord et en Suisse. En Angleterre, Comminges, et plus tard Barillon eurent parfois le coûteux honneur de recevoir le roi lui-même en leur ambassade.

Enfin les diplomates français à l'étranger ne manquent pas de célébrer les événements heureux qui arrivent à la cour de France, naissances de princes ou princesses de la famille royale, etc. En Suisse, à Soleure, le 25 août, jour de la Saint-Louis, est l'occasion de grandes réjouissances : d'innombrables santés sont portées en l'honneur du roi, l'ambassadeur invitant une pie des magistrats de la ville. Le jour anniversaire de la naissance de Louis XIV, il y a *Te Deum* solennel dans l'église de la cité, salves d'artillerie, banquet, feux d'artifice sur la rivière.

La vie des ambassadeurs se complique encore d'une participation régulière aux cérémonies et fêtes du pays où ils ont été envoyés. Autant de différences que de capitales ! En Espagne le strict minimum. Courses de taureaux, entrées d'ambassadeurs, mais surtout présence des ambassadeurs dits de chapelle (nonce, ambassadeurs de France, d'Autriche, de Venise et de Savoie) aux messes et aux processions, auxquelles assistent le roi et la reine. La cour ne se tient guère qu'à Madrid et les ambassadeurs sont rarement autorisés à la suivre dans ses déplacements à l'Escorial ou à Aranjuez. En Suède, par contre, le malheureux Feuquières a toutes les peines du monde à rester en contact avec le souverain. Il l'accompagne en temps de guerre, mais le rejoint difficilement la paix venue, le roi chassant le plus souvent et changeant sans relâche ses résidences. A la cour de Vienne, de grandes fêtes et des dîners costumés ; mais il faut craindre perpétuellement les querelles d'étiquette, et les affronts dont le maréchal de Villars, assez maladroit d'ailleurs, connut l'expérience. A Copenhague « c'est une coutume... que de faire des assemblées où le roi et la reine avec tout ce qu'il y a de gens de qualité de l'un et l'autre sexe se trouvent pour se divertir. » Et comme le roi « choisit comme bon lui semble les maisons où il veut qu'on s'assemble », Terlon, notre envoyé, craint pour son budget que le sort ne tombe sur la sienne[71]. En Suisse, l'ambassadeur se déplace pour assister aux diètes, soit à Soleure, soit à Baden. Mais les occasions de dépense et de figuration sont peu considérables.

En résumé, rien d'uniforme et beaucoup de variété dans la vie sociale européenne de l'époque. Un caractère fortement local, auquel s'adaptent difficilement les habitués de la cour de

Fontainebleau ou de Versailles. Peut-être y mettaient-ils peu de bonne volonté et se contentaient-ils trop souvent d'être des Français dépaysés à l'étranger. Il y aurait beaucoup à dire sur les jugements fort sommaires et sévères que contient la correspondance de quelques-uns d'entre eux. De Berlin, de Stockholm, de Soleure, ce sont souvent des plaintes et des récriminations qui viennent. La cour du Grand Électeur est une des plus redoutées, à cause du peu de sûreté du prince et de ses ministres. Mais le plus dangereux adversaire de nos-diplomates, qui n'obtiennent de congés que fort difficilement pour se reposer en France, c'est certainement l'ennui. De Soleure, Saint-Romain écrivait à Feuquières : « Vous êtes heureux, Monsieur, parmi vos Suédois ; il y a du mérite, de la raison et du savoir parmi eux, enfin de très honnêtes gens et de grands hommes.., mais ici ce n'est que crasse et basse avarice, et on n'y sent que cette triste passion. » Jugement sommaire et injuste, analogue à celui que l'on retrouve dans la correspondance de Du Luc. Mais Feuquières répondait mélancoliquement : « Je n'envie que le sort de ceux qui passent leur vie à Paris ; Stockholm Soleure, Soleure Stockholm, l'un vaut l'autre. » C'étaient là de bien mauvaises dispositions pour comprendre une cour, un gouvernement, un pays et ses habitants.

Il est arrivé parfois que l'ambassadeur fut accompagné d'une ambassadrice. Le cas ne semble pas avoir été fréquent. Du point de vue du cérémonial, la situation de l'ambassadrice était mal définie : sa présence ne faisait que rendre plus aigus les conflits d'étiquette. La plus connue de celles qui suivirent leur mari à l'étranger fut la marquise de Villars, mère du futur maréchal. Les résultats de l'expérience ne furent point encourageants. Intelligente et spirituelle, la marquise fut accusée d'avoir trop d'influence sur la reine, et les plaintes venues de Madrid la firent rappeler en France. « On a soupçonné, nous dit Pomponne en ses *Mémoires,* que la marquise de Villars portait trop loin, avec la profession qu'elle faisait de vertu, un esprit d'intrigue et de curiosité qui lui faisait découvrir des choses qu'on est toujours bien aise de cacher. » Elle ne réussit pas mieux à Turin. Mais d'autres ambassadrices surent rendre des services éminents à la cour de France : parmi elles, la marquise d'Harcourt à Madrid, mais surtout la marquise de Béthune, qui, à en croire Sourches[72], occupa quelque temps en Pologne les fonctions de son mari absent, et Mme de Guilleragues qui, après la mort de son époux, et en attendant l'arrivée de Girardin, remplit à Constantinople, « à la réserve d'aller aux audiences », les devoirs de la charge.

*

Efforçons-nous de dénombrer les occupations d'un ambassadeur et de définir le travail que le roi exige de lui. Elles sont d'inégale importance et varient d'ailleurs suivant les époques. Négocier, conclure des traités d'alliance, de neutralité, de commerce, de paix, constituent l'essentiel. Mais les négociations parfois chôment. La différence entre l'activité habituelle du diplomate, et celle beaucoup plus considérable qui lui est demandée en période de crise, apparaît très nette à propos de l'Espagne, en 1697. « Les ordres que S.M. donnait pour l'ordinaire à ses ambassadeurs regardaient l'exécution des traités de paix. Elle les informait des dommages que ses sujets avaient reçus, de la justice qu'ils en devaient attendre ; elle les chargeait de faire les instances nécessaires pour l'obtenir, et elle leur prescrivait une pie de ce qu'ils avaient à dire pour assurer le roi d'Espagne... de l'amitié sincère et véritable de S.M. pour ce prince. » Rien n'est plus net, et voilà clairement défini le rôle du diplomate, quand manquent les grandes affaires. Nous en décrirons plus tard le détail.

Il convient auparavant d'insister sur la difficulté que présente la tâche des ambassadeurs, du fait des différences de coutumes des cours où ils sont envoyés. Une étude comparée des procédés de négociations spéciaux à chaque état européen nous manque. Quelques exemples éclaireront la variété des institutions diplomatiques d'alors. Si en France il est relativement facile d'obtenir du roi ou des ministres une audience et de s'entretenir avec eux, il n'en est point partout de même. En Espagne, les occasions de voir le roi sont rares. L'habitude est d'assigner à chaque ambassadeur un commissaire, c'est-à-dire un conseiller d'État, intermédiaire obligé entre lui et le premier ministre pour toutes les affaires. Que de temps pour obtenir la nomination de ce commissaire ! Semblable procédure est employée, au dire de Rousseau de Chamoy, par la plupart des cours européennes. En Autriche, c'est à une véritable commission composée de quatre à huit conseillers et de un à trois secrétaires que notre envoyé a affaire le plus souvent. D'où la longueur des tractations[73] ! En Suisse, les intérêts français doivent être défendus devant les diètes de Soleure et de Baden : il faut gagner un à un chaque canton. En Pologne, on doit tenir compte, non seulement du roi et de la reine, mais encore des principaux officiers de la couronne, et constituer un véritable pi français à la Diète. En Suède, alors que Feuquières se plaignait d'avoir affaire à un roi insaisissable, d'Avaux, en 1697, voit sa tâche compliquée par l'immixtion du Sénat dans la politique extérieure. « A cette heure, écrit-il, il n'y a aucune chose qui regarde les pays étrangers, guerre, médiation, etc., qui ne doive être discutée en plein Sénat. » Les difficultés sont plus grandes en Hollande, au temps du grand pensionnaire Jean de Witt. Notre ambassadeur ne négocie point seulement avec lui, mais aussi avec les commissaires des affaires secrètes. Comme enfin l'Assemblée des États généraux reçoit les ambassadeurs étrangers et conclut les traités, il faut mener auprès d'elle mille brigues, sans oublier cependant de solliciter les municipalités des grandes villes. Enfin, en Angleterre, il est nécessaire de gagner le roi, tout en demeurant en relation avec les principaux chefs de la chambre des Communes. Mais autour du roi, il y a souvent lutte d'influences de ministres ; tantôt l'un, tantôt l'autre prédomine. Le jeu diplomatique était évidemment beaucoup plus simple pour un envoyé étranger à la cour de France : il avait à s'entremettre auprès de beaucoup moins de personnes, et pouvait compter sur plus de stabilité.

Un ambassadeur français à l'étranger donne des fêtes ou y assiste, converse avec de très nombreux nationaux du pays, fait sa cour fréquemment, mais surtout il entretient une abondante correspondance. D'abord avec Louis XIV et le secrétaire d'État des étrangers, ensuite avec quelques particuliers, dans la mesure où le roi, très jaloux du secret des affaires, le permet. Point de lettres directes à Turenne, sauf permission royale ; point de correspondance avec le pape sans autorisation. C'est au début du gouvernement personnel que semble surtout s'être exercée cette restriction. Il s'agissait de mettre fin à de mauvaises habitudes contractées sous le ministère de Mazarin.

Ces lettres adressées à la cour, tantôt par courriers spéciaux, tantôt par la poste, ont naturellement une très grosse importance, et toutes les précautions sont prises pour que leur contenu n'en soit point connu par les étrangers[74]. Le chiffrage est l'une d'elles, et non la moins essentielle. A chaque ambassade, il existe un chiffre, plus secret que les autres et qui doit être — du moins certaines instructions le prescrivent — employé par l'ambassadeur en personne. Un autre moyen de défense contre l'indiscrétion, c'est l'adresse à des particuliers. On utilise l'entremise de banquiers et de commerçants[75]. Mais l'ingéniosité de nos diplomates a fort à faire pour triompher de l'astuce des gouvernements étrangers. En pleine paix, ouverture de lettres, vols de courriers se multiplient. L'usage est général, et l'on ne s'en émeut guère que pour la forme. « L'on a ici, écrivait de Londres Comminges au roi en 1665, le secret d'ouvrir les lettres plus subtilement qu'en aucun lieu du monde. L'on croit même que cela a le bel air et que l'on ne saurait être grand homme d'État sans arrêter les paquets. » D'autres cours plus hardies ne se gênent point pour intercepter le courrier. Telle celle de Savoie qui, en 1696, met la main sur une pie de la correspondance de Phélypeaux. Semblables incidents se produisirent même en Pologne, et Vitry se trouva en fâcheuse posture à Varsovie, le roi Sobieski ayant eu connaissance de quelques-unes des lettres qu'il adressait à Versailles et qu'il jugea attentatoires à son autorité. Louis XIV protesta contre cette violation du droit des gens et rappela son envoyé.

Feuilleter cet abondant courrier qui vient de France ou y arrive de toute l'Europe, c'est saisir sur le vif l'importance du rôle de l'ambassadeur. Rien ne doit lui être étranger. « Vous ne devez point appréhender, écrit le roi à Comminges, de vous écer trop de votre sujet, en me disant toujours vos sentiments sur quelque affaire que ce soit, car outre que j'en ferai beaucoup de cas, *rien de ce qui se passe dans le monde n'est hors de la portée et de la politique d'un bon ambassadeur.* »

L'information de l'ambassadeur doit être non seulement étendue, mais précise. « Observez, recommande Louis XIV au marquis de Béthune en 1680[76], de me rendre un compte bien exact des audiences que vous prendrez du roi et de la reine de Pologne, et marquez *les mêmes termes* dont ils se seront servis dans leurs réponses, et soyez assuré que vous ne sauriez trop vous étendre dans le compte que vous me rendez sur tout ce qui regarde leur conduite, et publique, et particulière, et domestique, parce que souvent ces petites circonstances peuvent me donner des lumières pour des choses considérables. »

Les mêmes *desiderata* impératifs reparaissent dans les instructions. Une dernière qualité y est exigée de l'ambassadeur, la sincérité. « Au lieu de se flatter[77] d'une vaine espérance d'acquérir du mérite auprès de S.M. en embellissant leur récit ou leurs avis aux dépens de la vérité, ils doivent être persuadés que ce n'est qu'en s'y attachant exactement qu'ils peuvent mériter l'honneur de son estime. »

Dans ces conditions, l'on ne s'étonnera point de la diversité des renseignements que contiennent les lettres des ambassadeurs. L'un entretiendra le roi des institutions de l'Angleterre, l'autre des rapports du duc de Savoie avec ses maîtresses, ou du caractère de tel ou tel grand seigneur polonais. Les plus zélés joindront à leur correspondance de véritables mémoires économiques ou politiques. Ils donneront des indications sur la force des armées, des garnisons, sur le degré d'instruction des troupes, les ressources de l'artillerie. Ils n'hésiteront pas à devenir d'« honnêtes espions », surtout à la veille d'une guerre. Le roi et ses ministres ont droit à des informations de tout ordre. Si le commerce et la marine intéressent plus particulièrement Colbert[78], il ne néglige pas non plus les lettres et les s. En 1672, il prie Villars de s'enquérir d'une galerie de tableaux qui est à vendre à Madrid. Ce n'est point là une exception. A Rome, l'ambassadeur s'occupe tout particulièrement de l'Académie de France. Mêmes préoccupations à Venise, et plus peut-être encore parce que les négociations y chôment souvent. A plusieurs reprises on voit les diplomates, sur l'ordre du roi ou de ses ministres, s'entremettre auprès de savants ou de gens de lettres. Enfin, tâche plus importante, et qui relève plus directement de leurs fonctions, ils sont les protecteurs nés de tous les Français à l'étranger, et particulièrement de ceux qui ont à y défendre des intérêts commerciaux.

Ce n'est point seulement avec le pouvoir central que les ambassadeurs ont des relations épistolaires obligatoires, mais aussi avec leurs collègues français en des pays lointains ou voisins. A ce sujet, les instructions contiennent fort souvent des indications catégoriques[79]. Un agent du roi ne peut agir dans l'ignorance de la politique française en d'autres pays que celui qu'il habite. Il lui faut des nouvelles générales et particulières sur ce qui se passe à Versailles, en Allemagne, en Hollande, à l'armée ou sur mer quand on est en temps de guerre. Il doit connaître les intentions du roi, − tout en les gardant secrètes − le sort des armes françaises, les grands événements de la cour. Ainsi pourra-t-il lutter contre les faux bruits répandus par nos adversaires, propager tout ce qui est favorable à la gloire du roi. Il y a bien peu de nos envoyés auxquels n'ait été communiquée, en 1670, la version officielle de la mort de Madame, que, comme chacun sait — et le bruit en avait couru à Londres même — l'on avait prétendue empoisonnée.

La théorie était excellente. La pratique n'y correspondit pas toujours. En 1673, de Stockholm, Feuquières se plaint de ne savoir que penser de l'évacuation des places de Hollande par l'armée royale. En 1672, Courtin et Barillon, envoyés de France au Congrès de Cologne, en une lettre curieuse à Louvois, reprochaient à Turenne de leur écrire trop rarement et trop brièvement : ils ne comprenaient goutte à ses marches et contremarches dans la vallée du Rhin, et craignaient les interprétations malveillantes des Allemands.

Entre les agents du roi, les rapports ne furent pas toujours excellents. Les uns n'étaient qu'envoyés ou résidents, les autres se targuaient de leur titre d'ambassadeur. Une fois de plus, Feuquières se distingua par son déplorable caractère dans ses rapports avec ses collègues. Il se plaignait amèrement de Rousseau et de Terlon auprès de Pomponne. « Voyez, écrivait-il en 1674, si le roi ne devrait pas défendre à ses ministres de se mêler aux affaires les uns des autres. Je tâche autant qu'il est possible de ne point tomber dans cette faute, et c'est ce qui fait que mes confrères me reprochent toujours la brièveté de mes billets. Quoique les leurs soient prolixes, ils ne m'apprennent jamais rien de ce qu'ils savent le mieux qui est leur négociation, ne contenant autre chose que des réflexions sur le passé et force pronostics pour l'avenir. » Cette sévérité avait, il est vrai, sa contre-pie, et Feuquières louait fort Colbert de Croissy et l'évêque de Marseille, Forbin-Janson, « qui se contentent d'écrire les faits et ne raisonnent qu'autant qu'il est nécessaire pour les éclaircir ».

*

Un dernier point demeure obscur dans la vie d'un ambassadeur : son départ et les conditions dans lesquelles il s'opère. Un jour curieux sera jeté par une étude de ce genre — même incomplète — sur les mœurs et coutumes du temps.

« Les fonctions du ministre, écrit doctoralement Callières, cessent par la mort du prince qui l'a envoyé ou par celle du prince à qui on l'envoie, jusqu'à ce qu'il ait de nouvelles lettres de créance. Elles cessent aussi lorsque son prince l'a révoqué, ou qu'il survient une déclaration de guerre de la p de l'un des deux contre l'autre. » Ces deux cas seuls méritent d'être retenus : encore faut-il parler non de révocation, mais de simple rappel au gré du roi et parfois à la demande du diplomate intéressé.

L'audience de congé met fin à la mission de l'ambassadeur. Le cérémonial est différent suivant les pays. « C'est alors seulement, remarque Rousseau de Chamoy, qu'on lui donne réponse à la lettre de créance qu'il a apportée à son arrivée. Ces réponses s'appellent ordinairement *récréditives*, et elles ne contiennent que des termes généraux d'amitié et de bonne correspondance, et des témoignages particuliers de la satisfaction qu'on a de la conduite que l'ambassadeur a tenue dans le cours de son emploi. » A l'occasion de son départ, le ministre reçoit des présents de la cour qu'il quitte : il est d'usage de les accepter. Par contre, à Venise et en Hollande, un désagréable quart d'heure de Rabelais leur est réservé. Ils doivent désintéresser leurs créanciers ! A La Haye — et d'Estrades s'en plaint amèrement — on va même jusqu'à « battre la chamade » pour annoncer aux intéressés le prochain départ de l'ambassadeur.

En temps de paix, tout se passe à peu près régulièrement et sans encombres. Il n'en est pas de même lorsqu'un de nos ministres quitte une capitale, avec le pays de laquelle nous entrons en guerre.

Il n'y a pas lieu de s'en étonner. Au cours même de sa mission, il est parfois arrivé à un envoyé français d'être insulté par la populace, à Madrid en particulier, quand les relations se tendaient entre les deux États. Callières a beau dire que « les privilèges attachés au caractère du ministre par le droit des gens subsistent toujours nonobstant la déclaration de guerre... jusqu'à ce qu'il soit de retour auprès de son maître », la pratique ne fut pas toujours d'accord avec la théorie, surtout après 1680. En voici quelques preuves.

En 1689, Lusignan, envoyé extraordinaire du roi à Vienne au moment de la guerre de la Ligue d'Augsbourg, est fait prisonnier avec son équipage « pour s'être écarté de la route qui lui avait été marquée par son passeport[80] ». De même les bagages de l'envoyé français auprès du duc de Würtemberg sont pillés par les troupes allemandes au sortir de Stuttgart. Il est vrai que Louis XIV, pour assurer la sécurité de Lusignan et des Français qui se trouvaient à Vienne, avait par avance fait mettre à la Bastille tous les Allemands des terres de l'empereur qui se trouvaient à Paris.

Avec le duc de Savoie, de plus graves incidents se produisirent en 1703. La cour de Turin n'était point sûre d'ailleurs pour les ambassadeurs de France, et Rébenac en 1690 s'était vu menacé par la foule jusque dans son hôtel. Lors de la rupture qui survint aux premières années de la guerre de Succession d'Espagne, Phélypeaux fut mis au secret et presque maintenu prisonnier. « Il essuya, dit Saint-Simon, des barbaries étranges. » En représailles, Louis XIV agit de même avec l'envoyé de Savoie.

En Pologne, nation jadis alliée de la France, les diplomates français furent maltraités, en ce début du XVIIIe siècle qui voyait se dresser contre Louis XIV la majeure pie de l'Europe coalisée. Déjà, en 1697, Polignac au retour de Varsovie avait eu ses bagages pillés par Dantzig, ville hanséatique. En 1702, sur l'ordre du roi de Pologne, notre envoyé du Héron fut enlevé par des soldats et emprisonné à Thorn[81]. Un autre envoyé français, venant de Suède, Bonnac, fut arrêté en Samogitie. Il faut reconnaître, à la suite de Dangeau[82], qu'Auguste de Saxe, en guerre avec la France, avait donné l'ordre à du Héron de sortir de ses États, que ce dernier avait refusé, « répondant qu'il n'était pas seulement envoyé auprès du roi de Pologne, mais auprès de la République ». Des mesures de représailles à l'égard des Polonais et des Saxons en France hâtèrent sa libération et son retour.

Ce n'est pas que pour éviter ces incidents fâcheux Louis XIV ne prenne le plus souvent de fort grandes précautions. Il fait, lorsqu'il le peut, procéder très régulièrement et minutieusement à l'échange de l'ambassadeur du pays étranger contre son propre serviteur. Ce fut le cas par exemple pour le comte de la Vauguyon revenant de Madrid en 1684, qui dut rencontrer aux Pyrénées l'Espagnol la Fuente, retour de Paris. Des instructions fort précises avaient été données[83] par le roi à la Bussière, un de ses gentilshommes ordinaires, qui accompagnait la Fuente. « Il se tiendra avec lui sur le bord de la rivière de Bidassoa, et ne devra laisser passer l'équipage de cet ambassadeur qu'à mesure que les Espagnols feront passer celui de la Vauguyon ; et après que le trajet des gens et des bagages sera achevé, il fera embarquer le dit marquis de la Fuente, dans le même temps que le dit comte de la Vauguyon s'embarquera à l'autre bord, en sorte - que les deux ambassadeurs puissent se rencontrer dans le milieu de la rivière et que les bateaux arrivent s'il se peut dans le même temps. » La cour de Versailles n'avait point oublié qu'en 1673 l'échange du marquis de Villars contre Molina avait été troublé par des querelles de préséance, et s'était compliqué d'une bataille de laquais dont on retrouve l'écho jusque dans la correspondance de Mme de Sévigné.

Ajoutons, à la décharge des gouvernements étrangers, que Louis XIV en diverses circonstances maintint ses diplomates dans les cours extérieures, alors même que les opérations militaires étaient en préparation. Il espérait, ou empêcher les hostilités d'éclater, ou surtout obtenir des renseignements jusqu'au dernier moment sur les concentrations de troupes et les mouvements de ses adversaires. Il arriva que l'ambassadeur pi, des personnes sûres de son entourage fussent maintenues sous divers prétextes en des capitales ennemies, secrétaires plus ou moins en titre, ou chapelains. Ainsi se renforçait l'espionnage de guerre. Les gouvernements étrangers se défiaient, renonçaient à toute correction dans leurs procédés, et l'on fut fort scandalisé à Versailles, en 1688, de voir Guillaume III donner deux heures à notre ambassadeur à Londres, Barillon, pour « partir en diligence ». « Cela, prétend Sources[84], était directement contre le droit des gens, et l'on n'avait jamais obligé l'ambassadeur d'un grand roi à partir comme un laquais. »

Au diplomate sur le chemin du retour, et à l'expiration de sa charge, un dernier devoir reste à remplir, et non le moins important, c'est de transmettre au roi et au secrétaire d'État une relation de son ambassade. L'usage venait des Vénitiens : Louis XIV, dès le début de son règne, veilla à ce qu'il fût jalousement observé. « Mander à M. de la Barde, peut-on lire dans les *Mémoriaux* à la date du 19 mai 1661, de faire une relation bien exacte de l'état auquel il a laissé les affaires de Suisse, pour en rendre compte à S.M. » Semblable prescription se retrouve sous forme impérative dans de nombreuses instructions. Les exigences du roi n'ont fait que s'augmenter avec le temps. Voici comment Pomponne, en 1675, définit la matière d'un rapport de ce genre. Il doit porter sur « tout ce qui s'est passé dans les lieux où servent les ministres, durant le cours de leur emploi », sur la forme du gouvernement, le cérémonial, les conseils, « l'esprit et l'autorité de ceux qui y ont la première part »[85]. La plupart de ces relations, les unes purement politiques, d'autres économiques, demeurent malheureusement inédites. Quelques-unes ont été publiées en particulier pour la Suisse et l'Espagne : elles constituent des documents très consciencieux et souvent intéressants. Non seulement elles informaient le roi, mais encore elles servaient à l'établissement d'instructions pour les nouveaux ambassadeurs.

*

Telle est la vie active, fastueuse, compliquée et parfois dangereuse d'un ministre français à l'étranger. Avant de conclure sur ce que fut le rôle de nos diplomates dans les cours européennes, deux réserves s'imposent. La première est qu'ils ne représentent point tout le travail politique du temps et qu'il faudra le moment venu évoquer celui qui fut dévolu aux innombrables agents secrets, sans titre et sans qualité. La deuxième est que le tableau par nous esquissé n'est pleinement valable que pour les postes essentiels, que ceux qui les occupent soient des ambassadeurs ou des envoyés. Il y a de très petites gens dans le personnel politique du temps, ce sont la plupart des résidents, pour ne point dire tous. Beaucoup n'ont que de très minces rôles, et ils les jouent sans éclat extérieur. Tel fut le cas par exemple des résidents de Genève, poste créé en 1679[86]. Le premier, Chauvigny, se contente de 6.000 livres de traitement, d'un secrétaire, d'un aumônier, d'un valet de chambre et de deux laquais ; son principal office est d'entretenir une chapelle pour les catholiques fort rares à Genève. Son successeur Du Pré a plus d'occupations avec les protestants de France qui s'enfuient au moment de la Révocation. Mais ses fonctions sont bien humbles, comme sa personne. Il écrit pour se plaindre de l' « inutilité dans laquelle il est réduit à passer ses jours », pour proclamer « le désagrément qu'il a d'être dans la dernière oisiveté », pour supplier que l'on le retire de cette « galère », qu'il trouve malgré tout coûteuse. Que de carrières durent être aussi peu brillantes, aussi inoccupées en Italie ou en Allemagne auprès de principicules ou de villes souveraines ! Il est vrai que souvent des étrangers, des natifs du pays en étaient chargés. Parfois les postes restaient plusieurs années sans titulaires.

A l'examiner d'ensemble, la diplomatie française à l'étranger semble avoir rendu de 1661 à 1715 des services éminents. Tout n'y est point parfait. A côté d'hommes fort habiles comme Courtin, d'Harcourt, Amelot, Puysieux et tant d'autres, il y a eu des médiocres comme Tambonneau, des imprévoyants comme Baril-Ion, voire même des indésirables comme La Vauguyon. Mais la majeure pie de nos ministres ont représenté la France en Europe comme le roi désirait qu'elle le fût, avec un faste parfois excessif, mais aussi avec une grande conscience et un zèle désintéressé. Ils ont obéi fidèlement et le plus souvent sans discussion aux ordres qui leur venaient de Versailles, mais ils ont eu souvent aussi à faire preuve d'une initiative qui leur était d'ailleurs recommandée. « M. de Rébenac, peut-on lire dans une instruction qui fut adressée à ce dernier lors de son départ en Espagne, ayant un plan général de la conduite qu'il doit tenir, fera une juste application des intentions de S.M. selon tous les cas particuliers qui peuvent arriver, et *saura prendre de lui-même, sans attendre de nouvel ordre,* les expédients qu'il estimera être les plus convenables au prompt succès d'une si importante affaire. » Les courriers du temps mettaient trop de jours en effet à arriver pour supprimer l'action personnelle des ambassadeurs et les réduire au rôle de simples agents d'exécution.

Au demeurant, ce qui nous intéresse encore plus que les hommes eux-mêmes et leur rendement individuel, c'est la valeur propre de l'institution. Ses mérites ne sont point douteux, et son organisation a singulièrement progressé de 1661 à 1715. Elle s'est régularisée, précisée, perfectionnée : le recrutement demeure empirique ainsi que la formation. Mais les instructions sont rédigées soigneusement, la correspondance est détaillée et variée, des relations au départ sont exigées. Le métier d'ambassadeur va sans cesse s'élargissant et s'enrichissant ; il acquiert une ampleur non pareille. Il exige des connaissances et des qualités de plus en plus nombreuses. Nul pays important d'autre part, où la France ne soit représentée dans sa politique et dans ses mœurs, où son prestige ne soit défendu parfois avec trop d'ardeur et une abusive multiplication de querelles de préséance. Qui ne connaît point à l'étranger la cour de Versailles en aura aperçu quelque reflet au séjour de ses ambassadeurs, dans leurs demeures comme au travers des fêtes par eux données. Il est superflu de se placer plus longtemps à ce point de vue, d'où par delà l'histoire diplomatique c'est l'histoire de la civilisation que l'on entrevoit, mais il convenait de le signaler.

CHAPITRE II

Les ambassadeurs étrangers en France

On ne saurait établir une commune mesure entre le personnel diplomatique de France à l'étranger, et la représentation à Paris des puissances européennes. Cette dernière est numériquement restreinte. Ajoutons de suite que son histoire n'a point encore été ébauchée. D'ailleurs, elle nous intéresse surtout dans les rapports qu'elle a entretenus avec le pouvoir central, le roi et les ministres. Tant de traités ont été signés ou préparés à Paris, tant d'affaires y ont été mises en train ou examinées et aplanies.

Les ambassades permanentes à Paris sont rares, preuve assez claire de l'infériorité de différenciation des organismes diplomatiques européens, si on les rapproche de l'organisme français. Wicquefort signale l'existence d'ambassadeurs permanents d'Espagne, d'Angleterre, de Venise, de Hollande, de Savoie. Viennent ensuite les envoyés, celui de l'empereur, ceux des princes italiens ou allemands. Ni la Sublime Porte, ni l'empire moscovite, ni les cantons suisses ne sont représentés en temps ordinaire. Mais un nonce habite régulièrement à Paris.

Ce sont là indications générales qu'il est possible de préciser chronologiquement. Voici[87] la liste complète du personnel étranger qui se trouvait dans la capitale en 1662. Un nonce du pape, Piccolomini —, encore Louis XIV vient de le renvoyer — ; un ambassadeur extraordinaire d'Espagne la Fuente ; un ambassadeur extraordinaire de Danemark, Annibal Sehested ; un ambassadeur ordinaire de Venise, Grimani ; un ambassadeur extraordinaire de Savoie, Villa ; un ambassadeur ordinaire de Hollande, Boreel ; un ambassadeur ordinaire de Malte, le bailli de Souvré : ce dernier est le seul diplomate français que le roi admette à sa cour, ayant comme principe qu'aucun de ses sujets ne peut représenter une puissance étrangère.

Viennent ensuite ceux que les théoriciens contemporains appellent les ministres du second ordre. La liste en est curieuse : envoyé de Suède, résident de Florence, envoyé de Mantoue, envoyé et agent du cardinal d'Este, résident de l'électeur palatin, gentilhomme envoyé de l'archiduc d'Innsprück, agent de l'électeur de Brandebourg qui « est aussi celui du landgrave de Hesse et des villes de Strasbourg, Hambourg, Hanséatiques et impériales » ; agent du prince de Brandebourg-Baireuth et du prince de Montbéliard, agent de l'électeur de Trèves, envoyé de la princesse douairière d'Orange, agent du duc de Neubourg, agent des ducs de Weimar, agent de Pologne absent pour le moment, agent de Gênes ; il faut y joindre enfin un délégué sans titre du duc de Parme. Beaucoup de princes ou de petits souverains effrayés par la dépense n'ont guère à Paris que des correspondants, qui ne peuvent prétendre aux honneurs dus à de véritables envoyés, et dont les pouvoirs ne sont pas toujours établis d'une manière régulière ni certaine[88]. Un certain nombre d' « agents » sont simplement de passage et rentreront dans leurs pays, une fois les questions qui ont déterminé leur venue résolues.

Il est dommage que semblable énumération nous manque pour les autres années du gouvernement personnel de Louis XIV. Tout au moins pouvons-nous, par le mémorandum des audiences données par le marquis de Croissy aux ambassadeurs des ministres étrangers en 1685[89], connaître les divers ministres avec lesquels le secrétaire d'État eut des entretiens. Y sont mentionnés le nonce, les ambassadeurs de Venise, de Savoie, de Hollande, les envoyés de Suède, de Danemark, d'Angleterre, de Portugal, de Brandebourg, de l'électeur Paladin, de l'électeur de Cologne, le résident de Bavière, les envoyés de Gênes, de Mantoue. Pour l'année 1694, l'*État de la France* nous donne une liste plus brève... et moins sûre ; nous sommes en pleine guerre de la Ligue d'Augsbourg, et une pie de l'Europe est coalisée contre la France. Y figurent le nonce, l'ambassadeur de Venise, l'ambassadeur de Malte, les envoyés de Portugal, de Danemark, de Gênes, de Mantoue, de Modène et le résident de Parme. C'est peu : mais en 1710 Torcy relate lui-même dans son *Journal* qu'il n'y avait à Paris comme ambassadeur que les *deux* nonces du pape ! Cette dualité n'était pas rare, comme le remarque Rousset en son Cérémonial : l'un était le nonce *ordinaire* « envoyé à la cour de la part de S.S. pour traiter toutes sortes d'affaires indifféremment », l'autre le nonce *extraordinaire* « venu pour quelque sujet particulier et assez important. »

Il faut donc mettre à p les périodes de guerre, pendant lesquelles le personnel diplomatique est fort peu nombreux, en particulier les années 1690-1697, et 1703-1712. Par contre, au lendemain des traités de paix comme ceux de Ryswick en 1697, et d'Utrecht en 1713, il y a un véritable afflux d'envoyés étrangers.

Mais dans l'ensemble, la représentation diplomatique à la cour de France semble pourtant s'être étendue. Il est vrai qu'elle demeure toujours irrégulière, exception faite pour quelques grands États précités et pour Venise. La Pologne n'entretient point un envoyé permanent, mais procède par ambassades extraordinaires, malgré l'importance de ses relations avec la France. L'arrivée d'un ambassadeur portugais à Paris en 1696 fait sensation. « Il y a trente ans, écrit Pontchrain, que le Portugal nous envoya son père en la même qualité, et depuis ce temps il n'y a point eu ici d'ambassadeur de ce royaume »[90]. Par contre, un Ezéchiel Spanheim, maintenu comme envoyé extraordinaire de Berlin de 1680 à 1689, de retour la paix faite pour une seconde mission de 1697 à 1701, fait beaucoup pour augmenter l'importance et le sérieux de la représentation brandebourgeoise. A lui seul il jouera plus de rôle que les quatre agents entretenus à Paris vers 1679 par le Grand Électeur[91].

Il est nécessaire de mettre tout à fait à p certaines ambassades pour la plupart extraeuropéennes, qui eurent d'ailleurs plus d'intérêt pittoresque que de valeur politique. Elles ont été abondamment et brillamment décrites[92]. Il suffit donc d'en rappeller quelques-unes, qui firent plus particulièrement la joie de Paris et de la cour. Ce fut d'abord, en 1671, la visite de l'ambassadeur turc, que le roi reçut en audience publique, sans réussir à l'étonner par la splendeur de la mise en scène, mais qui fut seulement fort supris de ne pas voir en France l'équivalent d'un grand vizir. En 1686, ce fut le tour des ambassadeurs du Siam, qui suscitèrent encore plus de curiosité gouailleuse, puisqu'il fallut un ordre du roi et une intervention du lieutenant de police pour éviter qu'ils ne fussent molestés par la populace parisienne. En 1698, on apprit que le sultan du Maroc avait envoyé à Louis XIV un ambassadeur pour négocier. On alla le chercher à Brest ; il eut audience publique du roi à Versailles ; mais la paix que l'on voulut conclure avec son maître ne fut pas obtenue. Enfin le règne de Louis XIV se termina pour ainsi dire sur une admirable parade qui défraya les chroniqueurs, gazetiers et mémorialistes du temps, la réception de l'ambassade de Perse. Les plus à plaindre parmi les courtisans furent ceux que l'on chargea d'organiser ces somptueuses et un peu ridicules cérémonies, et tout particulièrement les grands maîtres du cérémonial. « La différence de nos manières et de nos coutumes, écrit assez naïvement l'un d'eux, Breteuil, est si grande, qu'il est bien difficile de faire convenir un homme dont on ne parle point la langue, de se conformer à des usages qui lui sont entièrement inconnus. »

Beaucoup moins sensationnelle, parce que moins fastueuse, fut la visite plusieurs fois renouvelée d'ambassadeurs du tsar de Moscovie[93]. La plus importante fut celle de Pierre Potemkine et de Roumiantsof en 1668 : on les vit arriver en France, camper en plein champ, avant de recevoir dans leur route vers Paris les honneurs dus à leur rang. Ils ne semblent point à la cour avoir été pris au sérieux. En 1687, la venue de nouveaux envoyés russes fit scandale. On s'étonna surtout de les voir subsister par la vente des marchandises qu'ils apportaient de leur pays ; à Versailles leurs extraordinaires prétentions soulevèrent mille incidents.

Enfin un cas particulier demeure à signaler, celui des ambassades collectives. Il est exceptionnel et n'existe que pour les cantons helvétiques[94]. La plus solennelle de ces ambassades eut lieu en 1663 pour le renouvellement de l'alliance. En province et à Paris, des fêtes luxueuses furent données par les gouverneurs, les autorités municipales, les princes du sang et les grands seigneurs. Des serments furent échangés en une cérémonie prestigieuse à Notre-Dame. Le tout se fit au milieu d'un grand concours de peuple, et suscita chansons et railleries, malgré les défenses du roi. Quelques courtisans s'étonnèren, de la petite extraction des envoyés et de l'humilité des métiers par eux exercés. Mais le voyage ne fut pas simplement de parade, et procura au commerce suisse d'importants avantages par des négociations lentement poursuivies au lendemain des réceptions officielles.

*

Il n'est point de nos intentions, ni de notre sujet d'esquisser un tableau de la vie des ministres étrangers à la cour de France, mais seulement de poser à cette occasion quelques problèmes intéressants pour l'histoire des institutions diplomatiques françaises et des rapports du roi avec les puissances européennes[95].

Et d'abord Louis XIV intervient-il dans la désignation des envoyés qui doivent figurer à sa cour ; est-il consulté et donne-t-il un avis préalable ? Son agrément n'est sollicité que dans un cas, lorsqu'il s'agit du choix du nonce. Saint-Simon[96] l'affirme et relate qu'en 1700 le nonce Delfini fut remplacé par Gualterio « que le roi *préféra* dans une liste de cinq sujets que le pape lui proposa » ; il ajoute : « C'est un *usage tourné en espèce de droit* que l'empereur et le roi ont ainsi le choix des nonces que Rome leur envoie. » Pour la France, cette exception s'explique aisément, si l'on remarque non seulement que la France est la fille aînée de l'Église, mais surtout que le nonce est susceptible de jouer un rôle important dans la politique intérieure de notre pays, en fonction du gallicanisme, du jansénisme, du quiétisme, etc. Un nonce trop favorable aux jansénistes eût fait le désespoir de Louis XIV. A vrai dire nul souverain ne surveilla de plus près l'activité des représentants du Saint-Siège, voire même leurs rapports avec les sujets du roi. Toute immixtion abusive dans la vie du clergé français était réprimée. En 1710, Torcy s'indignait contre l'habitude qui s'était établie de « payer à l'auditeur et autres domestiques du nonce une certaine somme[97] sous prétexte de gratification », à l'occasion de la profession de foi faite par les futurs évêques entre les mains du nonce, et il écrivait, au nom du roi, au cardinal de la Trémoille, notre représentant à Rome : « *Comme les nonces auprès de moi ne sont que de simples ambassadeurs,* il n'ont point de juridiction dans mon royaume. » Emploi délicat que celui de nonce à Versailles, vivant dans une atmosphère de défiance, et souvent rebuté au point de vue extérieur dans ses efforts de pacification ou de médiation ! Ajoutons que Rome ne désirait point que ses représentants fussent en trop bonne entente avec le roi, et que la disgrâce les menaçait à leur retour[98].

La situation du nonce est une exception. Il est arrivé à Louis XIV d'avoir près de lui des ambassadeurs indésirables. Il s'est contenté de prendre à leur égard des précautions, mais il est intervenu rarement auprès de la puissance qui les envoyait afin d'obtenir leur rappel. Le plus encombrant de tous fut peut-être William Trumbull, envoyé extraordinaire d'Angleterre en

1685[99]. Le roi fut peu satisfait de sa nomination. « Il me paraît, écrivait-il à Barillon, notre ambassadeur à Londres, que la qualité de jurisconsulte anglais n'est pas la plus convenable pour maintenir la bonne intelligence entre moi et le roi d'Angleterre, et qu'elle ne sert souvent qu'à trouver des difficultés où il n'y en doit point avoir. » De fait, l'on ne tarda pas à Versailles de trouver indiscrètes ses fréquentes interventions et sollicitations. Le roi, par l'intermédiaire de Barillon se plaignit à Londres, et Jacques II, lui-même, essaya d'adoucir le ton de son envoyé, sans pourtant le désavouer. En 1686, Trumbull fut rappelé, moins peut-être pour ses importunités que pour leur objet, qui était la défense de quelques protestants français ou anglais au lendemain de la Révocation de l'Édit de Nantes.

A vrai dire, Louis XIV n'aimait point les ambassadeurs trop indociles ou trop brusques ; il leur préférait d'habiles courtisans. Les étrangers le proclament volontiers, même avec quelque exagération. « Ce bon M. le nonce, écrivait en 1669 Saint-Maurice, envoyé du duc de Savoie, est toujours dans le compliment et a de grandes complaisances ; ainsi, encore que l'on ne l'y estime pas, il y est agréé, *car ils veulent des gens comme cela et qui fassent à leurs modes.* » Saint-Maurice est bien sévère pour Bargellini, le célèbre auteur de la *Paix de l'Église,* qui mit fin provisoirement à la querelle janséniste. Mais cet aventurier loquace et vaniteux que fut Primi Visconti est plus affirmatif encore. « Les ambassadeurs, écrit-il, à la date de 1679, me faisaient pitié, tant ils étaient peu instruits. *Le roi les voulait ainsi.* » Suivent des exemples qui ne sont guère probants, ceux de deux ambassadeurs d'Espagne, la Fuente et Giovenazzo. « Giovenazzo, parce qu'il était habile, ne pouvait venir à la cour qu'en demandant audience, et le roi en demanda un autre aux Espagnols. Ils lui envoyèrent le marquis de la Fuente. Le roi l'embrassa, car il était tout à fait comme il le voulait. » Il est dommage que les Archives des Affaires étrangères soient en complète contradiction avec la version de Primi Visconti[100]. Giovenazzo fut mal accueilli en 1679 à Versailles, parce que Louis XIV lui reprochait son attitude comme envoyé en Savoie, et des traités conclus pour la destruction des magasins de Pignerol et des vaisseaux de Toulon. « L'arrivée du duc de Giovenazzo, écrivit le roi à Villars père, son représentant à Madrid, me donne occasion de vous avertir que je ne l'admettrai auprès de moi que par des audiences réglées, et que je ne puis lui donner la même liberté que j'ai donnée aux autres ambassadeurs d'Espagne de venir à toute heure auprès de moi. » Giovenazzo — et c'était l'intérêt de la cour de Madrid — fut rappelé en 1680 et remplacé par le marquis de la Fuente, qui fut d'autant mieux accueilli que son père, ambassadeur en France en 1662 et familier de Lionne, y avait laissé d'excellents souvenirs. Qui pourrait croire d'ailleurs que Louis XIV eût préféré comme ministres étrangers les incapables et les médiocres, quand on connaît son estime pour Ezéchiel Spanheim, très apprécié par la société du temps ?

*

Il y a évidemment beaucoup de traits communs entre les débuts d'un envoyé étranger à Paris et ceux d'un envoyé français en une cour europeenne. Le premier, surtout lorsqu'il s'agit d'un envoyé permanent, arrive avec une suite, des bagages que le roi affranchit des droits de douanes. Il est pourvu de lettres de créance, parfois aussi d'instructions. C'est le cas, par exemple, pour les ambassadeurs de Hollande et d'Angleterre. Bien que la Hollande choisisse l'ambassadeur de France, son instruction doit être signée par toutes les Provinces[101] et, jusqu'en 1672, fit l'objet de longs débats. Pour les instructions d'Angleterre que nous connaissons à partir de 1689, elles ne méritent pas d'être comparées à celles que reçoivent nos ambassadeurs à l'étranger. Elles contiennent surtout des indications sur les démarches à faire en arrivant à Paris et les détails du cérémonial. Elles datent, il est vrai, d'une époque où bien que les représentants de Guillaume III fussent des personnages de grande distinction, ils étaient dirigés au jour le jour par l'action personnelle de leur souverain seul, maître de sa politique[102].

Accompagné de secrétaires, de laquais, de domestiques de toute espèce, le premier soin de l'envoyé doit être de choisir un domicile. C'est aussi à Paris une recherche fort compliquée. Beaucoup se logent dans le faubourg Saint-Germain. Certains logent provisoirement dans les hôtelleries, jusqu'à ce qu'ils aient trouvé une demeure plus convenable[103].

C'est seulement alors pour les ministres que commencent les véritables difficultés. Elles proviennent de l'étiquette. La matière est compliquée et mérite quelques éclaircissements.

En nul pays autant qu'en France, les réceptions officielles n'ont d'éclat. « Les Français, écrit Wicquefort, croient se faire honneur en faisant civilité à autrui et particulièrement aux étrangers. » Un cérémonial très minutieux règle non seulement l'arrvée de l'ambassadeur, mais sa vie et sa place à la cour. Il est encore mal établi, parce que trop récent. Il prête à contestations, dans lesquelles le roi joue le rôle d'arbitre. Nulle cour ne peut rivaliser avec celle de Louis XIV pour le nombre et l'importance des personnages officiels qui y figurent. Dans la deuxième pie du règne, la famille du roi, légitime ou illégitime, est fort considérable. De beaucoup de hauts dignitaires ou de représentants de la grande noblesse le rang hiérarchique est mal défini. Les jours de fête, c'est une véritable cohue, très turbulente et désordonnée qui se rue à Versailles. Rien qui surprenne davantage les étrangers au sortir de Vienne ou de Madrid. Enfin, le roi s'applique à graduer ses attentions et ses manifestations suivant les circonstances plus encore que suivant la tradition toute récente consignée dans les registres des introducteurs des ambassadeurs. Il y a là une forme subtile de sa politique qu'un observateur perspicace, Spanheim, a bien saisie. Non seulement il déclare[104] « qu'à la cour de France on variait fort à l'égard du cérémonial, que même elle était en possession d'en user bien différemment des autres cours », mais il donne des exemples intéressants. Tandis que Wicquefort, plus préoccupé de codifier que d'observer, affirme que « le roi n'empêche pas les princes d'Allemagne de lui envoyer des ambassadeurs, mais qu'il ne leur veut pas faire les civilités qu'il fait aux ambassadeurs des princes d'Italie », Spanheim rapporte que divers envoyés germaniques furent reçus avec beaucoup d'honneur sans l'avoir demandé, « afin d'attirer les princes d'Allemagne dans les intérêts de la France contre la Hollande ». Rien donc de rigide, de définitif, mais que voilà qui est déconcertant pour les diplomates qui se meuvent sur un terrain incertain et difficile ! En tout cas, comme le proclamait Spanheim, « il valait beaucoup mieux avoir le caractère d'envoyé, qui ne souffrait aucune difficulté et qui donne plus de facilité pour négocier », que celui d'ambassadeur.

On ne s'étonnera pas dans ces conditions qu'il y eût à la cour de Versailles des fonctionnaires spéciaux que l'on appelait les *introducteurs des ambassadeurs*[105]. La charge avait été créée en 1585. Elle était nettement séparée de celle de grand maître des cérémonies. Elle fut d'abord occupée par Bonneuil, qui la transmit à son fils. Mais celui-ci la partagea avec Sainctot. Mort en 1698, il eut comme successeur le baron de Breteuil, ancien envoyé extraordinaire à Mantoue. Il y eut donc désormais deux introducteurs. Ces charges avaient de l'importance : Sainctot avait acheté la sienne 82.000 écus ; chacune d'elles, au dire de Dangeau, valait au moins 12.000 livres de rente. Le service se faisait par semestre. Les introducteurs étaient secondés par un aide, « secrétaire à la conduite des ambassadeurs », qui fut d'abord, de 1625 à 1697, Girault, répertoire vivant des usages, puis Villeras, jusqu'en 1709[106].

Naturellement le problème le plus grave, encore qu'il ne fût pas le seul que ces spécialistes avaient à résoudre, était celui des entrées et des audiences solennelles. Ici plusieurs distinctions s'imposaient.

L'honneur des entrées était réservé aux ambassadeurs, et Lobkovitz, envoyé extraordinaire de l'Empereur, qui voulut y prétendre, se le vit refuser. Encore, pour les ambassadeurs, y a-t-il des variantes, suivant qu'ils sont extraordinaires ou ordinaires, suivant qu'ils représentent des têtes couronnées ou des puissances assimilées[107]. Ce sont là détails qu'enregistrent soigneusement Dangeau, Sourches ou Saint-Simon. L'honneur le plus envié sera d'être reçu par un prince délégué par le roi à cet effet. Mais certains raffinements de politesse ne dépendent que du roi et surprennent même les courtisans les plus avertis[108].

Le premier soin d'un ambassadeur, lors de son arrivée en France sera donc de s'aboucher avec le secrétaire d'État des étrangers pour faire fixer le jour de son entrée et celui de son audience publique. Tout sera prévu dans le moindre détail, et l'objet de négociations qui durent quelquefois plusieurs semaines ; les discussions sont souvent vives, textes en mains ; de p et d'autre on invoque des précédents. Enfin l'accord se fait.

Naturellement l'ambassadeur est supposé incognito à Paris : il doit en sortir pour faire son entrée. En général les ambassadeurs catholiques prennent comme point de départ le couvent de Picpus, non loin de la porte Saint-Antoine, et les ambassadeurs protestants un lieu dit Rambouillet, situé à Reuilly. Quand la cour est à Fontainebleau, on choisit Moret ou Nemours. Enfin, dans la dernière pie du règne, il y a souvent double entrée à Paris d'abord, puis un autre jour à Versailles.

L'ambassadeur est accueilli par le délégué du roi, prince du sang ou maréchal de France, qui vient le chercher à son domicile réglementaire. Puis un cortège solennel se déroule, dont on retrouve l'image dans les almanachs illustrés du temps, et dont l'annonce a été faite par placards, afin que la population parisienne puisse s'ébaudir sur son passage. Mémoires et journaux du temps sont remplis du récit de ces splendides parades. L'ambassadeur, escorté de ses gens, suivi de nombreux carrosses qui lui ont été envoyés pour lui faire honneur, entre par la porte Saint-Antoine, fait le tour de la place Royale, est conduit solennellement à son hôtel ou à l'hôtel des ambassadeurs extraordinaires. Les carrosses sont de gala, les chevaux magnifiquement parés, les livrées somptueuses. Le public raille ou admire suivant le plus ou moins d'éclat déployé par le nouveau venu. Le tout est ruineux, et l'on vit tel ambassadeur impécunieux décliner l'honneur de l'entrée.

C'est une fort curieuse institution que celle de l'hôtel des ambassadeurs extraordinaires. Il était situé rue de Tournon, où les bâtiments existent encore. Il avait appartenu au maréchal d'Ancre ; confisqué pour de Luynes, il fut revendu par ce dernier à Louis XIII en 1621. Sa nouvelle affectation date de 1636, et se conserva jusqu'en 1748. Il était fort grand et pourvu de beaux jardins. L'usage était d'y recevoir et d'y défrayer les ambassadeurs extraordinaires pendant trois ou quatre jours[109]. L'aménagement en était confié aux tapissiers de la cour et au garde-meuble. On fournissait à l'ambassadeur les viandes, et un maître d'hôtel du roi offrait du café, du chocolat, du thé à tous ceux qui venaient lui rendre visite. Presque tous les envoyés orientaux furent les hôtes de l'hôtel des ambassadeurs ; exceptionnellement, l'ambassadeur persan y resta plus de six mois, entretenu sur un pied de 500 livres par jour !

L'origine de cet usage est bien connue. « Autrefois, écrit Wicquefort[110], avant que les ambassades fussent permanentes, on défrayait les ambassadeurs... Mais depuis... les princes ont jugé à propos de se décharger de cette dépense, et de la convertir en un traitement qui fait pie des civilités qu'il faut faire aux ambassadeurs. » Ainsi les ambassadeurs qui ne sont point logés rue de Tournon sont néanmoins défrayés par le roi, qui les fait nourrir par ses grands officiers ou leur offre tout ce qui est nécessaire à leur subsistance.

L'entrée solennelle est complétée par la première audience publique. Ambassadeurs et envoyés extraordinaires y ont droit également. Pour les premiers, elle est précédée quelquefois d'une audience secrète. Voici pour l'ambassadeur d'une tête couronnée les grandes lignes suivant lesquelles s'ordonne la cérémonie. Un prince va quérir l'ambassadeur, l'amène au palais où l'attendent sous les armes les compagnies de gardes françaises et suisses. A Versailles, à partir de 1680, il sera souvent introduit par le grand escalier, dit *escalier des Ambassadeurs*, aujourd'hui détruit, et dont Lebrun venait d'achever la décoration. L'audience a lieu dans le cabinet du roi ou dans sa chambre. Là s'échangent discours et compliments. Puis viennent les audiences des membres de la famille royale. L'ambassade et sa suite sont ensuite régalées aux frais de Louis XIV et s'en reviennent en cortège à Paris.

Tel est le thème général ; voici quelques applications.

En 1667, Saint-Maurice, qui n'est encore qu'envoyé de Savoie, est reçu à Saint-Germain. Il est conduit par l'introducteur des ambassadeurs

« dans la chambre où l'on attend l'heure du roi. »
On le mène ensuite dans la chambre où il trouve
Louis XIV assis dans la ruelle de son lit, une
canne à la main, entouré de Lionne et de grands
seigneurs. Saint-Maurice explique au roi l'objet
précis de sa mission et se retire. Il dîne à la table
du premier gentilhomme du roi, puis a audience
de la reine. Le lendemain, il est admis à visiter le
Dauphin, âgé de six ans, et à lui présenter de la
part du duc de Savoie un tambour incomparable.
Les jours suivants se passent en visites à la famille
royale.

En mai 1685[111] audience fut donnée aux
ambassadeurs du « grand-duc de Moscovie ». Le
roi les reçut « dans la dernière pièce de
l'appartement, proche du salon, assis sur une
chaise d'argent, posée en forme de trône, sur une
estrade couverte d'un magnifique tapis d'or,
d'argent et de soie ». Les Russes « se
prosternèrent à la manière des Orientaux » ;
l'audience terminée, ils dînèrent dans la chambre
réservée aux ambassadeurs. On les reconduisit à
Paris dans les carrosses qui les avaient amenés à
l'hôtel des ambassadeurs.

Ce sont certainement les ambassadeurs
d'Espagne et les ambassadeurs d'Angleterre qui,
en diverses circonstances exceptionnelles ont eu
l'accueil le plus relevé et le plus minutieusement
préparé. Ce fut le cas pour le comte de Portland

en 1698 et pour le duc de Shrewsbury après le traité d'Utrecht. Mais de tous, le mieux reçu fut peut-être le connétable de Castille en 1701, lors de l'acceptation du testament de Charles II. Après une entrée magnifique à Paris, il eut une audience publique à Versailles le 14 mars, qui fit époque, à en croire les gazetiers du temps. Il fut reçu par le roi « dans la ruelle du lit de la chambre où S.M. couche. Les princes du sang étaient à côté du roi, et les grands officiers de S.M. derrière sa chaise »[112].

*

Commencée conformément à l'étiquette, la carrière du ministre étranger se continue avec les mêmes difficultés, et souvent les mêmes conflits. Chaque jour apporte son problème, que doivent résoudre les introducteurs des ambassadeurs, et quelquefois sa querelle. La plus célèbre fut celle du *pour* en 1698, lors du voyage du roi à Compiègne. Les ambassadeurs étrangers prétendaient qu'on marquât à la craie leur logis d'un *pour* M. l'Ambassadeur. Le roi s'y refusa et les ambassadeurs s'abstinrent d'aller à Compiègne. Le tout fit grand bruit. Des désaccords de moindre gravité, mais du même genre, surtout à partir de 1680, défraient annuellement les conversations de la cour.

De la situation de l'ambassadeur, il faut rapprocher celle, toute particulière à Versailles, de l'ambassadrice étrangère. Nous saisissons des usages nouveaux en voie de s'instaurer. « Les ambassadrices en France, écrit justement Wicquefort, sont plus considérées qu'ailleurs. » Aussi furent-elles assez nombreuses. Le roi semble s'être complu à les « gracieuser » et à leur accorder des honneurs de plus en plus considérables. Dans les circonstances solennelles, aux audiences de congé par exemple, il leur accorde ce baiser d'étiquette sur lequel ont tant disserté les théoriciens contemporains du cérémonial[113].

Ambassadeurs, envoyés ou résidents jouissent naturellement des mêmes droits et des mêmes privilèges généraux que les diplomates français à l'étranger. Le plus essentiel est l'exterritorialité, en vertu de laquelle aucun officier de justice ne peut pénétrer dans leur demeure. Il faut y joindre les franchises douanières à l'entrée et à la sortie, comme aussi le droit qui souleva tant de litiges, pour les ministres protestants d'entretenir des chapelles de leur culte.

Avec le pouvoir central, leurs rapports sont assez compliqués. Comme diplomates ils ont droit à des audiences du roi et des ministres ; comme courtisans, ils participèrent à la plupart des fêtes et cérémonies.

Les audiences sont de plusieurs espèces. « Cet autre temps[114], écrit Saint-Simon, relatant l'emploi de la matinée du roi entre le lever et la messe, était celui des audiences secrètes des ministres étrangers. Elles n'étaient *secrètes* que pour les distinguer de celles qui se donnaient sans cérémonie à la ruelle du lit au sortir de la prière, qu'on appelait particulières, et de celles de cérémonie. » Rien de plus net que cette distinction.

Aussi bien les audiences secrètes sont-elles pour l'expédition des affaires de beaucoup les plus importantes[115]. Malgré leur titre, non seulement elles sont sollicitées du roi par l'intermédiaire du secrétaire d'État des étrangers, mais encore l'objet en est, de ce dernier, le plus souvent connu par avance, et elles ont lieu en sa présence[116]. Louis XIV n'aime point être pris à l'improviste, les exceptions sont rares. En 1700. le roi accorda une audience à l'ambassadeur d'Espagne « qui ne voulut pas dire même à M. de Torcy le sujet de cette audience » (Dangeau), La conversation eut lieu en l'absence de Torcy. « Ce secret, déclare Saint-Simon, fut une chose tout à fait hors d'usage. ainsi que ce tête-à-tête sans le ministre des Affaires étrangères. » Le cas ne fut pas unique, puisque semblable faveur fut accordée en 1713 au duc de Shrewsbury, ambassadeur d'Angleterre. Mais de telles prétentions furent de tout temps combattues par Torcy, fort jaloux de ses prérogatives. Le roi fit parfois litière de ses scrupules et surmonta sa mauvaise volonté. Par contre, était-il mécontent de quelque État étranger, il n'hésitait point à refuser sous divers prétextes une audience de lui sollicitée. En 1704, l'ambassadeur de Venise demeura huit mois sans audience « à cause des démêlés que la République avait avec le roi » (Sourches).

Les audiences royales ont lieu à Saint-Germain, à Fontainebleau, à Versailles, mais point à Marly où se passent, dans les dernières années, les véritables vacances du roi. En 1700, l'ambassadeur de Hollande ayant voulu, vu la gravité des circonstances, passer outre, se vit éconduit par Torcy. Plus heureux fut le duc d'Albe en 1707, mais il venait faire compliment au roi d'une grande victoire remportée par l'armée franco-espagnole.

Beaucoup de ces audiences ont lieu le mardi, qui est dans les dernières années du règne le jour où les ministres étrangers viennent faire leur cour au roi ; mais les autres jours ne sont point exclus. Ils mangent au château et couchent souvent à Versailles, où quelques-uns ont une demeure, mais jamais au palais. C'est également le mardi qu'ils sont reçus d'ordinaire par le secrétaire d'État : pourtant, vers 1709, Torcy, quand le roi partait pour Marly, retournait à Paris où il recevait le jeudi.

Telles sont les règles suivant lesquelles il est loisible aux ambassadeurs de s'acquitter des devoirs de leur charge. Il leur reste — et ce n'est pas une de leurs moindres occupations — à remplir consciencieusement leur rôle de courtisan. Louis XIV y tenait plus qu'on ne saurait dire. « Le roi, écrivait Saint-Maurice dès 1669, prend plaisir que l'on voie les divertissements ; si on n'y allait, il croirait que l'on les méprise. » Il se plaignit quelque temps de Spanheim, qu'il trouvait trop détaché de la vie de la cour, et qu'il n'apercevait pas suffisamment. Le cas était rare. Les ministres ne négligeaient guère l'occasion de connaître les plus menus faits qui se passaient en ce Versailles, vers lesquels les souverains de l'Europe avaient les yeux tournés. A certaines époques leur correspondance avec leurs maîtres prit le caractère d'une chronique scandaleuse. Toute l'Europe politique s'est intéressée à Mlle de la Vallière et à Mme de Montespan, autant qu'à Mme de Maintenon.

On les voit donc assister à presque toutes les festivités. Certaines furent données en leur honneur, soit à leur arrivée, soit à leur départ. En 1664[117], le légat du pape est traité magnifiquement ; le roi l'invite à la chasse, le mène à cheval à une grande revue de troupes, lui donne le régal de la comédie et de la représentation de l'*Othon* de Corneille. En 1698, on multiplie les attentions pour Portland, ambassadeur d'Angleterre, chargé par Guillaume III d'achever la négociation du page de la Succession d'Espagne. Monseigneur le convie à la chasse, l'invite en son château de Meudon. On le promène à Marly ; on fait jouer en son honneur les eaux de Versailles. Il est fêté à Chantilly.

On s'étonnera cependant qu'en dehors de ces divertissements extraordinaires, les ambassadeurs ne soient point associés régulièrement à la vie quotidienne de la cour, perpétuelle représentation en plusieurs actes, presque toujours les mêmes. De cette fastueuse intimité, ils sont tenus à l'écart. On ne les voit guère au coucher du roi. « Rarement, écrit Saint-Simon les ambassadeurs se familiarisent à faire leur cour à ces heures. » On fut tout étonné de voir accorder les honneurs du bougeoir, en 1695, à l'ambassadeur de Venise, en 1698 à Portland. Par contre il est fréquent de constater leur présence au dîner du roi. Mais ils n'ont nulle place spéciale dans les entrées lors du lever. Spanheim s'en plaint amèrement. « A l'égard des ministres étrangers, tant ambassadeurs qu'envoyés et ainsi du premier et du second ordre, ils n'y ont aucune préférence, ni aucune p dans la première, ni seconde entrée susdite, et n'y sont admis qu'à mesure que les courtisans les plus connus et les plus considérés y ont p, et ainsi dans la foule et dans la presse qui se fait alors pour entrer : ce qui a rebuté souvent les ambassadeurs des têtes couronnées.» De ce point de vue, la doctrine du roi n'a pas varié. Comme le dit quelque part Torcy[118], les ministres étrangers en ces circonstances ne sont que des courtisans sans privilège spécial. Il faut lire Saint-Maurice pour constater son étonnement, lorsqu'il décrit les bousculades desquelles ne furent pas toujours exempts, les jours de grande foule, les ambassadeurs. En 1668, à Versailles, lors de la représentation de *Georges Dandin*, ils « furent poussés, rebutés, battus et mal placés, et ne virent que la comédie et les feux, et point la collation qui était dans les allées, ni les machines superbes du lieu où le roi donna à souper et le bal aux dames. » Par contre, s'agit-il d'une naissance ou d'un décès dans la famille royale, ils retrouvent leur rang lorsqu'ils viennent complimenter le roi. Au demeurant, n'y a-t-il point quelque injustice dans les récriminations très particulières de Spanheim, puisqu'en nulle cour en Europe, surtout à Vienne et à Madrid, nos ambassadeurs le constatent, les envoyés étrangers n'ont plus d'occasion d'entrer en contact avec le roi, et de le voir quasi familièrement, comme aussi bien les ministres ? Certains d'entre eux ont des faveurs spéciales et particulières : tel l'ambassadeur de

Venise, que le roi fait régulièrement chevalier de Saint-Georges et de Saint-Michel, auquel il donne lui-même le baudrier, l'épée et l'accolade, ce qui lui donne le droit, de retour dans sa patrie, nous apprend Dangeau, de « porter sur l'épaule une pièce de drap qu'ils appellent la *stola* et des boucles dorées à leur ceinture ».

Il faut bien reconnaître cependant que le séjour en France ne comporte point que des avantages. D'abord, il est très cher. Voilà pourquoi beaucoup de princes peu fortunés n'entretiennent que des résidents. Le logis n'est point bon marché : il est quelquefois double, à Paris et à Versailles. Un ambassadeur ou même un envoyé a mille occasions de distribuer de l'argent, ne serait-ce qu'aux introducteurs des ambassadeurs. Il est vrai que beaucoup des présents par lui apportés lui sont fournis par la cour qui le délègue, et qu'il ne sert guère que d'intermédiaire. Le nonce Gualtiero avait offert au roi, à son arrivée, « le corps de Sainte-Victoire martyre dans une châsse magnifique, des vases de porcelaine et trois tableaux » (Dangeau). Au départ, d'ailleurs, il est d'usage que le roi se montre généreux pour les diplomates étrangers. Les nonces reçoivent d'habitude 6.000 écus en vaisselle d'argent[119]. Ils ne constituent pas une exception, puisqu'en 1713 le duc de Shrewsbury fut honoré d'un portrait du roi « enrichi de 60.000 livres de diamants ».

Autres sources de dépenses, les déplacements et les fêtes. Les premiers vont se restreignant au cours du règne, le roi devenant plus casanier et n'allant plus à la guerre. Mais déjà en 1667, des envoyés étrangers, Saint-Maurice fut le seul à suivre le roi dans la campagne de Flandre : son budget personnel en fut fort alourdi. Quant aux réceptions et divertissements, leur nombre et leur importance dépendent des circonstances et aussi des ressources financières des diplomates. On ne vit jamais Louis XIV reçu comme Charles II d'Angleterre par un ambassadeur étranger ; ce fut le cas seulement pour Monsieur, pour le dauphin, pour les princes de la famille royale. Mais d'aucuns parmi les envoyés donnèrent de grandes réjouissances. Ainsi, en 1686, Lobkovitz qui célébra par un feu d'artifice à Paris une victoire des armées autrichiennes. Les plus fastueux furent les ambassadeurs extraordinaires, venus pour de courts séjours en France. On admira plus particulièrement pour l'éclat de leur mission certains ambassadeurs espagnols : Castel del-Rios, le connétable de Castille, le duc d'Albe. Ce dernier donna à Paris en 1711 une fête magnifique en l'honneur du succès des armes espagnoles. « Rien n'y fut épargné, relate Torcy en son Journal : souper, illuminations, feu d'artifice, bal en masques. » En ces galas, quelques-uns se ruinèrent. Le duc d'Albe, rapporte Saint-Simon, mourut pauvre en France, et le roi d'Espagne qui lui avait servi fort irrégulièrement ses appointements, dut payer les dettes de sa veuve demeurée à Paris jusqu'à leur complète extinction.

Il n'y a point que plaie d'argent pour les envoyés étrangers. Il y a quelquefois pour eux des situations fort difficiles et des litiges délicats qui font que leur condition, surtout à la fin du règne est loin d'être de tout repos. Ils sont fort espionnés, non sans raison d'ailleurs, puisque eux-mêmes cherchent à renseigner leurs cours respectives par tous les moyens. « Il y a longtemps, écrit en 1706 [120] le contrôleur général Pontchrain au lieutenant de police d'Argenson, que vous ne m'avez mandé ce qui se passe chez les ministres étrangers. » Mais d'Argenson doit aussi faire en sorte que les jeux de la bassette et du pharaon interdits en France ne soient pas pratiqués en 1706, aux demeures des envoyés. Par-dessus tout, à partir de 1680, le roi s'intéresse à tout ce qui concerne la religion catholique et l' « hérésie » protestante, dont sont les servants ministres d'Angleterre, de Brandebourg, de Danemark, de Hollande, etc. Il faut une permission spéciale à ces derniers pour s'approvisionner de viande en carême. Les chapelles que les ministres ont le droit d'entretenir en leurs hôtels, et où l'on pratique le culte réformé, sont suspectes. Il est nécessaire de veiller à ce qu'aucun Français, ni aucun nouveau catholique n'y soit admis. Naturellement, les ambassadeurs se défendent, d'où d'incessantes réclamations. De 1680 à 1700, leur liberté religieuse trouve de très sérieuses limitations. Il en était de même, mais à un moindre degré, pour les ambassadeurs français à l'étranger[121].

Restent enfin les risques inévitables de la carrière, moins graves peut-être cependant à Paris que dans les cours étrangères, autrement dit les mauvais procédés du pouvoir central à l'égard des représentants de puissances en délicatesse avec la France. On a fait grand bruit[122] de la séquestration du nonce Ranuzzi en 1688, lors de l'affaire des franchises. Un gentilhomme fut chargé de surveiller le nonce pendant plusieurs mois, afin d'empêcher son évasion. En réalité le roi semble, en d'autres occasions, voire même en cas de guerre imminente, s'être montré fort libéral, eu égard aux pratiques du temps, et avoir supporté longtemps le séjour à Versailles des représentants de futurs belligérants. Il n'a guère pratiqué qu'une politique de représailles en certains cas.

*

Il serait intéressant en conclusion de décrire brièvement les relations des ministres étrangers avec la cour et la société du temps, de les réintégrer en quelque sorte dans le milieu de l'époque. Nous devrons, faute de documentation complète, nous borner à des indications très succinctes.

De ce point de vue on lira avec intérêt les renseignements qui furent donnés par lettre à Trumbull, ambassadeur d'Angleterre[123]. Son correspondant, Savile, lui recommandait de se mettre dès le début en rapport avec les ministres étrangers, qui, notice étant faite de son arrivée, devaient les premiers lui rendre visite suivant la tradition établie. Par la même occasion, il lui signalait quelques personnages importants de la cour, avec lesquels les relations étaient nécessaires ou inévitables : Colbert de Croissy, Louvois secrétaire d'État, l'archevêque de Reims Le Tellier et le maréchal de Bellefonds, dangereux questionneurs ; d'autres avec lesquels la défiance était moins de rigueur, le prince de Condé, le duc d'Enghien, le cardinal de Bouillon, Bossuet évêque de Meaux, Villeroy, etc. Et il ajoutait : « Peut-être avez-vous un esprit à connaître quelques-uns de la longue robe. M. de Courtin, ancien ambassadeur à Londres, vous aidera sur ce point, étant lui-même un homme civil, honnête, un grand discoureur, mais un excellent connaisseur de toutes les affaires d'Europe. »

Cette énumération des futures relations d'un ambassadeur date de 1685. Elle est assez limitée. Il est fort possible que dans les premières années du règne le champ d'action des ambassadeurs étrangers ait été plus étendu. C'est du moins l'impression que nous donne la correspondance de Saint-Maurice. Cet envoyé de Savoie fut en rapports avec beaucoup de grands seigneurs, dont le comte de Soissons, cousin du duc Charles-Emmanuel. Encore s'excusait-il auprès de son souverain d'avoir rendu le premier visite à Turenne. Mêlé à la société de Paris et de Saint-Germain, il définissait fort curieusement l'objet des entretiens qui s'y tenaient habituellement : « Pour cette cour, écrivait-il à son maître, à propos du choix de son successeur, il faut des gens... qui parlent bien français, qui sachent l'histoire générale et un peu la guerre, puisque l'un et l'autre font la matière de toutes les conversations. » Et il ajoutait encore qu'il était nécessaire « d'avoir l'esprit libre et accueillant, de savoir la ce, les intérêts des princes, l'histoire et les traités qui sont des sujets d'entretiens particulièrement assurés ». Mais il se défendait — il est vrai qu'il était sourd — de fréquenter la société féminine. « Elles ne connaissent personne après elles, écrivait-il en parlant de Mmes de Villequier, de La Fayette et de Mlle de Sévigné, et veulent traiter les gens de haut en bas. Une ambassadrice qui veut tenir rang ne veut pas valeter ces dames, qui le portent haut et qui méprisent tout le monde. Je ne visite pas ces jeunes dames, parce que le nom d'ambassadeur leur fait autant d'honneur que celui d'un jésuite ou d'un chartreux. » Sans doute Saint-Maurice, un peu lourd et sans brillant, n'avait-il point fait sensation, et avait-il gardé quelques rancœurs. Au contraire, à en croire son compatriote, Primi Visconti, « les Vénitiens avaient l'habitude d'envoyer en France des ambassadeurs jeunes, beaux et riches, pour qu'ils puissent converser avec les dames et apprendre ainsi des affaires d'État ». On restera cependant sceptique sur l'importance des secrets ainsi dévoilés. Ce qui est vrai, c'est que les représentants de Venise étaient en général fort mondains et très passionnés du jeu à une époque où ce goût sévissait à la cour. Giustiniani était un familier de l'hôtel de la comtesse de Soissons et y faisait moins grise figure que Saint-Maurice.

Aussi bien deux raisons semblent-elles avoir gêné les ministres étrangers dans leurs relations mondaines, l'une qui fut la défiance du roi, l'autre la résistance du milieu bourgeois. Louis XIV voit d'un mauvais œil s'établir des rapports entre les diplomates qui figurent à sa cour et les parlementaires, qu'il a toujours suspectés. « Le roi[124], écrivait le 7 décembre 1671 Colbert à de Harlay, procureur général au Parlement de Paris, vous permet de recevoir la visite de M. l'ambassadeur d'Angleterre, en lui marquant expressément que le roi vous l'a permis. » Encore s'agissait-il d'une sollicitation pour une affaire judiciaire. Quant à la xénophobie du public, elle a été notée fort perspicacement par La Bruyère. « La prévention du pays, écrit-il à propos des ambassadeurs étrangers, jointe à l'orgueil de la nation, nous fait oublier que la raison est de tous les climats, et que l'on pense juste partout où il y a des hommes. » Il restait, malgré La Bruyère, quelque mauvais renom attaché à la fonction des envoyés étrangers.

Ces réserves faites, il faut reconnaître que certains diplomates ont joué leur rôle, non pas seulement dans la société, mais dans la vie intellectuelle du temps. Van Beuningen, ambassadeur de Hollande, était fort apprécié des honnêtes gens vers 1667. Il fréquentait Turenne et Conrart. Mais le plus privilégié fut peut-être Ezéchiel Spanheim[125], qui représente pendant de nombreuses années le Brandebourg à Paris. C'est un familier du fameux Huet. Il assiste aux assemblées savantes qui se tiennent chez le duc d'Aumont. Érudit de forte culture, il est consulté par de grands seigneurs qui ont le goût des antiquités, le duc de Verneuil, le duc de Montausier. La passion des médailles le met en relation, malgré son luthéranisme, avec le Père la

Chaise. Il est l'ami d'Urbain Chevreau, neveu de Saumaize et précepteur du duc du Maine. Les princesses allemandes, qui furent nombreuses à Versailles, l'accueillent volontiers. Sourches lui-même se réjouit de son retour à la cour de France en 1698. « L'on fut ravi de voir un aussi honnête homme et un aussi habile ministre que celui-là. » Mais Spanheim semble bien avoir été une exception !

Que ressort-il de ce bref exposé ? Il nous paraît que la condition des ministres étrangers, plus brillante à la cour de France que partout ailleurs, y fut toujours fort délicate. Aux difficultés d'étiquette s'ajoutent les soucis d'argent. Le roi veille jalousement à ce que leur action se réduise à l'objet strict de leurs négociations. Ami de Lionne, la Fuente (premier du nom) se réjouissait de n'être plus en fonctions et ne regrettait point les temps de son ambassade. Avoir une influence était fort difficile, et Spanheim qui s'efforça à plusieurs reprises de mettre Louis XIV en garde contre les dangers de sa politique en Allemagne n'y réussit guère. En somme, les ministres règlent surtout des questions de détail : ils introduisent des réclamations de minime importance et travaillent à la solution de petits litiges. Les traités qu'ils négocient, le plus souvent n'ont pas d'envergure. L'essentiel de la politique se fait ailleurs dans les grands congrès, ou dans les cours étrangères, par l'intermédiaire de nos agents diplomatiques. Il leur reste leur rôle d'informateurs, chargés de renseigner leurs princes sur ce que l'on croyait être les intentions du roi, et sur la vie quotidienne de la cour de Versailles.

LIVRE III

La politique extérieure de Louis XIV : principes et moyens d'action

*

Qu'aucune confusion ne se produise dans l'esprit du lecteur sur l'objectif que nous essayons d'atteindre en ce livre et le suivant. Pas un instant nous ne songeons à donner une interprétation nouvelle de la diplomatie de Louis XIV considérée dans son contenu et dans son évolution chronologique. Nous cherchons d'abord à dégager les principes, les habitudes, les considérations qui l'inspirent, ensuite à analyser ses moyens d'action et d'information. Chemin faisant, un problème se posera devant nous, que nous n'espérons pas de tout point résoudre, celui de savoir dans quelle mesure nous sommes en présence de la pensée personnelle du roi. A défaut d'une vue complète, quelques lumières nous apparaîtront. Si l'on admet, d'ailleurs, comme a tenté de le démontrer récemment Pagès[126], que le système politique louisquatorzien se définit par la coexistence de deux régimes, monarchie absolue et personnelle, monarchie administrative, la question cesse d'être essentielle. Il devient beaucoup moins important de distinguer — à supposer que ce fût possible — les idées du roi, et celles des collaborateurs qui *administrent* sous sa responsabilité et sa signature la politique extérieure.

CHAPITRE PREMIER

La Monarchie française et les États européens

De 1661 jusqu'à sa mort, Louis XIV semble avoir été guidé par la conception d'une France avec lui identifiée, et dont la dignité en Europe est prépondérante. Personnellement, le roi n'est pas seulement — ce qu'il n'oublie pas — le premier gentilhomme de son royaume : il peut, comme il le fait dans ses *Mémoires* « se vanter qu'il n'y a pas aujourd'hui dans le monde de meilleure maison que la sienne ». Mais surtout la monarchie française, dont il est le représentant est absolue, héréditaire et de droit divin : elle n'est soumise à aucun contrôle humain. Ajoutons que Louis XIV, diligemment servi dans les premières années de son règne par Colbert et Le Tellier, fier des réformes réalisées dans les finances et l'armée, a clairement conscience qu'il préside à un État plus peuplé d'abord, plus riche et plus industrieux, plus différencié en son unité achevée que les États voisins. De là, pour lui dont l'orgueil individuel est bien connu, à se considérer comme le premier personnage de l'Europe, en état de ne rien redouter, pas même une coalition, il n'y a qu'un pas qui fut rapidement franchi.

Telle est la théorie : elle semble au premier abord en 1661 combattue par les faits. N'y a-t-il pas en Europe, puisque l'Europe seule compte au XVIIe siècle, et que le grand Turc n'est qu'un hérétique, doublé d'un danger permanent, « ces deux moitiés de Dieu » le Pape et l'Empereur ? Enfin il y a des rois en Espagne, en Portugal, en Danemark, en Suède, en Angleterre, en Pologne. Ne sont-ils pas les égaux du roi de France ?

Pour Louis XIV et beaucoup de ses contemporains l'objection n'est point valable. Il l'a réfutée abondamment dans ses *Mémoires,* et aussi dans d'innombrables. *Lettres* ou *Instructions* dont le texte lui a au moins été communiqué, quand il ne l'a pas inspiré.

Sa pensée à l'égard du Saint-Siège est nette et n'a jamais varié ni faibli. Le roi ne dépend que de Dieu et non du pape. « La France, peut-on lire dans une *Instruction* à Créqui en 1662, peut beaucoup mieux se passer de la faveur de Rome que les papes ne peuvent se passer de l'affection et du respect du roi et de son royaume, lequel en tout temps, mais particulièrement en celui-ci, est sans contredit *le pôle principal sur lequel roulent tous les intérêts de la chrétienté et de tous ses princes.* » Même netteté en 1687, lors de l'envoi de Lavardin. C'est Rome qui a des obligations vis-à-vis de la royauté française, « les papes ayant trouvé un asile assuré dans la France, et lui étant redevables des premiers fondements de la grandeur temporelle du Saint-Siège et de sa continuelle protection[127] », et non la royauté vis-à-vis de Rome.

Le roi de France est le roi très chrétien, fils aîné de l'Église et protecteur de la papauté. La couronne de France n'a jamais relevé du Saint-Siège : c'est au contraire le pape qui relève du roi pour le comtat Venaissin, « quoique S.M. n'exige aucune marque sensible de dépendance ». Il n'en est pas de même de l'empereur, couronné et confirmé par le pape, des rois d'Espagne, qui ont jadis relevé de lui et qui lui rendent encore hommage pour le royaume de Naples. Ce n'est point inutilement que Louis XIV et ses ministres s'entouraient d'historiographes et d'archivistes depuis les frères Godefroy jusqu'à Baluze avant sa disgrâce.

Après le pape, l'empereur. Pour démontrer que le titulaire du Saint Empire romain germanique n'a nulle prééminence sur le roi de France, les arguments ne manquent point à Louis XIV et à ses conseillers. Tandis que le roi de France est héréditaire, l'empereur — grave infériorité — est électif, ce qui, déclare Louis XIV dans ses *Mémoires*, « a tellement avili la majesté impériale qu'elle ne peut plus se souvenir sans confusion de son ancienne splendeur ». D'ailleurs « la pie de l'Allemagne où la puissance des empereurs est maintenant bornée, n'est qu'un léger démembrement de l'ancien empire d'Occident », dont le fondateur fut un Français, Charlemagne. « Lorsque le titre d'empereur fut mis dans notre maison, elle possédait à la fois la France, les Pays-Bas, l'Allemagne, l'Italie et la meilleure pie de l'Espagne. » Donc le roi de France l'emporte sur l'empereur, thèse que Louis XIII n'a point inventée, mais qu'il a trouvée chez presque tous les écrivains politiques français du XVIIe siècle[128].

Si le roi de France ne doit le céder ni au pape, ni à l'empereur, à plus forte raison se considère-t-il comme supérieur aux autres têtes couronnées de la chrétienté. « Depuis Charlemagne, écrivait au temps de Louis XIV Le Bret dans son traité *De la souveraineté du roi,* nos rois sont en possession d'avoir la préséance sur tous les monarques de la chrétienté. » Telle sera, durant tout son règne, la prétention de Louis XIV.

Il reste que la pratique diplomatique ne pouvait être aussi rigoureuse que l'était le principe. Prenant en main dès 1661 la direction des Affaires étrangères, Louis XIV trouvait des débats de préséance engagés, des situations acquises, des concessions faites. Il faut d'ailleurs se garder d'exagérer son intransigeance : nous verrons qu'il sut, le cas échéant, adapter sa doctrine à ses intérêts présents et immédiats.

Le débat de préséance le plus ancien semble être celui qui divise la France et l'Espagne. Il comporte des solutions locales ou provisoires. Il n'est pas tranché à la cour pontificale, et il est pendant un peu partout, sauf à Vienne où les Habsbourgs d'Autriche ont assuré aux dépens de la France la primauté du représentant de leur cousin espagnol. Aussi, pour éviter le conflit la France n'a-t-elle à Vienne qu'un envoyé et non un ambassadeur. Cet expédient durera jusqu'en 171.5, au lendemain du traité de Rastadt qui marque une trêve dans la lutte séculaire de la France et de l'Autriche.

En infériorité à Vienne, les Français continuent la lutte dans les autres cours. On sait comment Louis XIV sut tirer pi de l'insulte faite par le comte de Vatteville, ambassadeur d'Espagne à notre ambassadeur à Londres, le comte d'Estrades, en 1661. Une véritable bataille s'était livrée pour la préséance dans les rues de Londres, et d'Estrades avait eu le dessous. Louis XIV prit l'affaire au tragique, menaça l'Espagne de la guerre, obtint des excuses, la révocation de Vatteville, la reconnaissance par le roi d'Espagne en une déclaration solennelle de la primauté française. Le tout fit grand bruit.

Ce triomphe n'empêcha point le débat de renaître. En 1678, au Congrès de Nimègue[129], les diplomates hollandais eurent fort à faire pour empêcher un conflit entre France et Espagne, et pour trouver une solution conciliatrice. La querelle ne cessa qu'à l'accession de Philippe V au trône d'Espagne. Mais durant ce long laps de temps, Louis XIV n'avait point démordu de ses prétentions : sa correspondance avec ses ambassadeurs en diverses cours le démontre.

Avec Vienne, les rapports protocolaires furent souvent fort mauvais. Le détail des querelles est infini et fastidieux : deux exemples nous suffiront pour montrer l'acuité des disputes et la mauvaise volonté réciproque.

En 1662[130] toute correspondance personnelle était supprimée entre l'empereur et Louis XIV, malgré leur cousinage par alliance. Léopold n'avait point voulu informer Louis XIV de son « exaltation à l'Empire », sous prétexte que dans une lettre Louis XIV avait négligé de lui donner le titre de Majesté en tant que roi de Bohême et de Hongrie. Le roi ne céda point et ce ne fut qu'en 1664, à l'occasion de la ligue contre le Turc, que le commerce épistolaire fut repris entre les deux souverains. Pourtant l'empereur semblait reconnaître sa prééminence sur les autres rois, puisqu'à lui seul il accordait l'appellation de Majesté, et qu'il se départait en sa faveur de son habitude d'écrire en allemand pour employer le latin.

D'un genre différent, mais beaucoup plus sérieux fut le dissentiment de 1699 entre Villars, envoyé extraordinaire à Vienne, et la cour impériale. Villars se vit expulsé d'un bal officiel, parce qu'il ne s'était point présenté, lors de son arrivée à Vienne, à l'archiduc, lequel « exigeait des envoyés étrangers certaines formes de respect qui n'étaient dues qu'aux souverains ». Villars faillit quitter Vienne, sur l'ordre du roi. Il obtint satisfaction, mais après trois mois d'atermoiements. Les *Mémoires* du temps, y compris ceux de Villars, abondent en détails sur cet incident qui passionna Versailles.

Avec les autres monarques les contestations furent moins graves. Sans doute il y eut maintes protestations des souverains de Suède, de Danemark et de Pologne, auxquels Louis XIV refusait la qualification de *Majesté*, « soit qu'ils fussent trop peu considérables, soit qu'on les regardât comme des monarques électifs », ce qui était le cas pour le dernier, souverain de la République de Pologne. Leurs sollicitations répétées échouèrent[131].

Au moins les rois avaient-ils obtenu pour leurs ambassadeurs les honneurs réservés aux têtes couronnées. Le mouvement était irrésistible, et Louis XIV dut le suivre de bien mauvais gré, comme il le constatait en une lettre curieuse à d'Estrades, du 22 avril 1667. « Depuis que le roi Gustave Adolphe de Suède se mit en tête de *prétendre l'égalité entre tous les rois,* à cause du nom et du titre qu'ils ont égal, et qu'il fallut *pour d'autres plus grands intérêts* s'accommoder à son caprice et à cette injustice, tous les autres rois à son exemple ont prétendu la même chose. »

Venaient enfin les ducs, les électeurs, les républiques. A quel degré les placer, quels honneurs leur reconnaître ? Vis-à-vis des princes allemands, Louis XIV semble n'avoir point voulu transiger : leur souveraineté n'était pas directe, puisqu'ils dépendaient de l'empereur[132]. Lorsqu'en 1701 Frédéric III eut acheté de la cour de Vienne la couronne en Prusse, il ne fut pas reconnu comme roi par Versailles. Ce fut seulement pour son successeur une des clauses favorables de la paix d'Utrecht.

En Italie la situation était bien différente. Trois puissances d'inégale importance prétendaient aux honneurs des têtes couronnées, la république de Venise, le duc de Savoie, la république de Gênes. La dernière, mal en cour, n'obtint rien[133], Venise, au contraire, à quelques détails près, fut de bonne heure satisfaite. Le duc de Savoie réalisa plus difficilement l'objet de ses désirs, bien qu'il eût pris le titre de roi de Chypre : il fallut un article secret du traité de Turin en 1696, et le mariage de sa fille avec le duc de Bourgogne en 1697, pour que son ambassadeur obtînt de Versailles le traitement complet des représentants de têtes couronnées. Ces concessions s'expliquent : Venise était la vieille alliée de la France. Le duc de Savoie était à ménager, et l'on n'avait de lui rien obtenu par la rudesse.

Un dernier changement dans la hiérarchie européenne, si difficilement constituée dans le chaos des prétentions rivales, fut l'œuvre du traité d'Utrecht. Les ambassadeurs des Provinces-Unies furent assimilés à ceux des têtes couronnées. C'était le signe de la victoire des puissances maritimes, mais la mesure ne devint effective que sous la Régence.

*

Telle fut dans ses grandes lignes l'attitude de Louis XIV vis-à-vis des divers États européens. On ferait un volume entier, bien fastidieux pour les lecteurs modernes, des conflits de préséance et d'étiquette soit à Versailles, soit dans les cours étrangères. Il ne faut cependant pas leur dénier toute importance et toute signification. Ils sont caractéristiques de l'Europe et de la France d'alors. « L'étiquette, ainsi que l'a remarqué justement Frédéric Masson[134], se retrouve partout où règne un monarque qui prétend tenir son pouvoir de la divinité. » Louis XIV eût désiré une hiérarchie stricte en Europe comme à Versailles. Étant le premier en France, il désire l'être aussi en une Europe qui n'est point composée de nations, comme de nos jours, mais en majorité de souverains qui entretiennent des rapports personnels. Entre les personnes royales ou souveraines un classement doit s'établir. En face du roi de France point de supérieur, tout au plus des égaux en très petit nombre, et beaucoup plus des inférieurs. La tendance de Louis XIV et de sa politique sera de réaliser sa primauté en droit et en théorie, comme il a essayé d'établir son hégémonie dans l'ordre des faits. Il n'a jamais séparé la réalité du paraître, et la puissance du prestige extérieur, les jugeant également nécessaires.

N'oublions point, d'ailleurs, que derrière ce formalisme, variable suivant les époques, mais compagnon fidèle de la diplomatie d'ancien régime, se cachent des réalités vivantes. Les conflits de préséance avec l'Espagne sont le signe d'une rivalité essentielle, comme les rapports difficiles avec l'empereur. Les concessions faites à la Savoie sont la reconnaissance implicite d'une puissance qui se révèle. Même en matière de protocole et d'étiquette, avec Louis XIV, abstraction faite des excès de son désir de gloire, le sens politique ne perd jamais complètement ses droits. Sans se passionner comme le firent les contemporains pour ces incessantes contestations, il convient une fois pour toutes de les reconnaître, pour n'être point dupe des apparences.

CHAPITRE II

Louis XIV et les institutions politiques et religieuses de l'Europe

Roi absolu, persuadé de la supériorité de la monarchie française ainsi constituée sur les autres États européens, Louis XIV a-t-il été influencé par ses préférences personnelles dans son action diplomatique ? Dans quelle mesure tient-il compte pour ses négociations de la différence d'institutions intérieures des États avec lesquels il est en rapports ?

La diversité européenne est grande en effet vers 1661. Les monarchies, malgré la communauté du titre, ne se ressemblent pas de tout point. C'est ainsi que le roi d'Angleterre voit son pouvoir limité par le Parlement et par les ministres. En Suède, l'aristocratie est fort puissante, surtout aux époques de minorité. En Pologne, les grands officiers de la couronne sont très influents, et la Diète très turbulente. En Espagne même la toute puissance du roi catholique se dilue et s'émiette dans des conseils nombreux et spécialisés. Enfin, il y a au moins deux républiques importantes, deux États populaires, comme on disait alors, toutes les deux entre les mains d'une aristocratie, les Provinces-Unies et les Cantons suisses.

Suivant les institutions politiques, le jeu diplomatique doit changer. C'est ce que Callières a bien compris. « Il y a, écrit-il, des différences très essentielles entre l'autorité d'un roi et celle d'un autre roi... : il y a des pays où il ne suffit pas d'être d'accord avec le prince et avec ses ministres, parce qu'il y a d'autres puissances qui y balancent la sienne. » Un ambassadeur doit se renseigner et informer son monarque. Mais le monarque doit profiter de ces indications, les retenir, en saisir une fois pour toutes l'importance pour l'avenir. Fut-ce le cas pour Louis XIV ? Quelques erreurs qu'il ait commises, il semble de ce point de vue n'avoir pas manqué de finesse et de bon sens.

Un des exemples les plus significatifs est celui de son attitude à l'égard de l'Angleterre, telle qu'elle nous apparaît dans sa correspondance avec nos ambassadeurs à Londres dès les premières années du gouvernement personnel. Jusserand a signalé avec raison l'intérêt de l'échange de lettres qui se fait de 1663 à 1665 entre Louis XIV, Lionne et Comminges, tous trois en train de compléter par un échange de vues leur éducation politique. Les violences de l'opposition contre le roi au Parlement stupéfient et scandalisent Comminges, nouveau venu en

Angleterre. « J'avoue à V.M., écrit-il en juillet 1663, que je perds la tramontane et que je crois être plus loin que le cercle de la lune. » La surprise passée, Comminges fait de son mieux pour expliquer au roi, soit par mémoire, soit par lettres le fonctionnement du Parlement et le jeu des pis. Louis XIV l'en remercie. « J'ai reçu votre discours sur l'institution, les fonctions et l'autorité des Parlements d'Angleterre, que je me propose de lire avec grand plaisir, et *d'en tirer une idée qui me demeure dans l'esprit pour ma pleine instruction sur une matière si importante, et que l'on a tous les jours occasion de traiter.* »

Vingt ans plus tard, l'attention apportée par Louis XIV aux affaires d'Angleterre semble avoir porté ses fruits, et c'est lui qui dirige et qui conseille Barillon son représentant auprès de Jacques II[135]. Il connaît l'importance du Parlement, « qui page avec le roi l'autorité souveraine » et il cherche à tirer profit de ce dualisme. « Je dois vous dire pour votre instruction particulière que je ne serai pas fâché que le roi trouve dans son Parlement des obstacles à ses projets, quand je reconnaîtrai qu'il viendra prendre des mesures avec mes ennemis. » Il conseille donc à Barillon, tout en agissant avec prudence, d'entrer en relations avec « les parlementaires les plus attachés à la conservation de leurs droits et privilèges », c'est-à-dire avec les chefs de l'opposition whig.

Enfin c'est dans un *Mémoire pour servir d'instruction*[136] au duc d'Aumont, ambassadeur en Angleterre dès 1712, que nous verrons plus clairement encore ce que le roi et ses conseillers pensent de l'organisation politique anglaise, et comment ils s'y adaptent pour leur action extérieure. On y trouve notamment un essai d'explication bien curieuse du rôle essentiel joué par l'Angleterre dans la guerre de Succession d'Espagne. « Comme *l'intérêt des particuliers décide souvent de celui de l'État, lorsque l'autorité royale n'est pas absolue,* et que sous prétexte des lois, il est permis de la contredire et de la borner, la reine de la Grande-Bretagne s'est vue engagée à soutenir depuis le commencement de son règne une guerre inutile à son royaume. » Suit l'indication de l'attitude à adopter par l'ambassadeur. « Il ne conviendrait pas au ministre du roi d'entrer dans aucune intrigue suspecte au gouvernement ou à la nation — *la distinction mérite d'être relevée* — mais il est de sa vigilance et de son habileté d'être parfaitement informé de l'État du pays où S.M. l'envoie. La constitution de l'Angleterre est telle que ce n'est pas un démérite à cette cour de voir ceux qui sont mal avec elle : ainsi le duc d'Aumont ne doit pas rejeter la société des whigs. » Pur et simple opportunisme, utilisation nécessaire de ce que Louis XIV en lui-même considère comme une imperfection de la constitution britannique !

Il y aurait intérêt à rapprocher ce qui se passe en Angleterre du côté français à ce qui se passe en Pologne, pays politiquement plus compliqué encore. « La bonne volonté du roi de Pologne, peut-on lire dans une instruction à d'Esneval, notre ambassadeur, sans le concours de la République ne peut pas produire de grands effets pour les intérêts de S.M.... : aussi il faut tâcher d'y former un pi assez considérable pour se joindre aux intentions dudit roi. » Mais lorsqu'un ambassadeur français trop zélé proposera à Louis XIV d'appuyer un roi de Pologne énergique, qui veut se débarrasser des *pacta conventa,* du *liberum veto,* et travailler à l'établissement de l'absolutisme, Louis XIV refusera de le suivre dans cette voie dangereuse, pour deux raisons, l'une pratique, l'autre théorique. Absolu, le roi de Pologne sera plus fort, dépendra moins de l'appui moral et financier de la France. Enfin et surtout Louis XIV s'interdit d'intervenir dans l'organisation intérieure des États étrangers. Chacun est souverain à sa manière, qui est plus ou moins directe, sans que le roi se reconnaisse un droit d'immixtion ou de correction.

Si des monarchies nous passons aux républiques, nous constatons que Louis XIV ne manque pas de défiance à leur égard, mais non point uniquement à cause de leur caractère d'États populaires. Il s'explique à ce sujet dans ses *Mémoires*. La non observation des traités lui paraît « plus à craindre dans les États qui se conduisent par les suffrages de plusieurs qu'en ceux qui se conduisent par l'ordre d'un seul. » C'est que dans une monarchie on peut compter sur « l'honneur » du prince. La raison n'était guère valable au temps du Grand Électeur et du duc de Savoie Victor-Amédée : elle le sera encore moins à l'époque de Frédéric II.

Faut-il donc par défiance refuser toute alliance avec les républiques ? Louis XIV ne le pense pas : il a gardé l'entente de ses prédécesseurs avec les cantons suisses. Il a été quelque temps lié par un traité avec la Hollande. « L'instruction que vous pouvez tirer, déclare-t-il au Dauphin en 1666, n'est pas qu'on doive s'abstenir absolument de toute sorte de société avec ces sortes d'États. Car au contraire je tiens qu'un prince habile doit savoir mettre toutes choses en usage pour parvenir à ses fins. Mais il faut seulement que dans le procédé que nous devons tenir avec eux, nous établissions pour principale maxime que, quoi que nous puissions faire pour eux de fâcheux ou d'obligeant, ils ne manqueront jamais de nous rechercher toutes les fois qu'ils croiront y voir quelque profit, et ne balanceront jamais à nous quitter, dès lors qu'ils trouvent quelque danger à nous suivre. » En fait, les plaintes de

Louis XIV et de ses ministres contre la mauvaise volonté ou l'ingratitude des Suisses abondent en leur correspondance officielle. Elles ne sont pas toujours fondées.

En réalité, Louis XIV a d'autres raisons que celles qu'il nous donne en ses *Mémoires* pour trouver difficiles les négociations avec les oligarchies républicaines. Elles apparaissent fort nettement dans sa correspondance avec d'Estrades, notre ambassadeur en Hollande, de 1663 à 1667, engagé dans de délicates négociations avec Jean de Witt et les États généraux, voire même les États provinciaux. Que de personnes à informer pour un projet de page des Pays-Bas espagnols, qui eût dû demeurer secret ! D'Estrades manquait de confiance. « Quel fondement peut-on faire, écrivait-il le 25 septembre 1664, en tant de têtes ? » Au roi qui se plaignait que les ministres étrangers fussent au courant des pourparlers, il répondait : « Tout ce qui va aux États ne peut être secret. » A Lionne, il déclarait le 21 janvier 1666 : « Dans cette république et dans la manière d'agir de ces peuples, on ne peut pas compter juste comme dans un royaume, puisqu'on est sujet à tant d'événements qui dépendent du caprice des peuples. » La mauvaise humeur du roi allait croissant. « Vous savez mieux que personne, faisait-il remarquer amèrement à d'Estrades, que dans un État populaire on peut souvent présenter des remèdes qui sont pris par le malade pour du poison. » Les négociations ayant définitivement échoué, il conclut avec indignation, le 17 septembre 1666. « Voilà la satisfaction que l'on a de faire des alliances avec les États populaires qui, ne connaissant pas le plus souvent leur intérêt, font peu de compte de leur honneur, de leur parole et de leurs traités, et agissent encore moins par voie de gratitude. » C'est la Hollande qui a définitivement mis en garde Louis XIV contre la politique extérieure des républiques. A vrai dire, exception faite pour les cantons suisses et quelques républiques italiennes, n'aura-t-il plus dans le reste de son règne d'expériences semblables à tenter !

Sa rancune contre la Hollande ira même jusqu'à le faire sortir de la tradition politique générale, et tout particulièrement française. Qu'il s'agisse de monarchies ou de républiques, on tend de plus en plus à se considérer en présence de souverains légitimes. Louis XIV pense ainsi le plus souvent. Et pourtant un mot de Lionne en 1669 est bien significatif de l'état d'esprit de son maître. Il n'appartient pas, proclame-t-il en avril 1669[137], « à des marchands *qui sont eux-mêmes des usurpateurs,* de décider souverainement des intérêts des deux plus grands monarques de la chrétienté. » Il s'agissait de la succession d'Espagne, objectif de la politique française. Il est permis de penser qu'Henri IV n'eût point employé ce terme d'usurpateurs pour désigner ses anciens alliés.

Comment nous étonner, ainsi renseignés, que Louis XIV se soit montré si réservé, toutes les fois qu'il s'agira de conclure une entente avec des sujets révoltés contre leur souverain légitime ? En pratique il se résigne, et se sert des rebelles dans les États de ses adversaires. Il a des agents en Transylvanie, en Hongrie. Il envoie des hommes et de l'argent à Tékéli, plus tard à Rakoczy. Il soutient les Siciliens de 1675 à 1677 contre l'empereur. Mais ce sont là diversions utiles, auxquelles il renonce quand elles cessent de l'être. « Je vous ai déjà fait connaître[138], écrit-il en 1675 à notre ambassadeur en Pologne, mes sentiments sur les mécontents de Hongrie... : bien que je crusse tirer quelque utilité de nourrir l'inquiétude que l'on en peut avoir à Vienne, ce n'est pas jusques au point de vouloir soutenir par une grande dépense une guerre... *aussi peu réglée que le sont d'ordinaire celles qui sont appuyées seulement sur une révolte de peuples.* » Cette défiance, à la fois pratique et théorique, ne s'est atténuée que pendant les dernières années de la succession d'Espagne, période désespérée, au profit de Rakoczy, qui fut reçu honorablement à Versailles. Mais quand on traita, rien ne fut stipulé en faveur des Hongrois. Le principe demeurait. Comme l'écrivait en 1714, à propos des Catalans, alliés de l'archiduc autrichien, le chancelier Voisin, « on se sert... des traîtres et des rebelles, mais après en avoir tiré tout l'avantage que l'on peut, on ne se fait pas grand scrupule de les abandonner à leur mauvaise destinée[139]. » Telle était la conception du temps.

*

Aux difficultés provenant de la diversité des gouvernements étrangers s'ajoutent pour la diplomatie française celles que conditionnent les rapports avec les protestants et les Ottomans. Dans quelle mesure les considérations religieuses ont-elles influencé Louis XIV et ses ministres ?

A l'égard du Sultan, Louis XIV continue, mais avec moins de franchise et de succès, la politique de François Ier. Les difficultés de toute espèce, que rencontrèrent les ambassadeurs français à Constantinople furent considérables. Le renouvellement des capitulations, base de l'influence française dans les pays du Levant, fut délicat. Les occasions de conflit avec l'Islam ne manquèrent point. Il fallut assurer la police de la Méditerranée par des entreprises renouvelées contre les Barbaresques. Enfin le roi empiète volontiers sur le rôle de l'empereur, défenseur de l'Europe en face des menaces d'invasion ottomane. Son prestige l'oblige à participer à la bataille de Saint-Gothard en 1664, à secourir Candie à la veille de sa chute, à s'émouvoir tardivement du salut de Vienne, où il sera précédé par Sobieski. Mais ne cherche même point à concilier ces interventions obligées avec les secours clandestins qu'il accordera aux Turcs en diverses occasions. La raison d'État domine ses scrupules religieux, même lorsque quelque inquiétude, effleure ses conseillers, le janséniste Pomponne en 1676, le duc de Bourgogne et Beauvillier à la fin du règne[140]. Les intérêts politiques et économiques priment le plus souvent tout autre considération. La croisade contre le Turc appartient à la phraséologie diplomatique du temps, plus qu'à la pensée louisquatorzienne. L'auteur anonyme des *Mémoires et instructions pour servir dans les négociations et affaires concernant les droits du roi de France* n'a-t-il pas déclaré, en 1665, que « les princes catholiques peuvent s'allier et faire des traités avec des princes infidèles et hérétiques » ?

En ce qui concerne les protestants, Louis XIV se trouvait en 1661 en présence à la fois d'une tradition et d'une situation de fait. Notre politique depuis Richelieu s'appuie sur la Suède et les protestants d'Allemagne : et même un pacte a été noué quelque temps entre Mazarin et Cromwell. Les cantons suisses, aussi bien protestants que catholiques, sont nos alliés. Il semble que Louis XIV ait commencé par vouloir continuer l'attitude de ses prédécesseurs. Comme en 1663 l'on faisait courir à la cour de Londres le bruit que Louis XIV songeait à assiéger Genève, foyer du calvinisme, le roi chargea Comminges de propager un démenti vigoureux[141]. C'était, déclarait-il, « une fable... que mes envieux répandent, à dessein de me faire perdre l'affection de tous les protestants, *dont cet État a eu quelquefois bien besoin,* et tâcher de la. gagner eux-mêmes. Jamais cette pensée ne m'est tombée dans l'esprit, *comme la suite le fera voir.* J'ai, la passion que je dois pour le véritable culte de Dieu, mais je ne crois pas que ce soit sa volonté qu'il soit établi par les armes ou par l'invasion des États d'autrui. » Belles paroles que l'avenir devait démentir ! Quelles furent les causes de ce changement d'attitude ?

Il y en eut d'accidentelles. La Triple Alliance, qui arrêta les conquêtes de Louis XIV dans les Flandres en 1668, était composée uniquement d'États protestants. Louis XIV en fut, frappé. Dès 1668, dans ses négociations avec l'empereur, il était parlé et ce n'était point uniquement une clause de style — de l'entente nécessaire de deux États catholiques puissants. La Hollande devint dès cette époque l'ennemie visée à mort, et Lavisse n'a pas tort quand il parle de

« l'antipathie monarchique et catholique de Louis XIV pour cette république protestante. » Dans les conditions de paix repoussées par les Provinces-Unies, figure le libre exercice du catholicisme, que l'on rétablit à grand fracas dans les régions occupées. Les préoccupations religieuses commencent à apparaître à côté des intérêts politiques.

A vrai dire, en fonction de l'Angleterre, elles avaient toujours existé. Voici ce qu'on peut lire dans les instructions données à d'Estrades en 1661[142]. « S.M. ne peut assez recommander au sieur d'Estrades le soin de la protection des catholiques et de leur procurer tous les avantages possibles auprès du roi de la Grande-Bretagne, » Le jeu se fit plus clair et plus hardi dans les années suivantes auprès de Charles II et surtout de Jacques II sur un terrain de plus en plus favorable par les dispositions personnelles des deux rois. Défendre les catholiques, ce n'est que le point de départ d'un prosélytisme qui ira s'accentuant.

Une date essentielle dans l'évolution de la politique française est naturellement constituée par la Révocation de l'Édit de Nantes. D'un côté, le roi très mécontent de l'accueil fait dans les pays étrangers à ses sujets luthériens ou calvinistes, et d'interventions en leur faveur de la p d'ambassadeurs comme l'anglais Trumbull. De l'autre, l'Europe protestante qui s'émeut. L'électeur de Brandebourg craignit ou feignit de craindre que le roi « n'employât son autorité et ses forces pour l'abolition de la R.P.R. dans les pays étrangers ». Louis XIV se contenta de répondre qu'il était le maître en son royaume, mais il se prévalut de la Révocation comme d'un mérite singulier auprès du pape Innocent XIV, lorsque se forma contre lui la coalition européenne qu'il eût voulu éviter. « Il est du devoir d'un bon pape, écrivait-il en 1690[143]... qu'il fasse déclarer à l'empereur et au roi d'Espagne qu'il ne peut considérer cette guerre que comme une véritable guerre de religion, qui ne tend qu'à détruire la nôtre et augmenter la puissance des hérétiques, qu'il est résolu de joindre ses armes spirituelles et temporelles à celles de tous les princes catholiques, qui se voudront opposer aux progrès des hérétiques. » Argument de circonstance, dont le pape ne fut point dupe ! Louis XIV se sert de l'idée religieuse, quand elle peut lui être utile ; il l'exploite comme tel ou tel thème politique. Puisque les protestants s'éloignent de lui après la Révocation, il cherche à compenser ces pertes par des appuis nouveaux et contraires.

Après Ryswick, une légère détente se produisit. Louis XIV esquissa un effort pour désarmer les défiances protestantes, qui ont affaibli sa situation en Europe. « Il est du service du roi, pouvait-on lire dans l'*Instruction* de notre envoyé à Berlin, en 1698, des Alleurs, de lever l'inquiétude que les princes protestants ont toujours témoignée au sujet du quatrième article du traité de Ryswick, et de leur faire voir que l'intention de S.M. n'a jamais été de prendre des mesures au préjudice des princes de cette religion. » L'article IV qui stipulait la restitution des réunions faites en dehors de l'Alsace, comportait le maintien du culte catholique là où il avait été rétabli, et la plupart des princes allemands avaient refusé d'y souscrire. Au moins Louis XIV voulait-il les persuader que son action générale ne serait point délibérément hostile à leur religion.

En somme l'influence des considérations religieuses sur la politique de Louis XIV a varié considérablement suivant les époques, et elle a sans doute été exagérée. Les adversaires l'ont habilement exploitée contre la France et son roi. Ils ont créé en Europe une opinion publique défavorable. Cette action n'apparaît point dans les grands desseins. Elle est souvent clandestine et se manifeste en de petites affaires, qui prennent pour les pays voisins le caractère dangereux de piqûres d'épingle et de vexations continues. Un cas particulier nous en donnera la preuve, qui a suscité de fréquents et quasi journaliers litiges avec les puissances protestantes, celui des chapelles d'ambassade.

Au XVIIe siècle, dans beaucoup d'ambassades françaises sises en pays protestants, des chapelles avaient été créées, desservies par le chapelain de l'ambassadeur. Elles tendirent à devenir des foyers de propagande, et l'on y admit quelquefois les catholiques étrangers. En Angleterre, dès 1663, Comminges était très fier de voir de hauts personnages, dont la duchesse de Castlemaine, maîtresse du roi, assister chez lui à des services religieux. C'était faire plaisir à Louis XIV que de favoriser de semblables établissements. En 1671, notre envoyé Terlon se réjouissait d'avoir obtenu à Copenhague « une maison et une église avec un cimetière pour y avoir la liberté et y faire le service divin. » En réciprocité, à Paris, quand eût été détruit le temple protestant de Charenton, les envoyés protestants étrangers furent autorisés à faire réciter les prières en leur domicile[144].

Mais des deux côtés les incidents se multiplièrent. Louis XIV se montra très sévère surtout après la Révocation de l'Édit de Nantes. La correspondance de Pontchrain avec Torcy et aussi avec d'Argenson, lieutenant de police, nous donne tout le détail des mesures prises pour que des Français n'assistassent point à des cérémonies religieuses protestantes en des chapelles étrangères[145].

Hors de France, il y eut des excès de zèle commis par nos agents même avant 1685. Le premier résident français à Genève, Chauvigny, installé en 1679, multiplia les maladresses[146]. « Je vous demande très humblement pardon, écrivait-il à Pomponne, alors qu'il accueillait en sa chapelle tous les Savoyards, et manifestait l'intention de recevoir solennellement l'évêque d'Annecy, *si j'écoute un peu trop un zèle de catholicité.* » La situation dans la Rome calviniste était un peu spéciale. « L'exercice du droit de chapelle à Londres et à La Haye, fait observer très justement Rott, ne mettait en péril les institutions gouvernementales ni dans la Grande-Bretagne, ni en Hollande. Aussi bien n'en était-il pas de même à Genève. Dans cette ville, en effet, l'affluence des « externes »... constituait en quelque sorte un danger national. » Saisi de plaintes par les autorités de Genève, Louis XIV modéra Chauvigny. « Mon intention, lui écrivait-il, est que vous ayiez la liberté entière de faire dire la messe dans votre maison, et que vous donniez cette liberté entière à toutes personnes d'y venir, mais vous ne devez pas empêcher que la ville n'exerce la justice qu'elle a sur ses habitants, soit pour les empêcher d'y aller, soit pour les punir en cas qu'ils y aillent. » Comme le constate l'historien suisse Rilliet, « ce qui sert à Louis XIV de ligne de conduite, c'est le respect de la souveraineté (royale ou républicaine, peu importe), qui pour lui était un principe placé au-dessus de tout, y compris les prétentions de son église ». Chauvigny fut finalement rappelé, et Dupré qui le remplaça en 1680 reçut des instructions catégoriques : il devait ménager Genève et ne point attirer en sa chapelle « les paysans sujets du due de Savoie ».

Après 1697, la prudence de Louis XIV s'accentua, et devint la règle. Il s'efforça d'éviter les réclamations de l'étranger. « Un des premiers soins pendant son ambassade. était-il recommandé en 1699 à Guiscard, notre représentant en Suède, doit être de faire desservir sa chapelle avec toute la décence convenable, et de procurer aux catholiques les secours qui pourront dépendre de lui, *sans qu'il s'engage dans aucune affaire* qu'il ne puisse soutenir après, ou qui attire après des demandes à S.M. en faveur des gens de la R.P.R. » La doctrine s'était complétée : point d'immixtion à l'extérieur, afin d'empêcher toute intrusion dans les affaires religieuses françaises. La pratique est devenue plus souple.

Une fois reconnues les maladresses de la politique française et ses fautes dans la période qui va de 1678 à 1690 — mais l'intérieur pèse sur l'extérieur et l'alourdit — il convient de rappeler que certaines habitudes antérieures à Louis XIV n'ont point été perdues, que d'intéressantes traditions ont été continuées. Il en est ainsi, par exemple, à l'égard des cantons protestants. Au temps où Puysieux, puis du Luc — ce dernier particulièrement mal intentionné — étaient ambassadeurs à Soleure, les relations se sont violemment tendues entre cantons catholiques et protestants. L'intérêt politique que Louis XIV avait à avoir une Suisse une. par conséquent plus réfractaire aux influences autrichiennes, l'a emporté sur toutes les considérations religieuses. « La parfaite union des louables cantons, déclarait par ordre en avril 1712 du Luc à la diète de Bade[147], est la pierre fondamentale de votre conservation. »

Que conclure de cette série d'exposés, sinon que dans ses relations avec les États européens, Louis XIV n'a été guidé qu'occasionnellement par la considération de leurs institutions politiques et religieuses, sans qu'il y ait eu chez lui aucune vue systématique ? Lorsque ce motif d'action a joué son rôle, il a conduit le roi à des erreurs difficilement réparables. Déjà il nous apparaît de ce point de vue que les grands desseins sont rares en sa politique, qu'il procède empiriquement et parfois impulsivement, et aussi que certains de ses agents outrent et dépassent les instructions de la Cour, poussés par l'esprit du temps et l'excessif désir de plaire au monarque.

CHAPITRE III

Les idées générales et les principes de la politique de Louis XIV

Ce que nous avons décrit jusqu'ici, c'est avant tout un état d'esprit de Louis XIV en face de l'Europe de son temps. Ce qu'il convient maintenant d'examiner c'est d'abord le rapport de sa politique générale avec les conceptions de ses contemporains et les traditions parfois fort anciennes. Ces relations établies, le moment viendra de se demander si l'action diplomatique de la France à cette époque constitue un système régulièrement ordonné, non point à la lumière des événements eux-mêmes, mais dans la pensée de ses auteurs, roi, ambassadeurs et ministres, telle que la manifestent leurs écrits. Et peut-être, en insistant, saisirons-nous quelque reflet fugace à travers lettres, mémoires ou instructions, de la conception royale elle-même. Qui a eu la direction doit avoir eu parfois l'intuition de l'action à accomplir.

On sait depuis longtemps, et plus encore depuis Albert Sorel, quelle fut la profonde immoralité de la politique d'ancien régime. Elle est dominée tout entière par la raison d'État. L'influence diffuse du machiavélisme y est patente[148]. Pour la plupart des hommes d'État du XVIIe siècle, l'état de paix n'est que provisoire : il permet la préparation de guerres nouvelles. Les prétextes sont faciles à trouver : fort souvent ils sont fournis par les légistes qui exploitent comme une mine inépuisable les articles ambigus des traités, qui ratiocinent sur les testaments ou les contrats de mariage. Derrière ces « lourdes disputes » se dissimulent des intérêts fort réalistes. La force est le seul moyen de trancher les conflits et de départager les ambitions rivales. Mais la guerre n'est qu'un moyen d'action au service d'une politique et la continuation de cette politique même. Elle a pour but la conquête : accroissement de puissance et accroissement de territoires sont synonymes. Une seule limite est apportée à ce jeu dangereux et ruineux pour les peuples, c'est la considération du principe de l'équilibre nécessaire, dont nous avons vu les lointaines origines[149].

Et pourtant, en face de cette pratique détestable, apparaît de plus en plus un droit international, qui s'efforce de limiter les abus et de circonscrire le mal. L'influence d'un Grotius est considérable. Après lui, comme le remarque justement Pradier-Fodéré, « les documents de la diplomatie du XVIIe siècle se remplissent d'appels, non seulement aux considérations de politique, mais aussi aux principes du droit, de la justice et de l'équité ».

Enfin, bien que l'unité religieuse soit rompue depuis le XVIe siècle, il subsiste encore en Europe d'importants vestiges du temps où la chrétienté ne formait qu'une seule personne morale. Certaines conceptions médiévales comme celle de la *juste guerre* figurent toujours au vocabulaire des hommes politiques. Nous les retrouverons chez Louis XIV, comme nous les avons trouvées chez Richelieu.

Si, nous dégageant de cet ensemble européen, assez compliqué et confus du fait des tendances contradictoires qui s'y manifestent, nous nous limitons au point de vue uniquement français, il convient de faire table rase d'abord d'un certain nombre de formules purement verbales, qui relèvent de la gravité diplomatique officielle, et dont la sincérité ne trompe personne. Sous cet aspect, instructions, déclarations de guerre ou manifestes se valent. Au lendemain d'un traité, il est entendu que le roi « vient de donner la paix à l'Europe », qu'il a voulu « affermir pour longtemps son repos, qu'il a le désir sincère de maintenir cette tranquillité si salutaire à la chrétienté ». Ses ministres louent volontiers « son équité et sa modération ». Lui-même prie d'Estrades, en avril 1667, de faire savoir aux

Hollandais « qu'il ne recherchera jamais le trouble de gaieté de cœur, ne désirant que la raison et la justice ».

Cette élimination faite, examinons de plus près quelques-unes des vues théoriques de Louis XIV. Que pense-t-il — ou que lui font dire ses collaborateurs — de l'observation des traités, de la guerre, ses raisons et ses buts, des conquêtes ? Ce sont là trois problèmes essentiels, à l'ordre du jour du droit international d'alors et de la politique de tout temps.

Entre autres critiques qu'en sa *Relation de la cour de France* Ezéchiel Spanheim adressait à Louis XIV, il lui reprochait de « renouveler une guerre injuste, de rompre la foi des traités solennels »[150].

La réalité est que dès 1666 Louis XIV précocement désabusé, et beaucoup plus sceptique que son prédécesseur Richelieu. ne semble guère croire à la validité absolue des accords pacifiques. « Ni la religion des traités, ni la foi des paroles données, écrit-il dans ses *Mémoires,* ne sont assez fortes pour retenir ceux qui naturellement sont de mauvaise foi... Sur ce sujet, les plus fortes précautions sont inutiles. Il n'est point de clause si nette qui ne souffre quelque interprétation, et dès lors qu'on a pris la précaution de se dédire, on en trouvera aisément le prétexte. » Il faut donc avoir de la défiance vis-à-vis des autres, tout en restant fidèle à son propre honneur. « Encore qu'il soit de la probité d'un prince d'observer indispensablement ses paroles, il n'est pas de sa prudence de se fier absolument à celle d'autrui. »

Rien ne nous empêche de croire que nous sommes ici en présence d'une conception personnelle de Louis XIV, bien qu'elle lui soit commune avec beaucoup d'hommes d'État de son temps. Formulée en 1666 n'est-elle pas le fruit d'une expérience récente ? Lié aux Hollandais depuis 1662 par un traité d'alliance, dont ses négociateurs français avaient mal prévu les conséquences, il avait dû bon gré, mal gré, participer à leurs côtés à la lutte contre l'Angleterre. Il ressentait encore tout le poids des liaisons dangereuses, desquelles le souci de son honneur l'avait empêché de se dégager.

Reconnaissons d'ailleurs qu'il avait manifesté de bonne heure de grandes dispositions pour l' de tourner les traités. Sans doute, en 1661, il avait hésité à continuer les pratiques de Mazarin, qui, ne respectant point la paix des Pyrénées, multipliait ses envois clandestins de troupes au Portugal révolté. Mais il avait vite triomphé de ses répugnances, et maintenu ce « secret » qu'il était censé ignorer, et dont d'autres comme Turenne avaient la gérance.

On ne saurait non plus contester le bellicisme de Louis XIV pendant la plus grande pie de son règne. Il se passionne pour la réorganisation de l'armée, et il participe avec joie et ardeur aux opérations militaires. Plus tard les difficultés que suscita la lutte contre d'importantes coalitions et les soucis intérieurs l'amenèrent à une tardive modération. En 1698, il écrivait à Tallard[151], à propos de la Succession d'Espagne dont l'échéance était proche : « Il est certain que... l'état de mes forces et les mesures que j'ai prises me donneraient de justes espérances d'un heureux succès de cette guerre. Mais l'on sait quand on la commence et l'on en ignore la fin. Rien n'est plus assuré que les malheurs qu'elle entraîne avec elle et que la souffrance des peuples. » Et cependant le grand conflit recommença en 1701. Au moins faut-il reconnaître que de toutes les guerres que mena Louis XIV, celle-là était la plus difficile à éviter. Le roi mourant rédigeait pour le futur Louis XV ces conseils qui constituent à la fois un repentir et un aveu : « Préférez toujours la paix aux événements douteux de la guerre, et souvenez-vous, mon fils, que la plus éclatante victoire coûte toujours trop cher, quand il faut la payer du sang de ses sujets. »

Et sans doute la guerre n'est-elle qu'une continuation de l'action diplomatique. Encore semble-t-il désirer qu'elle soit une *juste guerre*. Ce terme si caractéristique est employé soit par lui, soit par ses collaborateurs. « Si les Anglais, écrit-il à Colbert de Croissy, notre ambassadeur à Londres[152], voulaient se contenter d'être les plus grands marchands de l'Europe, et me laisser pour mon page ce que je pourrais conquérir *dans une juste guerre*, rien ne serait si aisé que de nous accommoder ensemble. » Même phraséologie, mais enrichie d'une bien curieuse définition dans les déclarations que fit à Madrid l'archevêque d'Embrun en 1667, au moment de l'entrée des troupes françaises dans les Pays-Bas[153]. « S.M.... se trouve dans la disposition exigée des premiers chrétiens par les Saints Pères de l'Église *pour justifier et sanctifier la guerre* : à savoir qu'elle soit nécessaire et inévitable pour la défense de la justice et que les princes aient toujours le cœur porté à chercher une réconciliation. » En conclusion, d'Embrun faisait allusion à « l'épée de Louis XIV que comme roi très chrétien il ne porte pas inutilement », mais « selon la parole et l'ordre de Dieu pour venger ses injures. » Qu'est-ce à dire, étant donné surtout les circonstances dans lesquelles s'engagea la guerre de Dévolution, sinon que le vocable de *juste guerre* avait perdu tout son sens profond, et qu'il ne constituait plus qu'une formule commode et vide ?

A toutes ses interventions belliqueuses en effet Louis XIV trouvera des justifications. N'a-t-il point autour de lui des historiographes et des juristes, habiles à soutenir ses prétentions par des arguments empruntés au droit privé et au droit public, aussi bien qu'à l'étude du passé. Ils examinent à la loupe les traités démontrant par la pratique la vérité de la déclaration précitée de Louis XIV. « Il n'est point de clause si nette qui ne souffre quelque interprétation ». Ils seront les subtils inventeurs du Droit de Dévolution, transporté de certaines coutumes qui régissaient les successions privées dans le domaine des revendications internationales. Il semble bien d'ailleurs que sur la validité de ses arguments et l'absence de bonne foi en cet ordre de discussion, Louis XIV ne se soit jamais fait d'illusions. En pleine négociation avec Jean de Witt, il écrivait à d'Estrades le 26 décembre 1664 : « Ce mot de *droit clairs*, dont M. de Witt a usé, est aussi un autre échappatoire tout préparé : car il n'y en a guère de si clairs au monde, en quelque différend que ce soit, qui n'aient quelques exceptions et raisons contraires que chacun admet pour bonnes, selon sa passion ou son intérêt, et donne le tort à l'autre pie. » Qu'il n'y ait d'ailleurs pour Louis XIV aucun rapport entre la morale et la politique, c'est ce qui ressort − entre autres preuves − d'un propos de lui qui nous est rapporté par Torcy en son *Journal* vers 1710. A cette époque le clan du duc de Bourgogne et de Beauvillier, fervents chrétiens, travaillait pour la paix et faisait preuve en toute occasion de sentiments excellents qui au Conseil d'en haut n'étaient guère du goût de

Louis XIV. Un soir, chez Mme de Maintenon, le roi s'en plaignit : « Il parla pour lors des scrupules de Mgr le duc de Bourgogne et ne loua pas la manière d'attirer la conscience bien ou mal à toutes les affaires de l'État. » Le texte est caractéristique.

Il semble bien, dans les conceptions du temps, que toute juste guerre, si elle est victorieuse, doit se terminer par des conquêtes. « Les rois, peut-on lire dans un écrit anonyme de 1665[154], peuvent légitimement priver ceux qui leur ont fait injure de leurs États, les conquérir sur eux, et les retenir avec raison, comme une satisfaction de l'offense qu'ils ont reçue, et une récompense des pertes qu'ils ont souffertes en faisant la guerre. » Pour être plus laconique et moins motivé, Louis XIV est parfois tout aussi catégorique. « La Lorraine, déclarait-il en 1670, répondant aux protestations impériales contre sa récente occupation[155], m'appartient aujourd'hui à divers titres très légitimement, tant en vertu de nos traités que par le droit de conquête, où l'on ne regarde jamais qu'au possesseur présent, lequel aurait pu conquérir par lui-même sur le conquérant s'il avait été plus heureux. » C'est un très net *vae victis* ! Mais le ton n'est point le même en d'autres circonstances. C'est ainsi que l'on peut lire, dans les *Instructions* données à d'Estrades en 1662, que « le roi est un prince qui a véritablement les mouvements d'ambition qu'il doit avoir, mais seulement pour acquérir de la gloire et non pas des États ». Tout s'explique si l'on songe qu'à cette date Louis XIV se propose avant tout de ne point effaroucher Jean de Witt, avec lequel il aura l'occasion de négocier au sujet des Pays-Bas espagnols. Les textes varient donc suivant les circonstances. Les actes seuls qu'il n'est pas besoin de rappeler montrent jusqu'à l'évidence que le droit de conquête était conforme aux pensées de Louis XIV.

Il est rare, d'ailleurs, qu'il soit seul invoqué. La souplesse de l'argumentation de Louis XIV et de ses ministres est vraiment inépuisable. S'agit-il de la Lorraine, par exemple dans les circonstances précitées, Louis XIV trouvera des raisons variées pour en justifier l'annexion. Elles sont fort hétérogènes. Voici d'abord l'argument féodal. « Pour le duché de Bar, écrit le roi, j'ai un autre titre de surcroît... qui est celui de la confiscation du fief d'un vassal pour cause de félonie. » En 1699, toujours à propos de la Lorraine, mais évacuée depuis plusieurs années et que le roi voulait reprendre, son envoyé à Londres, Tallard, fera appel à de nouvelles subtilités. Une mainmise sur la Lorraine ne serait pas une annexion, mais « un arrondissement » et comme une communication nouvelle de la Champagne avec l'Alsace. « Je demandai après cela au roi d'Angleterre, ajoute-t-il, s'il y avait un gentilhomme qui eût un petit château au milieu d'une de ses métairies, s'il ne serait pas bien aise de l'avoir, quoique dans le fond il n'en devînt pas plus grand seigneur, et je lui dis que sans comparaison c'était la même chose. » Ensemble curieux, duquel deux idées se détachent, l'une celle de l'assimilation d'un souverain à un particulier, l'autre qui est l'atténuation d'une annexion en un simple arrondissement, qui apporte plus de commodité, sans augmenter la puissance totale ; à la politique de grandeur succède la politique de bonhomie et d'appel au sens commun !

Toute guerre n'est pas forcément victorieuse, et se termine souvent par un compromis. Cédera-t-on telle place ? Obtiendra-t-on telle autre ? Alors interviendront successivement considérations économiques et militaires[156] : de ce point de vue le XXe siècle n'a rien inventé. En 1677 par exemple, il s'agira pour Louis XIV, à la frontière du Nord, de ne pas découvrir Lille, « la plus considérable des villes qu'il possède en Flandre, autant par sa grandeur que par son commerce ». Il s'attachera « à éloigner la guerre de ses principales villes », surtout de celles « où le trafic et les manufactures sont le plus établies ». Il lui faut Condé pour couvrir Valenciennes, et aussi parce qu'entre les mains des Espagnols « elle ouvrirait toute la châtellenie de Lille et d'ois à nos ennemis et *romprait la barrière naturelle de l'Escaut* »

Entre la guerre et la paix, Louis XIV a d'ailleurs essayé de réaliser un état mixte, celui des conquêtes avec le minimum d'hostilités, des réunions. Il s'agissait de faire interpréter par des juristes, en l'espèce des parlementaires, les clauses indécises de certains traités, en un sens favorable à la France. On s'attaqua plus particulièrement aux traités de Münster et de Nimègue. Une fois de plus utilisation fut faite du régime féodal, et rénovées certaines vassalités tombées en désuétude. On discute encore de nos jours sur l'initiateur de cette politique, Louvois comme on l'a cru longtemps, ou Colbert de Croissy. Contentons-nous de rappeler qu'il n'y avait là que reprise d'une des traditions de la politique française sous Henri IV et Richelieu. Les résultats furent peu heureux : on acheva d'ameuter l'Europe contre la France. Il fallut s'arrêter en 1683.

Guerre et paix ne sont d'ailleurs que des états extrêmes, en lesquels ne se résume pas tout l'effort de la diplomatie de Louis XIV. Son travail ne comporte point de trêve, ni de temps d'arrêt. Négocier en tout temps est pour Louis XIV un principe essentiel, sans qu'il l'ait formulé aussi nettement que l'avait fait Richelieu. Les résultats positifs ne sont point seuls à considérer. Dans bien des cas, en effet, il s'agit non d'aboutir, mais de gagner du temps, de ce temps qui, déclare Lionne en fonction des cantons helvétiques « redresse et rectifie toutes les choses avec un peu de patience et de dissimulation ». Une négociation même sans espoir ne doit point être abandonnée : elle peut avoir son utilité[157]. L'essentiel est de ne point presser le mouvement, même dans les circonstances importantes et graves. « Ce n'est pas en matière de traités, affirme Louis XIV en ses *Mémoires* de 1666, qu'il faut se piquer de diligence. Celui qui veut aller trop vite est sujet à faire un faux pas. Il n'importe point dans quel temps, mais à quelles conditions une négociation se termine. Il vaut bien mieux achever les affaires plus tard que de les ruiner par la précipitation : et il arrive même souvent que nous retardons par notre propre impatience ce que nous avons voulu trop avancer. » Habitude raisonnée à laquelle il demeura fidèle dans les moments les plus désespérés, même en 1709 et 1710. « Le roi, note Torcy en son *Journal,* traita de vision et presque de sottise l'imagination qu'on avait de penser qu'un jour de plus ou de moins fût de quelque chose dans une négociation de cette nature. » On ne saurait nier qu'il s'agisse en cette occasion d'un principe personnel au roi !

*

Il nous reste à poser un dernier problème, qui n'est pas tout à fait du même ordre que les précédents, celui de savoir si en politique extérieure Louis XIV a eu un système raisonné et ordonné. Le résoudre supposerait un examen détaillé du règne qu'il n'est point de nos forces, ni de notre sujet d'entreprendre. Nous nous contenterons de rappeler les thèses courantes, et d'apporter quelques impressions critiques.

De l'étranger au XVIIe siècle et particulièrement de la publicistique allemande, dont le fameux Lisola fut l'âme, sont venues multiples les critiques de l'ambition exagérée, du désir d'hégémonie universelle et brutale de Louis XIV. Bien que relativement plus modéré, Spanheim incrimine sa passion de gloire, « sa vue de demeurer arbitre des affaires de l'Europe, d'en prescrire les conditions et d'en usurper les droits, d'y donner la loi quand il lui plaît, sans qu'on soit en droit d'y trouver à redire ou en état de s'y opposer ». Ce vertige orgueilleux, qui prélude en 1661 et apparaît dans les premiers actes du gouvernement personnel, où Lavisse dénonce les débuts de la « politique de magnificence » a atteint son point culminant de 1678 à 1688. Il ne saurait être question d'en contester l'existence, pas plus que de nier les actes de violence auxquels il a donné naissance. Mais nous sommes en présence d'un jugement plutôt que d'une explication d'ensemble. La psychologie d'un seul homme ne suffit pas à rendre compte de cinquante-quatre ans d'action diplomatique continue.

Du côté français diverses interprétations ont été proposées. On sait que Fagniez et Albert Sorel sont d'accord pour orienter toute la politique extérieure des rois de France vers l'extension géographique qu'ils considèrent comme normale, c'est-à-dire vers la réalisation des frontières dites naturelles, bien que les géographes modernes ne les considèrent point comme telles. Sorel voit dès lors en Louis XIV un adepte de ce qu'il appelle le système classique français. « Les rois et les légistes prennent des Romains l'idée des frontières naturelles de la Gaule, comme ils en ont pris leurs préceptes de droit public. » Seulement les prédécesseurs de Louis XIV agissent avec lenteur et modération : ils s'appuient sur un réseau d'alliances très subtil, sur la clientèle des États moyens. Ils ne pratiquent la manière violente, c'est-à-dire la guerre, qu'en dernier ressort. « Il y avait, écrit Albert Sorel non sans force, dans les entreprises extérieures, une certaine mesure qu'il ne fallait point dépasser, un excès que l'Europe n'eût point toléré et que les Français eux-mêmes n'auraient pas été capables de soutenir. C'est le fond même du système classique. Louis XIV le dénatura ».

Qu'est-ce à dire, sinon que contre les ambitions de Louis XIV a joué le principe d'équilibre, utilisé au XVIe siècle par la France contre la maison d'Autriche ? « La balance des forces, écrit Charles Dupuis, établie pour préserver l'Europe de la domination autrichienne, ne tarde pas au XVIIe siècle à pencher du côté de la France. Les coalitions se forment pour imposer à Louis XIV le respect ou le rétablissement de l'équilibre », et de cette défense, couronnée de succès, Guillaume d'Orange est la cheville ouvrière et l'animateur.

Toute cette systématisation est fort bien construite. Elle est partiellement utilisable. Le bellicisme louisquatorzien, le désir d'hégémonie universelle s'y retrouvent. Le dédain des petits États, desquels Richelieu et Mazarin se sont faits une clientèle, y est fort bien noté. Les procédés de Louis XIV à l'égard de la République de Venise suffiraient à le démontrer. C'est en vain qu'à la fin du règne, à Louis XIV demandant à Torcy » quel bien ou quel mal elle pourrait jamais lui faire », le ministre répliquait « que les plus petits pouvaient quelquefois servir ou nuire aux plus grands »[158]. Louis XIV ne l'a pas toujours compris. Pologne, Suède, Turquie se détacheront progressivement de nous. La jalousie de la puissance française sera plus forte que la tradition.

Par contre — et ceci nous paraît grave — la participation consciente et voulue de Louis XIV à ce que l'on est convenu d'appeler la politique française des frontières naturelles, idée qui mériterait elle aussi un examen critique — mais non *hic est locus* — demeure tout entière à démontrer. Les textes cités par Albert Sorel ne sont pas concluants, puisqu'ils ne datent point du gouvernement personnel de Louis XIV. En nul point de ses *Mémoires,* en aucun des écrits qu'il signe, il n'apparaît, à notre connaissance, que Louis XIV se soit proposé de reconstituer les frontières de l'ancienne Gaule. C'est exceptionnellement et en un sens restreint que nous avons trouvé, mentionnée par lui, la barrière naturelle de l'Escaut. Que si l'on nous objecte qu'il convient de reconstituer ce dessein essentiel d'après ses actes, il est aisé de répondre qu'en ce qui concerne les limites futures de son royaume, il ne paraît pas avoir eu de doctrine fixe, mais une série d'objectifs variant suivant les circonstances. Il a occupé la Franche-Comté une première fois, puis l'a évacuée et reconquise. Il ne semble guère avoir pensé fermement à une annexion de la Savoie qu'il a plusieurs fois conquise : Pignerol lui suffisait pour sa valeur stratégique. Met-il la main sur le Comtat-Venaissin en 1663, il se couvre d'une délibération du Parlement d'Aix. Le même Parlement prend soin en 1695 d'établir que le comté de Nice, dont Louis XIV vient de s'emparer, n'est qu'une dépendance de l'ancien comté de Provence. Par contre, il semble n'avoir jamais cessé de désirer la Lorraine et les Pays-Bas espagnols. En ce qui concerne ces derniers, il se sent ou se croit le continuateur d'une tradition. « L'expulsion des Espagnols de la Flandre a toujours été, écrit-il à d'Estrades, le 6 avril 1663, depuis qu'ils la possèdent, le but des rois mes prédécesseurs et le mien[159]. » C'est encore en fonction de l'Espagne que son ministre Lionne fera allusion à l'existence de frontières naturelles. « La nature même, est-il remarqué en des *Instructions* de 1662 à d'Estrades[160], a... bien signalé les limites que doivent avoir la France et l'Espagne par les monts Pyrénées qu'elle a posés entre deux et qui coupent les deux royaumes de l'une à l'autre mer. »

En somme, un seul grand dessein positif nous apparaît, la mainmise sur la majeure pie de la Succession d'Espagne. Mais ce n'est pas un objectif absolu : il s'est élargi ou rétréci suivant les circonstances plus ou moins favorables. Les résistances l'ont rendu difficile à atteindre. D'innombrables entreprises ou interventions de détail l'ont traversé. A deux reprises il a été question de page, secrètement en 1668 avec l'Autriche, puis en 1699 par un accord avec l'Angleterre, la Hollande, l'Autriche, à une époque où Louis XIV connaissait l'incurable défiance de l'Europe à son endroit, et semblait lui-même préoccupé de ne pas bouleverser l'équilibre des puissances. Remarquons enfin que cette idée d'ensemble est insuffisante elle aussi à tout expliquer, puisqu'en fait elle n'a trouvé que deux occasions de réalisation, l'une partielle en 1667 au moment de la guerre de Dévolution, l'autre totale en 1700, lors du testament de Charles II. Comment donc en faire un élément unique d'explication !

« Voici, écrivait Pagès en 1906, à propos de l'histoire diplomatique du règne de Louis XIV, qu'à travers les dépêches des ambassadeurs, du ministre, du roi même, la diplomatie royale prend un tout autre caractère. Plus d'unité, plus de plan. Les vues lointaines, les desseins longuement suivis ne se dégagent point des préoccupations immédiates, chaque jour renouvelées. Le travail diplomatique nous apparaît comme un perpétuel échafaudage de projets, nés des événements, et que d'autres événements minent ou transforment sans cesse. Et le talent du ministre semble consister bien moins à combiner tous ses actes en vue d'atteindre un but éloigné, qu'à tirer le meilleur pi de circonstances qu'il ne peut le plus souvent ni faire naître, ni même prévoir. » Utile réaction contre les systématisations trop simples, à condition de ne point outrer la pensée de l'auteur, de ne point se figurer la diplomatie du temps comme une série de décisions individuelles sans rapport les unes avec les autres, de ne pas faire abstraction de la personne même du roi, qui apporte un élément d'unité relative mais incontestable ! Ce n'est point sous l'aspect d'une ligne droite, mais d'une série de lignes brisées, en fonction des problèmes très variés auxquels elle s'est heurtée, que l'on doit se représenter la politique de Louis XIV et de ses collaborateurs. Une phraséologie hétérogène, participant de tous les vocabulaires diplomatiques de l'époque, un grand sens de l'opportunité, des habitudes d'empirisme, le tout contrarié par un goût personnel de la gloire et un amour immodéré du prestige, qui gagna jusqu'à l'entourage du roi, telles sont ses caractéristiques générales. Au demeurant, et comme ultime prudence, il convient toujours de ne point l'examiner en bloc, mais d'y introduire les nécessaires divisions chronologiques en périodes suffisamment délimitées.

CHAPITRE IV

Les moyens d'information et d'action de la diplomatie française

Il semble à première vue plus facile de décrire les moyens d'information et d'action de la diplomatie française que d'analyser les principes desquels elle s'inspire. Pourquoi ne point se poser en fonction du XVIIe siècle les questions, qui sont familières à nos contemporains, et sur lesquelles eux-mêmes sont renseignés *grosso modo,* lorsqu'il s'agit de la diplomatie de notre temps ? Trois d'entre elles sont les principales, l'organisation du service de renseignements, l'influence de l'argent, le fonctionnement de la propagande française à l'étranger.

Si la méthode nous apparaît intéressante et suggestive, ce qui rend délicat son application, c'est le caractère fragmentaire de la documentation, presque tout entière empruntée aux lettres des ambassadeurs ou aux manuscrits des Archives des Affaires étrangères. Le champ de recherches est immense et n'a guère été déblayé par des monographies. Il ne faut pas espérer arriver à des conclusions générales, indiscutablement établies, mais se contenter de coups de sonde, et d'approximations de la vérité historique.

Plus que tout autre, d'ailleurs, cette histoire française se mêle à l'histoire européenne. Nous sommes en présence d'habitudes qui ne sont point particulières à la France, laquelle ne fait que suivre avec des moyens plus considérables les errements des gouvernements voisins. Tout est permis contre l'ennemi ou simplement le rival. Ne nous indignons donc qu'à bon escient, avec l'entière persuasion que nous analysons ce qu'Albert Sorel eût appelé les mœurs politiques d'une époque et non d'un seul pays.

Être renseigné sur l'étranger fut un des principaux soucis de Louis XIV et de ses ministres. Il le fut par diverses sources, par les ambassadeurs, par les agents secrets, par les espions politiques et militaires dans les cours voisines et même à Paris autour des représentants des diverses nations. Un moyen illicite mais classique fut le décachetage des lettres, et la mainmise sur d'importants courriers diplomatiques.

La condition primordiale de toutes ces informations, c'est l'argent. Aussi bien est-il banal de remarquer qu'une des causes essentielles de la prédominance de la France au XVIIe siècle, ce sont ses ressources fort développées, et que malgré sa médiocre administration financière, elle n'est pas un état pauvre comme la Suède, la Pologne ou le Brandebourg. Malheureusement, ainsi que nous l'avons vu, nous ne savons presque rien sur ce que l'on peut appeler le budget des Affaires étrangères Insistons donc sur les modes d'information et tâchons de les mettre en lumière.

Le premier qui nous est déjà connu est celui des représentants officiels. Mais à côté d'eux, et parfois par eux ignorés, il y a une véritable nuée d'informateurs officieux, les uns simples donneurs de nouvelles, les autres négociateurs clandestins, parmi lesquels des aventuriers peu sûrs, tantôt au service de la France, tantôt à celui de ses adversaires. En France et à l'étranger ils sont recrutés dans toutes les classes de la population, grands personnages politiques, prêtres, moines, simples marchands. Il y en a qui sont professionnels, il y en a qui sont occasionnels. Des femmes même figurent dans ce bataillon d'auxiliaires plus ou moins bénévoles, dont le relevé est loin d'être complet, dont la personnalité est souvent mal connue, qui envoient des correspondances fréquemment sous des pseudonymes, ou dont le seul nom nous apparaît cité en une phrase d'ambassadeur ou d'envoyé.

Voyons à l'œuvre quelques-uns de ces agents, choisis parmi ceux dont l'identification a été faite, dont la biographie n'est pas complètement ignorée.

En Espagne, les savantes recherches de Morel-Fatio et de Legrelle nous montrent qu'il est très souvent fait appel à des ecclésiastiques. L'un des plus actifs est un Français, le P. Blandinières, de l'Ordre de la Merci, connaissant l'espagnol pour l'avoir appris à Salamanque, et qui fut envoyé à partir de 1691. en diverses occasions comme agent du roi dans les couvents espagnols. Sa situation le met à l'abri de tout soupçon et lui ouvre beaucoup de portes en Espagne, même celle du confesseur de Charles II. Ses voyages se font soit pour le roi, soit pour les affaires de son ordre. En 1698, il est un des meilleurs agents de la propagande française. Il conseille d'Harcourt et correspond avec lui à une époque particulièrement importante pour l'histoire de la Succession d'Espagne.

Un rôle analogue sera joué dans le même temps par un capucin, le P. Duval. « Comme les religieux, et particulièrement ceux de Saint-François, est-il écrit dans son instruction de 1697, ont beaucoup de crédit en Espagne, et qu'ils sont informés de ce qui se passe de plus secret, le P. Duval trouvera des facilités qui seraient impraticables à un homme du monde. L'accès libre que ceux de son ordre ont dans les maisons des grands et des particuliers lui pourra donner moyen de s'y introduire. » Louis XIV n'eut qu'à se louer des résultats de son activité.

Plus curieux encore est le rôle joué par une aventurière, française d'origine, la marquise de Gudaña[161], qui tenait en 1697 à Madrid un salon politique, fréquenté par les ambassadeurs. Elle fut exilée en 1698 « à cause des fréquentes visites que M. d'Harcourt rendait à son jardin » : on l'accusait non sans raison d'espionnage au profit de la France.

En Hollande, terre classique de l'action française, mais qui deviendra le véritable centre international de la résistance à Louis XIV au temps de Guillaume d'Orange, pays de gazettes, d'informations européennes, de tractations clandestines préparant la paix en pleine guerre, le pullulement des agents secrets sera extraordinaire. Au début du gouvernement personnel s'y agite un aventurier qui fait parfois figure de diplomate, Abraham de Wicquefort[162], ancien envoyé du Brandebourg à Paris, employé par Mazarin, qui finit par l'enfermer à la Bastille, rentré en grâce avec Lionne, dont il devint le correspondant, brouillon dangereux qu'il fallut souvent rappeler à l'ordre, débordant les missions qu'on lui confiait, au demeurant peu sûr, même pour ceux qui l'utilisaient et le payaient. Vinrent ensuite des personnages de moindre envergure, que nous relevons parmi ceux dont Émile Bourgeois et André se sont fait les historiographes : Pierre Daguerre, commerçant de Bayonne, naturalisé Hollandais et devenu bourgeois d'Amsterdam, qui obtint un brevet d'agent du roi en cette ville, mais se brouilla avec d'Avaux ; François Mollo, Suisse établi en Hollande, d'abord résident du roi de Pologne, puis en relations en 1693 avec Callières et Colbert de Croissy, mi-informateur, mi-négociateur ; Blau ou Blauf, gentilhomme d'Auvergne, marié à une Hollandaise convertie, chargée de cabaler contre Heinsius et les orangistes ; Hennequin, négociant de Rotterdam, entré en relations avec d'Avaux, et qui en 1706 se servait pour sa correspondance avec la France d'un associé, banquier à Paris ; le médecin Helvétius, naturalisé Français, que Chamill fit choisir en 1705 et que Torcy envoya négocier secrètement près de La Haye. Il faut mettre à p et sur le même plan que Wicquefort, mais beaucoup plus sérieux, Petkum, résident du duc de Holstein-Gottorp à La Haye, correspondant volontaire de Torcy dont il avait la confiance, et auquel il écrivait sous le pseudonyme de Rivière. Dès 1703, il recevait 3.000 livres par an, mais quand il vint à Versailles et à Paris, il fut cependant l'objet d'une surveillance spéciale de la p du lieutenant de police d'Argenson.

En d'autres pays, la tâche est plus délicate. L'Angleterre est particulièrement susceptible : il y règne une défiance populaire permanente à l'égard des Français. Les ambassadeurs ont de grandes difficultés pour se renseigner. Pourtant Barillon écrivait en décembre 1680. « J'ai gagné un commis de mylord Sunderland, qui me donne de bons avis. » Les archives de la Bastille nous apprennent que c'était un vice-mayeur de Calais, Guillaume Pigault, qui envoyait en 1692 en Angleterre, sur un bateau chargé de contrebande les agents secrets de Louis XIV et de Jacques II, alors réfugié à Saint-Germain. Nous sommes assez mal au courant — sauf à l'époque des négociations qui aboutirent aux préliminaires de paix de 1712 — sur les informations qui nous venaient d'Angleterre.

Par contre, les efforts faits pour gagner certains membres du Parlement, tel Sidney dont Turenne avait signalé le premier l'importance, et auprès duquel s'employa plus tard Barillon, sont un peu mieux connus. Mais surtout nous savons qu'auprès de Charles II et de Jacques II Louis XIV eut de puissants alliés. Tous les moyens furent utilisés. Plus encore que des renseignements, c'est une action directe sur le roi et ses conseils que l'on désirait, sans que les deux fussent jamais séparés. On commença par tâtonner. Comminges chercha à se servir de lady Castlemaine. En 1669 Lionne eut la singulière idée de dépêcher en Angleterre un aventurier, l'abbé Pregnani, astrologue qui s'occupait de pierre philosophale.

« Il ne serait pas même impossible, écrivait-il à Colbert de Croissy, que le roi d'Angleterre ne pût être persuadé par des raisons d'astrologie... qu'il n'a de bonne et sûre liaison à faire qu'avec la France, et que toutes les autres pourraient causer la ruine de ses affaires et de son autorité. » L'ingéniosité de Lionne s'opéra en pure perte. Pregnani rentra en France après un piteux échec. Quelques années plus tard une revanche éclatante fut prise, quand Louis XIV eût procuré à Charles II une maîtresse de choix, Mlle de Kéroualle, qui, agréée par le monarque, devint duchesse de Portsmouth. On a écrit d'elle une très complète biographie[163]. Pour l'objet qui nous intéresse, une phrase de Saint-Simon, d'ailleurs fort exacte est suffisamment significative : « Elle se souvint[164] tellement qu'elle était Française qu'elle fut le principal lien des traités et de l'amitié personnelle des deux rois, qui a duré toute leur vie. MM. Courtin et Barillon, successivement ambassadeurs de France en Angleterre, s'y conduisirent par ses conseils et s'en trouvèrent fort bien. » Temple raconte en ses *Mémoires* quelle fut sa stupéfaction de recevoir en 1678 à Nimègue, des ordres de la cour d'Angleterre « expédiés dans l'appartement de la duchesse de Portsmouth par l'intermédiaire de M. Barillon », et que lui apportait un ex-moine français Ducros, « qui depuis quelque temps avait quitté son froc pour une jupe ». De retour en

France, la duchesse de Portsmouth ne fut pas oubliée par la cour de Versailles.

Il semble que notre réseau d'espionnage et d'information se soit étendu à presque toutes les cours d'Europe, du moins dans les dernières années du règne. Quittant Vienne où il avait eu surtout un rôle d'observateur en 1701, Villars y laissait pour le même office son secrétaire Moreton qui ne rentrera en France qu'en 1702, et un gentilhomme italien, Angelo Piantone, qui reçoit 600 livres par an et s'est assuré quelques collaborations intéressantes. Ce dernier « fait passer ses lettres par Venise à l'adresse de M. Le Blond, consul de France » et continue son service dans les années suivantes jusqu'en 1715. De 1702 à 1707, nous voyons encore signalés à Vienne « M. Cibey, frère de Casanova » ; en Hollande, un Danois Brinck, connu sous le nom de Deschamps ; Helvétius et Petkum, déjà nommés[165]. En 1715, quelques noms nouveaux apparaissent parmi les auteurs de « correspondances secrètes » : à Berlin, le sieur de Vaux « payé par Mlle Poussin, sœur de M. Poussin, envoyé du roi à Hambourg » ; le sieur Marschall (!) correspondant de Lorraine ; le sieur Meyer, directeur de la poste de Bâle ; le sieur Stiernock, résident de Suède à Vienne, « payé par l'intermédiaire du baron de Besenval, envoyé du roi en Pologne »[166]. Ces listes sont naturellement incomplètes, puisqu'elles ne mentionnent que les correspondants réguliers, inscrits aux registres de paiements du secrétariat des Affaires étrangères.

Nous ne nous flattons point d'avoir donné de cette vaste organisation un tableau d'ensemble, mais seulement d'avoir montré par quelques exemples son existence et sa puissance. Au demeurant, le ministère a-t-il d'autres sources de renseignements, dont la variété étonne, Louvois, secrétaire d'État de la guerre, a partout des espions, qui lui communiquent des nouvelles non seulement militaires, mais politiques. Grands seigneurs ou courtisans n'hésitent point à faire savoir au roi ce qu'ils ont appris par des voies particulières. Par l'intermédiaire de Lionne, en 1664, Turenne communique au roi des lettres d'un Transylvain de passage à Paris ou des nouvelles manuscrites de Hollande. Il n'est pas jusqu'à des prisonniers de la Bastille, arrêtés comme espions au service de l'Angleterre, qu'en 1692 l'abbé Eusèbe Renaudot ne soit chargé d'interroger, afin d'obtenir d'eux des renseignements sur leur pays. Enfin nous savons par les savantes recherches de Boislisle quels services rendit aux Affaires étrangères la direction de la poste sous Louis XIV[167]. La surintendance des postes et des relais avait été rétablie en 1668 au profit de Louvois : elle passa ensuite entre les mains de Le Peletier, puis de

Pomponne et de Torcy. Louvois, Pomponne et Torcy ne se gênèrent pas, avec la complicité de nombreux fonctionnaires, pour faire décacheter les lettres de Français ou d'étrangers, qui pouvaient leur donner des renseignements. Madame elle-même fut victime de ces procédés qu'elle dénonce avec violence pour sa correspondance d'Allemagne. Les ambassadeurs étrangers étaient naturellement les plus surveillés. Montaigu, envoyé d'Angleterre, écrivait à Londres en 1669 à un de ses correspondants : « Je crois que votre lettre a été lue avant que je l'ai reçue, comme la plupart des lettres qui me sont adressées : mais je ne sais comment l'empêcher[168] ». Pour mettre la main sur des documents qu'ils jugent essentiels, les collaborateurs de Louis XIV ne reculent devant aucune violence. On sait qu'en 1674 Louvois essaya de faire saisir Lisola, le célèbre pamphlétaire au service de l'Autriche, entre Liége et Cologne : encore en voulait-il plus à sa personne qu'à ses papiers. Mais en 1685[169], alors qu'un courrier de l'empereur venant d'Espagne devait passer par Strasbourg, S.M. « jugeait opportun de le faire dévaliser et d'avoir ses dépêches », et Louvois donnait les ordres nécessaires pour que de soi-disant brigands se chargeassent de ce soin. Il poussait la précaution jusqu'à recommander qu'on le dépouillât de son argent afin que l'hypothèse du vol fût bien accréditée et pût être proclamée officiellement. En 1699, Torcy fait enlever les dépêches confiées par le duc de Savoie à un courrier partant pour Rome. En 1700, Tallard propose au secrétaire d'État des étrangers de faire voler les papiers du comte de la Tour, envoyé de Savoie se rendant de France en Hollande. Nous ne sommes donc point en présence de cas isolés, mais de pratiques qui sont celles de l'Europe du temps.

Ne nous étonnons point dès lors que la cour de France soit souvent fort bien renseignée, lors même que nous ignorons l'origine de sa documentation. Très souvent, des traités en préparation ou signés secrètement furent connus de nos ministres. Lionne parfois fanfaron s'en vante volontiers dans sa correspondance. Vers 1668, l'électeur de Brandebourg affirmait mordicus à notre envoyé Millet n'avoir point négocié avec l'archevêque de Mayence, et son ministre Schwerin « s'était donné à tous les diables d'enfer que ce que l'on suppose était faux ». « Nous pourrions, répondait ironiquement Lionne à Millet, sommer le seigneur Lucifer d'aller prendre un homme qui se donne à lui volontairement : car je vous adresse une copie de la convention qui a été faite à Unna entre ces deux électeurs, qui fut signée de leurs mains et scellée de leurs sceaux, cette pièce étant tombée comme par miracle entre les mains du roi[170]. »

Les pays voisins ne se gênent guère pour faire usage contre la France de semblables procédés. En Espagne, en 1666, on dévalise le courrier ordinaire, chargé des dépêches de l'archevêque d'Embrun, notre ambassadeur. En Angleterre, Gomminges et plus tard Croissy se plaignent que leur correspondance soit souvent lue. A l'espionnage français répond le contre-espionnage étranger. Il suffit par exemple de feuilleter la correspondance de Trumbull, ancien ambassadeur anglais à Paris, pour voir qu'il y avait en France, surtout en temps de guerre, de nombreux agents au service de l'Angleterre. On prétendit qu'en 1700 Spanheim, envoyé de Prusse, réussissait à avoir connaissance et copie des mémoires les plus secrets. Et pourtant nous avons vu quelle attention était portée par le roi personnellement à ce que la discrétion la plus absolue fût gardée par ses collaborateurs et leur entourage subalterne, et combien le personnel de la diplomatie française méritait dans son ensemble l'éloge d'incorruptibilité, que lui adresse d'Argenson dans ses Mémoires.

*

Si l'on ne peut douter de la supériorité de l'information française en matière d'affaires étrangères, preuves à l'appui, ainsi que nous venons d'essayer de le démontrer, il est plus communément admis que la diplomatie de Louis XIV a su faire de l'argent un usage à la fois habile et fructueux, par lequel s'expliquent beaucoup de ses succès. Pourtant c'est un problème, dont il est fort difficile de faire le tour, si l'on ne se contente point de l'opinion reçue.

Il est certain que l'étranger au XVIIe siècle a accrédité cette idée. L'accord est général. Écoutons parler un Hollandais notoire, de Groot. « Nous avons grand tort, écrivait-il en mars 1671, faisant allusion aux habitudes des Provinces-Unies, de prétendre de bons offices de tout le monde et de ne faire de bien à personne... La France est bien plus sage : elle donne partout, et elle achète partout ce qu'elle ne peut pas conquérir. »

Les historiens du XIXe siècle font chorus. Depping déclare que « l'argent de la Frace passait les frontières de tous les côtés du royaume pour gagner des princes, des ministres, des prélats, des conseillers, quelquefois des femmes influentes », et Mignet plus laconique affirme que « Louis XIV était le trésorier des souverains nécessiteux ».

Il y a plus : le roi lui-même a cru à l'efficacité d'une politique pécuniaire, et il l'a prônée dans ses *Mémoires* de 1666. « Outre ces sortes de dépenses, écrit-il, j'étais encore obligé d'en faire plusieurs autres plus secrètes dans les négociations que j'entretenais avec les étrangers. » Après l'aveu vient la théorie. « Il arrive souvent que des sources médiocres, dispensées dans leur temps et avec jugement, épargnent aux États et des dépenses et des pertes incomparablement plus grandes. Faute d'un suffrage que l'on pouvait acquérir à bon marché, il faut quelque-. fois lever de grosses armées : un voisin qu'avec peu de dépense nous aurions pu faire notre ami, nous coûte quelquefois bien cher quand il devient notre ennemi. » Louis XIV n'a pas changé d'avis, même dans les dernières années de son règne, ainsi que nous l'apprend une lettre curieuse de la Palatine de 1720 à propos d'un cas particulier. « Le feu roi disait que, par des chaînes d'or, on obtenait des ministres de Vienne tout ce que l'on voulait. »

Ce que Louis XIV pensait de l'empire, beaucoup d'envoyés français le croyaient en fonction des cours auprès desquelles ils étaient accrédités. « Tout est possible ici pour de l'argent, écrit de Pologne en 1678 le marquis de Béthune. » « On ne saurait douter, remarque Puysieux en un *Mémoire*, qu'on ne doive à l'argent presque tout le succès des négociations qu'on fait en Suisse. » « Quand on fait quelque séjour à Stockholm, déclare Courtin en 1672, on connaît la vanité de ces Gascons du Nord, et l'on s'aperçoit facilement combien ils sont besoigneux. »

Il convient de mettre à part le témoignage de Callières, théoricien qui fut de la « carrière ». « Il faut, proclame-t-il avec une gravité pourtant critique, qu'un bon négociateur joigne à des manières civiles, honnêtes et complaisantes, certaines dépenses qui contribuent beaucoup à lui en ouvrir le chemin, mais il faut qu'elles soient faites avec adresse, et que les personnes à qui on veut faire des présents les puissent recevoir avec bienséance et avec sûreté : ce n'est pas qu'il n'y eut des pays où on n'a pas besoin d'un grand art pour les faire accepter... Il y a des coutumes établies dans divers pays qui donnent souvent occasion d'y faire de petits présents. » Bien qu'il ne s'applique guère qu'aux ambassadeurs, l'exposé de Callières intéresse : il est moins affirmatif que ses contemporains. Il insiste avec bon sens sur les précautions à prendre et sur les dangers d'une corruption ouverte et sans nuances. Il nous met en garde contre l'opinion commune en son temps : il nous apprend à nous défier des affirmations massives.

Aussi bien la question se présente-t-elle sous différents aspects. Louis XIV a-t-il, comme on l'a prétendu, semé l'or dans toute l'Europe ? En fut-il ainsi à toutes les époques de son gouvernement personnel, et une fois de plus ne serait-il pas nécessaire, comme l'a noté Pagès, de distinguer des périodes ? Enfin, si cette prodigalité a existé, a-t-elle donné en tout pays d'incontestables résultats ? Tel homme d'État vénal peut accepter l'argent de toutes mains et maintenir l'indépendance réelle de son action. Le cas s'est souvent présenté.

Il importe enfin d'accepter la judicieuse distinction que Pagès établit entre les trois manières dont se répand l'argent français, par menus cadeaux, par gratifications aux ministres, par subsides que reçoivent les princes eux-mêmes.

Il n'y a pas lieu, semble-t-il, de tenir grand compte des cadeaux de princes à princes, pas plus que des présents faits aux ambassadeurs, en particulier quand ils quittent leur emploi. L'usage est général. Le Grand Électeur fait présent de chevaux au roi de France. Il est vrai que ce dernier le paie largement de retour, que l'électeur et l'électrice quémandent volontiers auprès de nos envoyés. Mais le Brandebourg est si pauvre à côté de la France d'alors, et la situation de Frédéric-Guillaume bien inférieure en dignité et en prestige à celle du roi très chrétien. Tout au plus peut-on constater que l'avidité de la cour électorale est fort grande.

A l'extrémité sud-est de l'Europe, même échange traditionnel de présents entre Louis XIV et le sultan. En 1685, rien que pour les cadeaux à faire au Grand Seigneur, Girardin, notre ambassadeur, juge nécessaire une somme d'au moins 6.000 écus, destinée à l'achat d'étoffes d'or, de velours, de satin, et aussi d'argenterie. Mais les envoyés ottomans ou orientaux, en leurs voyages extraordinaires apportent à Louis XIV des présents qui font la surprise et l'admiration des courtisans.

Enfin les ministres français eux-mêmes, bien qu'en règle générale il leur soit interdit de rien recevoir, obtiennent parfois l'autorisation de ne point décliner les offres qui leur sont faites, et qu'ils ont communiquées au roi. Ce fut le cas en particulier pour Hugues de Lionne.

Défions-nous également de toute appréciation rigoureuse en ce qui concerne les gratifications faites aux ministres, négociateurs ou fonctionnaires subalternes. Nous aurions contre nous l'usage de l'époque. « C'est une coutume de tout temps établie, et à laquelle personne n'a jamais rien trouvé à dire, écrit Louis XIV à Colbert de Croissy, en 1668, que quand des rois font ensemble quelque traité de grande considération, on régale publiquement le ministre qui y a travaillé. » Au lendemain du traité des Pyrénées, don Luis de Haro n'avait-il point éprouvé les marques de la générosité française ? Il s'agissait de faire à Arlington semblable présent.

Ces réserves faites, il nous est désormais loisible de passer en revue les divers États d'Europe dans leurs rapports financiers avec la cour de Versailles, dans la mesure où les documents nous le permettent.

En ce qui concerne le Brandebourg, Prutz, Waddington et surtout Pagès ont simplifié notre travail. Que nous apprennent-ils de positif ?

Il est incontestable que la plupart des ministres du Grand Électeur ont été fréquemment subventionnés par la France. De 1661 à 1670 ce fut le cas pour Schwerin, le plus influent de tous, que Louis XIV nomme à cette occasion dans ses *Mémoires*. Mais le prince d'Anhalt, le chancelier Iéna, Poellnitz bénéficièrent aussi de la générosité royale. A partir de 1673, Meinders, ancien envoyé à Paris et chef du parti français, reçut également sa part. En 1673, au temps où Verjus, qui semble avoir distribué l'argent un peu à tort et à travers, était envoyé à Berlin, Schwerin refusa tout argent, alléguant une promesse par lui faite au Grand Électeur. Mlle de Wangenheim, favorite de Frédéric-Guillaume, ne fut pas non plus oubliée et reçut maints présents. Divers petits fonctionnaires touchèrent des sommes proportionnées à leur importance.

Quel fut le résultat de ces prodigalités ? Médiocre. Elles n'empêchèrent point le Grand Électeur de prendre les décisions qu'il jugeait conformes à ses intérêts, de rompre avec Louis XIV en 1672, puis en 1674, de lui faire la guerre jusqu'en 1679. Ses ministres recevaient des deux côtés, français et autrichien. Prutz a plaidé pour eux de manière bien curieuse les circonstances atténuantes. Il distingue fort subtilement les cas dans lesquels la gratification a précédé la négociation, et ceux dans lesquels elle l'a suivie. Et surtout il insiste sur la mauvaise formation morale de ces fonctionnaires peu payés, qui réussirent parfois à quadrupler leur traitement grâce aux versements français. Le plus souvent d'ailleurs le Grand Électeur savait à quoi s'en tenir : il n'y voyait nul mal. Un envoyé français, Rébenac, va même jusqu'à prétendre, sans doute avec une pointe de gasconnade, « qu'il attribue à marques de considération pour lui tout ce qu'on donne à ses ministres, quand même ils ne lui en auraient point donné de connaissance ».

Après 1678 les tractations recommencèrent entre la France et le Brandebourg jusqu'en 1685, date de la brouille définitive. Fuchs devint le chef du parti français. Rébenac réclamait de l'argent à cor et à cri. De mauvaises habitudes avaient été prises. « Les esprits de nos meilleurs amis et de nos petites correspondances sont entièrement détraqués, depuis qu'ils voient que cette dernière affaire (*le traité avec la France*) ne leur apporte rien... Je n'excepte même pas de ce nombre là le sieur Meinders, le plus utile serviteur de V.M., et le plus dangereux en même temps, si on ne l'entretient par ces sortes de petites largesses. » En fait, de 1680 à 1684, une pluie d'or s'abattit, sur l'entourage du Grand Électeur[171]. En France Spanheim lui-même reçut 2.000 écus de Colbert de Croissy. Et pourtant la brouille survint, dont une cause essentielle fut la Révocation de l'Édit de Nantes. Aussi bien faut-il se défier de la manière paresseuse de certains envoyés français, trop persuadés du rôle prépondérant de l'argent, le préférant pour son action massive qu'ils jugent décisive à la subtilité des négociations délicates, trop vite persuadés d'avoir gagné leurs adversaires, aussi souvent dupés que dupeurs. Mais surtout, comme Pagès l'a démontré », « l'Électeur... ne se laissait pas mener par ses ministres », il se décidait souvent en dehors de son conseil secret, sa politique ne dépendait point de la corruption de sa cour. Lionne s'était jadis gravement trompé, quand, au début du gouvernement personnel, mal renseigné par de Lesseins, il avait cru pouvoir tenir le Grand Électeur par l'intermédiaire de ses ministres.

Des subventions soi-disant illicites ou clandestines, il faut distinguer les subsides consentis par Louis XIV au Grand Électeur. Pièces en mains, Pagès prouve que de 1668 à 1688 Louis XIV a versé par traités un total de 4 millions de livres, et voilà qui devait augmenter les ressources de l'État prussien : le tout pour assurer la neutralité ou l'alliance du Brandebourg, partiellement aussi pour servir à la levée de troupes et à l'achat de munitions. Il est vrai que la cour de France se fit parfois tirer l'oreille. En 1672, Louis XIV, bien renseigné sur les mauvaises dispositions de l'électeur et ses tractations avec les Hollandais écrivait à Saint-Géran, notre envoyé à Berlin : « Jusqu'à ce que je sois plus éclairci des sentiments de ce prince, je dois suspendre ma résolution sur le paiement des subsides qui lui sont dus. » Dans l'ensemble, il suffit de connaître en ses grandes lignes les rapports de Louis XIV et du Grand Électeur pour constater que ce dernier tint rarement ses engagements, et qu'après avoir guerroyé contre nous il finit par se détacher de la France dès 1685, n'ayant pu entraîner celle-ci dans une lutte contre la Suède. En somme l'argent donna beaucoup moins de résultats qu'on ne l'espérait. Rendit-il les négociations plus faciles, on peut en douter. Que la cour de Prusse fût instable, changeante, impossible à manœuvrer, c'est le refrain perpétuel de nos diplomates à Berlin, si persuadés pourtant de la toute-puissance des écus !

Si de la Prusse nous passons au reste de l'Allemagne et au Saint-Empire romain germanique, nous avons à nous mouvoir sur un terrain beaucoup moins étudié. On ne saurait nier que dès 1661 d'abondants subsides nous ont assuré l'appui du duc de Neubourg, de l'électeur de Cologne, de l'électeur de Mayence, au cas où l'empereur eût voulu secourir les Pays-Bas espagnols d'ores et déjà menacés. Dans les années suivantes, et jusqu'en 1673, le grand agent de notre politique fut Guillaume de Fürstemberg, conseiller de l'électeur de Cologne, frère de l'évêque de Strasbourg et du principal ministre de l'électeur de Bavière, à la solde de la France qui lui assura 25.000 livres de revenus annuels et son frère l'abbé. Parmi ses meilleurs collaborateurs figurèrent Robert de Gravel, envoyé à Mayence auprès de Philippe de Schœnborn. Du premier Lisola[172] écrivait en 1671 : « A son charme, qui est grand, il en ajoute un autre merveilleux qui est la corruption qui porte coup et pénètre où il n'avait fait qu'effleurer et s'arrêter à la superficie. » Sa propagande financière s'appliqua à neutraliser l'action de l'empereur à la diète germanique et y réussit fort bien. Un secret relatif en fut, la condition essentielle[173].

Dans les années suivantes de sérieuses tentatives furent faites par la France pour s'attacher la Saxe et la Bavière. L'électeur ne fut pour Louis XIV d'abord qu'un client occasionnel. « Làissez faire à S.A.E., écrivait en 1670 à notre envoyé Chassan Hugues de Lionne, tous les attachements qu'il voudra sans vous mettre en peine de tout ce qui y sera résolu, et quand il arriverait dans la suite quelque occurrence importante, où le roi aurait besoin de son suffrage, ce sera alors seulement qu'il faudrait ouvrir la bourse, et je suis assuré qu'on en tirerait aisément le même fruit que si on l'avait toujours ponctuellement payé »[174]. Conformément à cette philosophie politique réaliste, un crédit de 30.000 écus fut ouvert en 1672 à l'élecseur de Saxe au moment de la guerre contre la Hollande.

L'année 1672 et celles qui la précédèrent comptent d'ailleurs dans l'histoire des générosités de Louis XIV vis-à-vis de l'étranger. Dès 1670 l'électeur de Bavière recevait de Louis XIV un subside annuel de 500.000 florins d'Allemagne. En 1672, moyennant 28.000 écus par an — subside augmenté — l'électeur de Cologne conclut une alliance offensive avec Louis XIV. Il fallut subventionner également le prince-évêque d'Osnabrück, les évêques de Münster et de Paderborn. C'était évidemment l'application d'un système dont les résultats furent médiocres. Une conséquence imprévue fut une réaction très nette du sentiment allemand contre la France : on en trouve l'écho répété dans les lettres de Verjus, et l'empereur en profita moralement. De plus en plus, il fallait procéder avec prudence, et le secret s'éventait. L'abbé de Gravel, après avoir versé de l'argent à l'archevêque de Mayence, s'excusait auprès de Colbert de « n'avoir point osé hasarder le récépissé à la poste, parce que cela ferait un grand fracas, si le paquet où il serait venait à être pris »[175].

Sur la période suivante, nous manquons de renseignements précis. Il faut attendre l'année 1682 pour trouver aux Affaires étrangères une liste sans doute incomplète de subventions en Allemagne[176]. On y peut lire que l'électeur de Cologne doit recevoir 8.000 livres par mois pour l'entretien de troupes, et une pension personnelle et annuelle de 20.000 écus ; que depuis octobre 1681, l'électeur de Mayence est en droit de toucher une pension de 20.000 écus payable de six mois en six mois, et a reçu la promesse d'une gratification de 50.000 écus, son chancelier n'étant d'ailleurs pas oublié : que depuis 1680 et par traité, l'évêque de Münster a droit à 30.000 écus annuels pendant un quinquennat, etc. Sont encore nommés pour des sommes considérables l'évêque de Strasbourg, le Palatin, particulièrement favorisé. Seulement, beaucoup de ces paiements échelonnés sur divers termes sont en retard en 1683. Le roi est redevable au Palatin de 310.000 livres. Il arrive que l'objet spécial de ces versements soit indiqué. L'évêque de Münster recevra l'argent qui lui est dû « s'il procède à l'élection d'un évêque qui fut agréable à S.M. » Il y a donc calcul politique plus que pénurie financière.

Pour les années qui vont de 1690 à 1693, une liste aussi précieuse nous est fournie, mais il s'agit cette fois de versements réellement exécutés[177]. Les chiffres sont considérables : on était alors aux débuts de la guerre de Succession d'Augsbourg. Nous apprenons qu'en 1691 le duc de Hanovre reçut en tout 1.308.000 livres par versements mensuels ; qu'à partir du 26 avril l'évêque de Münster toucha trois trimestres de 187.000 livres chacun. Sont encore mentionnés le duc de Saxe-Cobourg-Gotha, et pour des gratifications, ses ministres. La somme destinée au grand doyen de Paderborn « fut convertie en une croix de diamant ». En 1692, l'évêque de Münster et le duc de Hanovre reçoivent des subsides beaucoup moins considérables[178]. En 1693 l'évêque de Münster est encore mentionné, mais non plus le duc de Hanovre. Mais les ducs de Wolfenbuttel touchent successivement 50.000 livres d'acompte, puis 30.000 livres. Il semble que la part de l'Allemagne se réduise au fur et à mesure que les opérations militaires se prolongent.

Pendant la guerre de Succession d'Espagne, tout ce Pactole est fort réduit. On ne trouve plus mentionnés que les subsides de Bavière et de Cologne[179], les deux électeurs demeurant nos alliés malheureux. Sur la liste peut-être incomplète des pensions expédiées par Torcy en 1714, figurent deux Allemands, le chancelier de l'électeur de Cologne, et le prince palatin des Deux-Ponts.

L'œuvre de corruption est donc indéniable en Allemagne : mais ses résultats sont douteux. Elle n'a point empêché les pays germaniques de se détacher de nous progressivement pour se rallier autour de l'empereur.

N'arrivons-nous donc qu'à des conclusions quasi négatives, et devrons-nous considérer comme très exagérée l'opinion qui fait de l'argent distribué à profusion une des raisons de certains succès diplomatiques de Louis XIV ? Bien que des renseignements essentiels nous fassent défaut, en particulier pour Vienne, nous espérons montrer, en continuant notre examen de l'Europe d'alors, qu'il faut se garder de généralisation abusive, et que ce n'est point toujours inutilement qu'ont été faites de si considérables dépenses. Qui pourrait douter par exemple qu'elles n'aient facilité de 1669 à 1672 l'isolement systématique de la Hollande ! Mais nous devons nous attendre à voir varier l'efficacité des arguments sonnants suivant les cours et suivant les époques. On nous permettra seulement d'être plus bref dans notre analyse que précédemment.

Il est nécessaire de mettre à part les puissances maritimes, Angleterre et Hollande. Du jour où Guillaume stathouder des Provinces-Unies devient roi d'Angleterre, leur cause est liée et leur politique solidaire. C'est donc avant 1688 qu'il est nécessaire de les étudier séparément.

Pour les Provinces-Unies, la situation est claire. Leur grand homme d'État de 1661 à 1672 est incorruptible et Louis XIV l'a amèrement regretté. D'Estrades a reçu l'ordre d'essayer de le gagner avec adresse. « Il faut, lui écrivait le roi en 1663[180], s'y conduire avec dextérité parce que de la manière dont on me le dépeint, c'est un homme à vouloir exercer sa vertu, et tirer de la gloire du refus qu'il ferait de pareilles propositions. » Les offres discrètes de d'Estrades n'eurent aucun succès. « De Witt me répondit, nous apprend d'Estrades, qu'il était récompensé au delà de tous les services qu'il pourrait jamais rendre à V.M. par les marques qu'elle lui donne... de sa confiance... » Il n'en fut plus question.

Louis XIV essaya de prendre sa revanche auprès des députés des États généraux et provinciaux. En 1663 de menus cadeaux furent faits à quelques-uns d'entre eux, et aussi à divers bourgmestres. Ce furent là petites dépenses sans grand résultat.

Il en fut tout autrement en Angleterre pour des raisons très spéciales tenant de la nature de Charles II et de Jacques II, et des difficultés de leur politique intérieure. Charles II, fort dépensier, a besoin d'argent pour ne point trop dépendre de son Parlement. Il a vendu

Dunkerque à la France pour s'en procurer. Il n'hésitera pas à se faire subventionner par traités secrets, conclus souvent à l'insu de ses ministres. En 1670, Louis XIV lui promet jusqu'à la fin de la lutte projetée avec la Hollande trois millions de livres par an, sans compter ce que Charles II obtiendra pour ses armements ; en 1673, augmentation de subsides qui n'empêche pas Charles II de traiter avec la Hollande l'année suivante. En 1678, promesse d'un subside de trois millions de livres pendant trois ans pour obtenir la neutralité anglaise[181]. Brouille momentanée en 1679. De 1681 à 1684, date de sa mort, Charles II toucha en tout 5 millions de livres. En somme Louis XIV fut un banquier généreux, mais il sut énerver la puissance anglaise et diminuer son autorité en Europe.

Le jeu continua avec Jacques II[182] qui reçut de prime abord un subside de cinq cent mille livres pour l'assister dans ses débuts », et remercia Barillon, notre ambassadeur, « les larmes aux yeux ». Mais les difficultés commencèrent bientôt, Jacques II ayant adressé à la France de nouvelles sollicitations. Il lui fut promis 900.000 livres, plus 200.000 écus ; 400.000 livres seraient payées immédiatement : le reste ne serait versé que si le roi d'Angleterre se voyait obligé de se débarrasser du Parlement qu'il avait convoqué. Louis XIV ne s'acquitta que lentement, refrénant la hâte de Barillon. En juin 1685, il suspendait tout paiement, qu'il jugeait inutile, puisque Jacques II semblait se rendre maître de son Parlement. Mais l'interruption ne fut que momentanée. A vrai dire, Louis XIV n'hésitait guère à faire sentir au roi Jacques toute l'importance des secours qu'il lui accordait, et Macaulay a pu dire que si ce dernier devint l'esclave de la France, ce ne fut pas un esclave satisfait. Malgré tout, sa politique extérieure demeura dépendante de la nôtre[183].

A côté de ces versements réguliers, il y aurait lieu de tenir compte des gratifications aux ministres. « La nation anglaise, est-il écrit non sans désinvolture, ni légèreté, dans les *Instructions* de 1668 à Colbert de Croissy, est naturellement fort intéressée, et les ministres de leurs rois n'ont guère jamais fait de scrupules de toucher de l'argent de France. » Scepticisme un peu facile ! En fait, on pensionna Arlington en 1670 et 1671 : lady Shrewsbury reçut 10.000 livres pour le compte de lord Buckingham[184]. D'un autre côté, et par une sorte de contre-assurance, à partir de 1679, les rapports étant quelque peu difficiles avec Charles II, Barillon prétend avoir obtenu le concours d'un certain nombre de membres du Parlement, Hollis, Liddleton, Sidney. Il renouvela ses distributions d'argent en 1681. Dans l'ensemble, rien de bien significatif. On ne saurait considérer un Arlington comme un agent de la

France parce qu'il a accepté de l'argent de Louis XIV.

Si de l'Angleterre nous passons aux États scandinaves, nous nous trouvons en présence de résultats plus importants encore. Il n'y a pas lieu d'insister sur le Danemark où notre effort financier n'a eu comme objectif que de susciter les jalousies suédoises, et n'a point empêché les hostilités. Notons seulement qu'à plusieurs reprises le Danemark par traités ou entente reçut des subsides, en 1663 d'abord, en 1691, 1692, 1693 surtout, et que les ministres obtinrent les traditionnelles gratifications.

En Suède la lutte d'argent revêt une tout autre importance. La Suède est besoigneuse : depuis la mort de Gustave-Adolphe,. elle est le soldat mercenaire de l'Europe. « Les choses, écrivait en 1668 le Hollandais de Groot[185], sont dans une telle situation qu'il faut aux Suédois de l'argent et qu'il leur vienne du dehors, en sorte que celui qui le leur fournira l'emportera sur celui qui ne le pourra faire. » Argent français, argent hollandais, argent espagnol, tout est bon pour la Suède. A certaines époques ce fut une véritable mise aux enchères. Il y avait le roi, il y avait les ministres, il y avait le Sénat. Que de personnes à se concilier ou à pensionner, afin de maintenir la vieille et branlante tradition de l'alliance franco-suédoise !

Louis XIV et ses collaborateurs s'y employèrent activement, sans toujours y réussir. Dès 1661 est consenti par traité un subside annuel de 200.000 écus, plus tard réduit de moitié, en partie d'ailleurs consacré à l'entretien des troupes. La Triple Alliance de 1668 refroidit les relations : mais en 1669 recommencent les tractations, que l'argent espagnol empêche d'aboutir[186]. En 1671, c'est une véritable bataille d'influences non désintéressées qui se livre à Stockholm. La France l'emporte par surenchère sur la Hollande : la Suède recevra 400.000 écus de suite, et 600.000 écus par an une fois la guerre déclarée. Elle sera notre alliée jusqu'en 1678. Dernier succès, malgré les tentatives postérieures, en particulier de 1693 à 1697. La Suède se contenta d'être médiatrice à Ryswick.

Le rôle de la corruption individuelle semble avoir été considérable en ce pays. Louis XIV la juge si facile qu'il y est fait allusion comme d'un fait courant dans les *instructions* aux ambassadeurs. Les lettres de Feuquières, qui demeura longtemps à Stockholm abondent en détails précis. En 1675, il prodiguait les gratifications aux personnages de premier rang ou à leurs secrétaires. « Ils ont tous dit, écrivait-il à Pomponne en mars, qu'ils auraient mauvaise grâce, les affaires allant comme elles vont, de refuser les bienfaits de S.M., et qu'au contraire ils les recevraient comme un honneur quand ils en auraient la permission du roi, leur maître. »

Le jeu recommença plus actif que jamais en 1691. Il était bien recommandé à Béthune, qui mourut avant d'arriver à Stockholm, de gagner le comte Oxenstiern, jusque-là réfractaire à l'influence française ; le sénateur Bielke était entamé, ayant déjà reçu 20.000 livres, ainsi que le confirment les comptes des Affaires étrangères[187] ; dans les années qui suivirent, il toucha régulièrement sa pension. En 1693, d'Avaux fut chargé de distribuer en gratifications aux ministres de Suède 43.500 livres « en considération de ce qu'ils s'étaient engagés d'empêcher que le roi de Suède n'envoyât en 1691 des troupes au secours de nos ennemis »[188].

Quand Charles XII monta sur le trône, les efforts français recommencèrent. Le comte Oxenstiern ayant perdu une partie de son influence, d'Avaux se proposa simplement, comme il l'écrivait à Louis XIV, « d'avoir le plus fort parti dans le Sénat », que l'on supposait sous un roi jeune devoir jouer un rôle essentiel. En 1698 une nouvelle étoile apparaît à l'horizon politique, le comte Piper, « homme rude et farouche, qui a toujours fait sa cour au feu roi, et à celui-ci d'être inaccessible aux ministres étrangers », grande nouveauté en Suède. D'Avaux espère un peu innocemment l'avoir amadoué par de « petits présents de confitures et caisses de senteur à sa femme ». Cette année-là les gratifications se multiplièrent à la cour de Suède[189]. Elles furent moins nombreuses, semble-t-il, en 1699 et en 1700. En 1701, un premier assaut fut donné à la vertu du comte Piper, mais il refusa les 16.274 livres qui lui furent offertes. Nouvel échec en 1703. Louis XIV ne se découragea pas. Bonnac poussa l'ingéniosité jusqu'à lui demander de placer des fonds en France dans les rentes sur l'Hôtel de Ville : il eût servi de courtier bénévole[190] et Piper y eût trouvé profit. En 1707 son successeur fut informé que « si le roi de Suède contribuait à rétablir la paix par sa médiation, le roi récompenserait les soins du comte Piper » : il recevrait 300.000 livres. Ce fut peine perdue. Piper demeura incorruptible, et Charles XII n'intervint pas dans la guerre de Succession d'Espagne. Que conclure sinon que les gratifications en Suède n'avaient d'importance que sous un roi faible ou mineur, que seuls comptaient les subsides débattus par négociations et accordés par traités, en un pays devenu un véritable marché international, où la concurrence étrangère était forte ? Evidemment Louis XIV ne pouvait laisser le terrain libre à ses adversaires.

Aussi intéressant et aussi significatif que le cas de la Suède, pour des raisons d'ailleurs assez différentes, se trouve être celui de la Pologne.

Jamais en effet Louis XIV ne s'est désintéressé de ce pays, auquel plusieurs fois il a tenté de donner un roi, mais surtout qui demeure l'allié traditionnel de la France, bien placé géographiquement pour inquiéter le Brandebourg et l'empire. Nulle part, par contre, ne s'est manifestée plus nettement, comme nous le verrons, l'impuissance d'une diplomatie basée avant tout sur l'action de l'argent.

Dans cette histoire compliquée des rapports de la Pologne et du gouvernement français, plusieurs périodes nous apparaissent. La première qui va de 1661 à 1669 se termine par un échec, puisque un noble indigène Michel Wisniowiecki est élu après l'abdication du roi Jean-Casimir. Et pourtant que d'argent français dépensé pour le duc d'Enghien, pour Condé, pour le duc de Neubourg qui furent successivement nos candidats[191] ! En 1664, Louis XIV met à la disposition de notre envoyé 200.000 livres, pensions non comprises « qui étaient accordées aux principaux officiers et serviteurs du roi et de la reine ». En 1668, l'ambassadeur Bonzy reçoit « une lettre de crédit de 400.000 livres pour pouvoir faire fournir des billets de banquier à ceux qu'il croira utiles au succès du dessein, *payables deux mois après l'élection* ». C'était une utile prudence. Ce n'est point tout : Louis XIV promet à Bonzy 680.000 livres pour Sobieski, un million quelques mois plus tard, et de suite « 55.000 livres pour payer en arrivant en Pologne les pensions ordinaires à ceux qu'il croira les plus utiles pour le service de S.M. » Véritable flot d'or ! Grâce à Colbert, on était loin de la France besoigneuse des derniers jours de Mazarin. Les libéralités françaises n'empêchèrent point le gros de la noblesse polonaise de s'insurger contre Bonzy, parce qu'il se refusait à quitter le pays, suivant l'usage des envoyés étrangers, quelques jours avant l'ouverture de la diète d'élection. Après la nomination de Wisniowiecki et jusqu'à sa mort, Louis XIV suspendit le paiement des pensions que recevaient le grand maréchal, le chancelier, le palatin de Russie et divers autres grands officiers de la couronne.

En 1674 recommença la bataille électorale. Contre le candidat autrichien, la France soutint d'abord le fils du duc de Neubourg : 400.000 livres furent mises à la disposition du nouvel ambassadeur, Forbin-Janson[192]. Sobieski fut élu : candidat indigène, Jean III avait au moins épousé en secondes noces une Française, malheureusement difficile à manœuvrer, Marysienka, trop ambitieuse pour son père qu'elle eût voulu « convenablement établir en France ». Aussi Jean III reçut-il la majeure partie de l'argent destiné par Louis XIV à la Pologne, dont une somme fut distraite pour Sapieha et

Morsztyn, grands officiers de la couronne, constituant ainsi une sorte de contre-assurance ; 50.000 écus furent en plus distribués en pensions. Il s'agissait de pousser Sobieski à une diversion contre la Prusse. Enfin c'est par la Pologne que passaient les secours destinés aux insurgés transylvains[193]. En 1676, il y eut en même temps jusqu'à deux ambassadeurs extraordinaires en Pologne, Béthune et Forbin-Janson. On ne réussit guère à influencer Sobieski : de l'argent fut vainement dépensé. « Mon sentiment, écrivait Béthune à Pomponne le 1er février 1677, est qu'il ne faut point s'attacher dans cette diète ici à gagner plusieurs nonces, dont le manège ordinaire est de prendre de l'argent des deux partis, et de n'en servir aucun. » Il conseillait de concentrer les subventions. Mais, la cour de France retardant ses envois, Béthune se servit comme banquier du comte Morsztyn, grand trésorier de la couronne, qui se plaignit plus tard d'avoir été incomplètement remboursé. Dès 1678, Pomponne arrêtait les frais[194]. « Les grandes dépenses qui se sont faites en Pologne rebutent d'en faire de nouvelles. »

Les années suivantes furent mauvaises pour l'influence française[195]. Pourtant, en 1682, Louis XIV envoyait-il encore à Vitry une gratification supplémentaire de 12.000 livres « pour attirer à sa table les personnes les plus considérables de la diète, et ceux qui peuvent lui faciliter le succès de ce qu'il aura à négocier ». Mais en 1683, Vitry était très mal vu, et l'envoyé prussien écrivait à sa cour que plusieurs députés de la Diète ne voulaient plus accepter d'argent français. Sans doute en recevait-il de l'Autriche, dont la générosité demeurait constante. Vitry ayant voulu faire casser la Diète en faisant naître une opposition, qui rompît l'unanimité nécessaire, échoua. « Il m'a été impossible, écrivait-il à Versailles, *quelques offres que j'ai pu faire d'argent,* de trouver un seul homme dans toute la Diète qui se soit voulu charger de la rompre. » Naïf aveu d'un ambassadeur maladroit, qui ne disposait plus que d'une arme usée, en laquelle il avait trop eu confiance.

Vitry parti, l'action pécuniaire se ralentit. Les distributions n'eurent plus lieu qu'à bon escient. Il en était de même dans toute l'Europe. « Le plus sûr parti qu'on puisse prendre en Pologne et *ailleurs,* était-il écrit avec une philosophie désenchantée en une instruction de 1693, c'est de ne rien promettre qu'après que le service qu'on demande... aura été effectivement rendu. »

Survint en 1696 la mort de Sobieski : le vieux rêve français fut repris une fois de plus avec, comme candidat, le prince de Conti. Mais la confiance n'existait plus. « Comme l'expérience a fait assez voir qu'il est difficile de réussir en Pologne, si l'intérêt des particuliers n'appuie les bonnes raisons dont on se peut servir, et que *l'argent est ce qui touche le plus cette nation*, S.M., déclare une instruction de 1696, permet à l'abbé de Polignac de s'engager pour le succès de l'élection... jusqu'à la somme de 100.000 livres de pension. » D'autres crédits furent ouverts par la suite à Polignac, qui les dépassa largement, tout au moins en promesses. Conti fut élu, mais l'influence étrangère imposa Auguste II, électeur de Saxe. Tout était fini en Pologne. Quelques pensions seules demeurèrent dans les années suivantes.

En somme, ce minutieux exposé, qu'on eût pu surcharger de chiffres et de noms, nous révèle l'impuissance relative des arguments sonnants en Pologne. Peut-être ne furent-ils point tout à fait inutiles en un pays où le roi était électif, les Diètes et les grands officiers puissants. Mais notre diplomatie fut médiocre, un peu dépaysée dans cette nation lointaine. Enfin, l'argent autrichien combattit souvent victorieusement l'or français, trop sûr de sa future victoire.

On nous permettra de passer rapidement sur les autres États européens, où la bataille pécuniaire fut certainement moins vive. En Italie, Venise est protégée contre la corruption par de très vieux, mais semble-t-il très efficaces règlements. A Rome, il y eut toujours des pensions régulièrement payées, et que mentionnent les *Instructions*. « Vous rendrez un très agréable service au roi, écrivait en 1706 Torcy au cardinal Gualtiero, en attachant secrètement à ses intérêts les prélats et les particuliers de quelque distinction. » Mais il ajoutait : « Il y en a beaucoup... que la seule protection attache sans qu'il soit nécessaire d'y joindre d'abord des pensions que le temps et les services peuvent faire mériter dans la suite. » Evidemment le roi ne pouvait prétendre circonvenir par de semblables moyens la Papauté. Dans les autres États italiens, la corruption ne semble pas avoir joué un rôle essentiel. On sait seulement que de vains efforts furent faits pour gagner Mme Royale, régente de Savoie, et que la duchesse s'en offusqua. Mais le duc reçut des subsides officiels, et de nombreuses tentatives furent faites auprès de ses ministres. A Mantoue, par contre, l'argent du roi fut parfois bien accueilli. Le traité du 8 juillet 1681 promit au duc une pension de 60.000 livres par an, payable en deux termes, Noël et la Saint-Jean.

En Espagne, l'effort paraît avoir commencé vers 1688, au moment de l'ambassade de Rébenac, alors que Louis XIV juge déjà la succession imminente, et qu'il essaie de préparer l'avènement du Dauphin. Un mémoire très secret contient des indications fort précises sur les moyens de gagner les Espagnols, depuis les secrétaires d'État jusqu'aux prédicateurs, « S.M. laissant à la discrétion du dit ambassadeur l'argent qu'il jugera être nécessaire à cet effet. »

Mais la période la plus intéressante fut celle de l'ambassade du duc d'Harcourt, à la veille de la mort de Charles II. Sa correspondance avec le roi nous montre qu'il disposa d'un budget fort considérable.

Enfin, vis-à-vis des cantons helvétiques, la situation de la France est tout à fait spéciale. Ils touchent des pensions, tant protestants que catholiques, en remerciement des soldats que depuis François Ier ils fournissent à la France. En 1698 par exemple, Zurich et Berne reçoivent 10.500 livres, Bâle 9.000, Lucerne 22.132, Soleure 16.700, Appenzell 6.000, etc. Les paiements sont parfois en retard, parfois aussi suspendus, ce qui, écrit Lionne en 1669 « est une espèce de soustraction d'aliments, destinée à influencer la politique suisse ». En dehors des pensions cantonales, il y a des pensions secrètes et des gratifications réservées à des personnes privées. La ville de Soleure, où réside l'ambassadeur français, est favorisée. Les distributions d'argent sont particulièrement fréquentes au moment où se tiennent les Diètes. « L'on peut, affirme Louvois à Saint-Romain, en janvier 1673, en distribuant de l'argent à des députés, les persuader de ne point parler de quelque affaire ou d'en parler si faiblement que l'on n'y prenne aucune résolution. » Toute la Suisse — des historiens helvétiques comme Oechsli l'ont constaté et déploré de nos jours — est démoralisée par cette corruption, que la neutralité des cantons empêche d'ailleurs d'influer sensiblement sur la politique générale. Au demeurant la France n'est pas la seule à encourager la vénalité !

Ce tableau incomplet, bien que minutieux, a comme premier effet de nous montrer clairement les divers canaux par lesquels s'insinue l'or français dans les pays étrangers. Sur les moyens employés et les intermédiaires choisis, quelques touches doivent être ajoutées.

Pour semblable besogne, le rôle des ambassadeurs et aussi celui des banquiers est essentiel. Joret et Pagès ont fort bien mis en lumière celui des frères Formont. L'aîné, Pierre, banquier à Paris, avance très souvent les subsides que Louis XIV accorde aux étrangers. Deux de ses frères, Jean et Daniel, sont établis à Dantzig, où le premier fait fonction de consul de France ; deux beaux-frères de Pierre Formont, Pierre du Pré et François du Pré, sont également banquiers, l'un à Amsterdam, l'autre à Hambourg : ils ont des correspondants dans les villes du nord de l'Europe, en particulier Du Flon auquel s'adresse fréquemment Feuquières à Stockholm, en 1674. Le chef de la famille, Pierre Formont, tantôt reçoit du roi de l'argent en monnaies françaises et les transforme en lettres de change sur des monnaies allemandes, tantôt obtient des assignations sur des recettes et des fermes souvent dans les provinces. Nous sommes moins bien renseignés sur Samuel Bernard, qui semble cependant s'être occupé fort activement de la Suisse et de la Pologne. Quand Puysieux part à Soleure, ce sont des lettres de change de Samuel Bernard qu'il emporte avec des traites sur la maison des Fatio à Genève. C'est encore lui qui s'emploiera en 1697 auprès des banquiers de Dantzig lors de la candidature du prince de Conti.

Quant aux ambassadeurs, ils sont les naturels distributeurs de pensions et de gratifications. Mais l'on exige d'eux des comptes détaillés. Béthune fut vivement gourmandé par Pomponne pour s'être mis en retard en 1678. En 1689, quand il revint en Pologne, ce fut un de ses collaborateurs qui fut chargé du rôle de trésorier. Le cas n'est pas unique.

Au terme de cette longue, mais nécessaire enquête s'imposent les conclusions que nous avons fait prévoir, et qu'il convient seulement de résumer. L'argent a joué un rôle bien moins efficace dans la politique française que ne l'ont cru Louis XIV et ses collaborateurs dans la première partie du règne. Un seul cas paraît nettement positif, celui de l'Angleterre. Il faut y ajouter à certaines époques la Suède. Ailleurs les subventions françaises ont tout au plus contre-balancé celles d'autres puissances. En Allemagne des succès momentanés ont été obtenus, mais a été provoquée en même temps une dangereuse réaction du sentiment national. La cour de France a fini elle-même par se lasser, soit scepticisme, soit gêne financière, de ces distributions, parfois maladroites. « Les mystères n'ont qu'un temps, écrivait, non sans finesse, Tessé à Louis XIV à propos de la Savoie en 1696, et l'argent reçu est toujours un reproche. » Après 1700 la pluie d'or est tarie, et les dépenses nécessaires sont faites bien plus pour hâter la paix que pour étendre le champ d'action de la diplomatie française. « Les dépenses de la guerre, peut-on lire dans des instructions données à un agent du roi en Pologne en 1711, ne permettent pas au roi de répandre encore de l'argent dans les pays étrangers. » C'est le mot final, qui caractérise et définit la situation dans les dernières années du règne.

CHAPITRE V

La propagande française à l'étranger

On ne saurait mettre sur le même plan que l'information et l'argent un autre moyen d'action d'un ordre tout différent que le XVIIᵉ siècle a connu, mais qu'il n'a point poussé au même degré de perfection que les autres, ce que nous appelons de nos jours la propagande à l'étranger.

En ce sens Louis XIV et ses prédécesseurs sont loin d'avoir innové. Sorel, Fagniez et bien d'autres ont insisté avec raison sur l'importance de la propagande sous Richelieu. On a soigneusement dénombré les équipes d'écrivains, auxquelles le cardinal avait eu recours, soit pour justifier sa politique en France, soit pour la légitimer devant l'Europe. Sous Louis XIV, point n'est besoin de défendre en notre pays les actes d'un roi universellement obéi. Par contre, l'opinion européenne est très ardente, a de nombreux moyens d'expression. En Hollande, en Allemagne surtout paraissent d'innombrables pamphlets[196]. La propagande française en matière de politique extérieure n'est pas seulement une tradition : c'est une nécessité.

Fut-elle suffisante, étant donné l'effort des adversaires de Louis XIV ? Il ne le semble pas, à en croire des juges bien renseignés, ambassadeurs ou envoyés. Les lettres de Verjus et de Rébenac de ce point de vue sont particulièrement intéressantes. « *Le Bouclier d'État*, demeure sans réponse, écrivait en 1674 Verjus, et six ou sept sophismes de Lisola, déguisés en mille façons et répandus dans une bonne partie de l'Europe y *ont soulevé le monde contre nous.* » Et Verjus ajoutait : « Je tiens qu'il y aurait encore remède, si en France on estimait ces sortes de choses, autant qu'il me semble tous les jours trouver davantage par expérience qu'elles le méritent, et autant qu'il est aisé de le juger *par les avantages qu'on a tirés du temps du cardinal de Richelieu.* » Paroles pleines de bon sens politique d'un envoyé à Berlin, qui dénonçait en même temps la haine de beaucoup d'Allemands contre la France. « La déclaration de guerre de l'empereur, présentée à la Diète de Ratisbonne..., et le *Bouclier*, et quelques méchants papiers de la sorte sans réponse nous font et nous feront longtemps plus d'ennemis en Allemagne que *tout ce qu'il y a d'argent en France ne nous y pourrait faire d'amis.* » Il s'adressait à ce moment à Pomponne, le successeur de ce même Lionne, qui en 1669 écrivait avec une regrettable légèreté qui n'est point chez lui exceptionnelle : « On fait toujours ici si peu de cas de tout le papier que le baron de Lisola barbouille que je ne saurais bien vous dire si j'avais vu ou non le dernier écrit de sa façon que vous m'avez adressé. » Son correspondant, coïncidence curieuse, était Pomponne, pour lors ambassadeur de Suède[197].

Sept ans plus tard, rien n'était changé. Rébenac de Berlin se plaignait « de l'applaudissement et de l'avidité avec lesquels princes et ministres reçoivent les petits écrits des partisans de l'empereur, quelque faibles et grossiers qu'ils puissent être. » Et il ajoutait, faisant allusion à l'actualité politique. « Il serait avantageux... que V.M. fît répandre de petits écrits dans lesquels on fît paraître partout ce qui s'est passé, la sincérité de nos intentions et le dessein dans lequel on voit manifestement que l'empereur veut... rétablir s'il se peut sa première autorité aux dépens des princes de l'empire. » Attaque et défense à la fois, voilà ce que sollicitait Rébenac.

A-t-il été répondu à ses desiderata ? Avant même d'analyser la propagande française, il convient de signaler le caractère qu'elle présenta fréquemment. Elle se contenta souvent d'une simple glorification ou même d'une apothéose du roi, de récits amplifiés de guerre, de médailles adulatrices avec inscriptions datives, le tout répandu à profusion en Europe par les soins de Colbert et de son homme de confiance Chapelain, offerts en présents à divers princes ou souverains. Quand Verjus envoyait à Colbert une ode latine sur les victoires du roi, élaborée par un chanoine, ami intime de l'évêque de Paderborn et qu'il ajoutait : « Je suis bien[198] aise que des gens de ce poids et de cette réputation prennent ce chemin et montrent cet exemple de publier les louanges du roi, et fassent insensiblement de la sorte, intéresser l'Allemagne à toute sa gloire », il montrait plus de désir d'adulation que de perspicacité : le courtisan nuisait au diplomate. Il faut d'ailleurs reconnaître que les choix de Verjus furent plus heureux qu'il sut attacher au service de la France des érudits comme Conringius, insistant sur la nécessité de faire appel à ces « pédants », dont les avis influençaient fort les princes allemands. Les gratifications données par le roi aux savants étrangers sur les indications de Chapelain eurent leur action même politique[199].

Les formes de la propagande française en matière de politique extérieure sont variées, mais assez difficiles à saisir. Lorsque surgit une guerre, le roi ne se contente pas toujours du manifeste qui tient lieu de déclaration. La guerre de Dévolution, commencée d'ailleurs sans avertissement, fut précédée d'une véritable bataille de pamphlets. Il s'agissait d'abord d'établir la nullité de la renonciation de Marie-Thérèse à la couronne de France[200]. Ce furent les écrits en allemand et en latin de Frischmann, ancien conseiller du duc de Wurtemberg, publiciste aux gages de la France, résident français à Strasbourg, qui parurent en 1662. Puis vint le livre sans date d'un ancien protégé de Richelieu, Amable de Bourzéis. Enfin le fameux *Traité des droits de la reine,* que l'on attribue soit à Duhan de Jaudun, ancien secrétaire de Turenne, soit à Guy Joly. soit à Antoine Bilain, avocat au Parlement de Paris, mis en rapports avec Colbert par Chapelain. Le texte revu par Chapelain et Charles Perrault fut traduit en espagnol sous la direction de Lionne par « un Français qui avait étudié à Salamanque » ; en allemand par Grutmeier qui reçut de Louis XIV 10.000 livres de gratification ; en latin par Duhamel, membre de l'académie des Sciences. Il fut envoyé non seulement aux souverains d'Europe, mais encore aux étrangers pensionnés par le roi, desquels on sollicita des réponses et des avis favorables.

Une véritable bataille s'engagea entre les deux partis hispano-autrichien d'un côté, français de l'autre. Le *Bouclier d'État et de justice contre le dessein magnifiquement découvert de la monarchie universelle sous le vain prétexte des prétentions de la reine de France,* œuvre du Franc-Comtois Lisola, obtint un merveilleux succès. Malgré le mépris que témoignait plus tard, et pour d'autres écrits de Lisola, Hugues de Lionne, on ne put se tenir à la cour de France de riposter. « Il est certain, écrit Saint-Maurice[201], que l'on travaille ici à répondre au *Bouclier d'État* : ils sont cinq qui le composent et entre autres l'abbé Bourzéis et le sieur Joly : les autres sont jurisconsultes au droit canon et civil et des historiens. » Saint-Maurice était bien renseigné, mais les divers pamphlets de Guy Joly, du chevalier de Jant, ancien ambassadeur en Portugal, de Jean Doujat, ce dernier en latin, n'effacèrent point l'impression produite par Lisola, qui devait multiplier ses libelles dans les années suivantes, et ne point épargner notre envoyé à Berlin dans sa fameuse *Sauce au Verjus.*

Aussi bien n'y eut-il là, du côté français, qu'une activité exceptionnelle. Peu nombreux sont jusqu'en 1680 les livres produits par la propagande française. En faire paraître à l'étranger était difficile. En 1674, Verjus transmettait à Pomponne le texte d'un écrit à imprimer, en faveur de Guillaume de Fürstemberg. « En Allemagne... et principalement dans tous ces quartiers, il n'y a pas un homme qui pour 10.000 écus voulût imprimer dix lignes en faveur de la France, en quelque langue que ce fût. »

La polémique recommença à propos de la politique des Réunions. Elle s'intensifia après 1685. André a signalé l'intérêt tout particulier que présentent les écrits d'Eustache le Noble, qui fut magistrat et procureur au Parlement de Metz, avant de perdre sa charge pour actes plus qu'illicites. Ce sont d'abord de 1688 à 1691 trois volumes de dialogues, la *Pierre de touche politique*, publiés à intervalles irréguliers, avant d'être réunis ; puis de 1693 à 1694 les *Travaux d'Hercule*, etc. En 1692, Louis XIV fit appel à un avocat au présidial de Poitiers, Moret de la Fayolle, qui rédigea contre Guillaume d'Orange un écrit intitulé assez maladroitement le *Paravent de la France contre le vent du Nord*. Mais le plus officiel des écrivains au service de Louis XIV fut certainement Joachim Legrand, oratorien, prieur de Neuville-les-Dames, attaché au ministère des Affaires étrangères de 1705 à 1715, apologiste attitré de la politique française pendant la guerre de Succession d'Espagne, dont les écrits suscitèrent du côté des alliés des répliques de Jean Dumont. Un rôle analogue, bien que moins important, fut joué par l'abbé Dubos à la même époque : le plus considérable de ses ouvrages s'adressait à l'Angleterre, afin de lui persuader que son intérêt était de se retirer du concert européen formé contre la France. Enfin, il faut mettre tout à fait à part pour leur mérite et leur succès les *Lettres d'un Suisse qui demeure en France à un Français qui s'est retiré en Suisse, touchant l'état présent des affaires en Europe*, parues de 1702 à 1704. Elles étaient l'œuvre de Jean de la Chapelle, secrétaire de Puysieux, notre ambassadeur à Soleure[202]. Elles furent traduites en diverses langues, voire même en latin : Torcy les avait inspirées et suscitées. Leur effet fut considérable en dehors de Suisse, à en croire l'impression d'un agent français en Angleterre, à la lecture de la première, en 1702. « Toutes les personnes distinguées trouvent le style de cette lettre si délicat, et les faits si bien suivis que chacun s'empresse pour la voir[203]... Les personnes bien intentionnées pour la France souhaitent qu'on continue à développer de semblables vérités. » Il paraît donc qu'au début du XVIIIe siècle, comme le remarque justement Roux, au temps d'un Jean Dumont et d'un Swift, polémistes étrangers de premier ordre, Torcy ait voulu reprendre avec bonheur les traditions trop négligées de la politique de Richelieu en matière de propagande. Diviser la coalition, montrer les prétentions de l'Autriche, comme l'avait fait de la Chapelle à grand renfort de textes, à la monarchie universelle, et le machiavélisme de sa politique, ramener l'Angleterre où existait un parti pacifique, hâter la fin de la guerre, tels étaient ses objectifs. Un de ses agents, Mesnager, ne poussa-t-il point l'audace en 1711 jusqu'à essayer de corrompre le fameux Daniel de Foë dont la campagne pour la cessation des hostilités avait eu tant de retentissement[204] ?

En dehors des pamphlets d'occasion et d'actualité, il y a des écrits d'apparence historique, qui traitent de questions plus générales. Les plus importants ont été analysés et énumérés par Bourgeois et André, depuis celui de Dupuy en 1655[205], réédité en 1670 et duquel s'inspirent les *Mémoires et instructions pour servir dans les négociations et affaires concernant les droits du roi de France,* de Denis Godefroy, par nous souvent cités, jusqu'à la dissertation d'Aubéry, *Des justes prétentions du roi sur l'empire,* qui mena son auteur imprudent à la Bastille. L'Europe s'était émue. « Il court un livre en Allemagne, écrivait Millet de Berlin à Lionne, dont on prétend faire un grand vacarme dans l'empire et donner un merveilleux ombrage aux princes d'icelui. » Mêmes plaintes étaient venues de Vienne par Grémonville. Un traité *De la préséance des rois de France sur le roi d'Espagne,* œuvre d'un conseiller du roi Bulteau, et qui contenait la doctrine officielle exposée en 1662 eut plus de bonheur.

Telles sont les formes classiques de la propagande. Il y en a d'autres plus dissimulées. En 1698, le P. de la Blandinière proposait de faire répandre « par la voie des marchands » dans toute l'Espagne, mais particulièrement en Aragon, Navarre, Catalogne et Castille, les portraits des princes français qui pouvaient prétendre au trône d'Espagne. Nous ne savons si ce projet fut mis à exécution.

Enfin, il y a le journalisme du temps, la *Gazette* de Théophraste Renaudot, le *Journal des Savants,* plus intéressant pour l'histoire des idées que pour l'histoire politique, le *Mercure galant,* etc. Mais cette presse s'adresse surtout à un public français : elle travaille à former l'opinion nationale plutôt que l'opinion étrangère. La *Gazette* publie beaucoup de renseignements officiels, de textes de traités. En 1662 on y trouve sous le nom d'*État général des Affaires,* des articles d'ensemble qui correspondent à de véritables exposés de la situation européenne : de nombreux détails sont fournis sur l'attentat des Corses, sur le duc de Créqui, notre ambassadeur à Rome, et la soi-disant indignation de la cour de Rome à cette nouvelle. « Rome a vu ce matin, écrit le correspondant de la *Gazette,* un spectacle qui a fait fendre le cœur de douleur à la plus grande partie du Sacré Collège, et à tous ses habitants, qui ont une propension naturelle à aimer la France. » Évidemment le ton de cet article ne pouvait tromper personne.

A partir de 1679 la *Gazette* fut complètement entre les mains de l'abbé Renaudot, qui succéda à son père Eusèbe, lui-même petit-fils de Théophraste Renaudot le fondateur.

En bien des cas, soit dans sa *Gazette,* soit dans d'autres circonstances, il fut un agent officieux du gouvernement. Sa correspondance — dont une partie seule a été publiée[206] avec le cardinal François-Marie de Médicis pendant la guerre de

Succession d'Espagne, correspond à une forme discrète de propagande[207]. Pour sa *Gazette,* il eut de fréquentes entrevues avec les ministres, en particulier avec Colbert de Croissy et son principal commis Bergeret. Il semble cependant que cette dernière ait décliné dans les premières années du XVIIIe siècle. En 1702 elle était devenue beaucoup plus sèche, n'avait plus d'articles de fond, et ne faisait qu'enregistrer des nouvelles.

On excusera la trop grande brièveté de cet aperçu sur un sujet qui comporterait une étude de détail approfondie. Il s'agissait seulement pour nous de montrer que la propagande n'avait point reçu le même développement que les autres moyens d'action de la diplomatie française sous le gouvernement personnel de Louis XIV. Aussi bien la superbe et parfois la violence de notre politique en rendaient-elles la défense fort difficile, et c'est là un souci qui est apparu beaucoup plus nettement aux jours de revers que dans les années de prestige et de succès.

LIVRE IV

La diplomatie de Louis XIV au travail

Des principes et des moyens d'action de la diplomatie de Louis XIV, dégagés et analysés en leur ensemble, il est naturel de passer à l'examen des opérations auxquelles elle se livre, dont la complication est sans doute infinie, mais qui pourtant peuvent se ramener à un certain nombre de types. Une première simplification consiste à distinguer les déclarations de guerre et l'état qui en est la conséquence, les traités de paix, résultat d'un long et lent travail antérieur, les traités d'alliance et de partage[208]. Les spécialistes du droit international ont construit de ces actes si différents des théories abstraites à l'édification desquelles les matériaux historiques, empruntés au XVIIe siècle ne contribuent que partiellement. Notre objectif est tout autre : il est de retracer les pratiques habituelles de la monarchie française au XVIIe siècle, et de signaler dans quelle mesure elles sont conformes à celles de l'Europe de ce temps. Mais surtout nous nous proposons de décrire et de classer des modes de négociations, étudiées jusqu'ici principalement dans leur ordre chronologique, leur contenu, leurs conséquences, de les comparer, d'en dégager le schéma essentiel, sans y voir uniquement des précédents qu'organiseront et que codifieront le XVIII[e][209] et le XIXe siècles. Enfin les langues elles-mêmes employées par les diplomates du temps dans leurs rapports avec la France et par nos propres agents ne sauraient échapper à notre investigation, qui sans se flatter sur tous ces points d'être complète, essaiera cependant d'aboutir à une synthèse provisoire.

CHAPITRE PREMIER

Déclarations de guerre et état de guerre

Il est sans doute exagéré de prétendre que le règne de Louis XIV à partir de 1661 n'a été qu'une longue suite de guerres, puisque quatre périodes seulement correspondent à des hostilités ininterrompues, 1667-1668, 1672-1678, 1689-1697, 1700-1715. Il est rare cependant que sur terre ou sur mer chôment les armes françaises. En 1664 les troupes de Coligny participent au combat de Saint-Gothard, à la croisade contre les Turcs. Les vaisseaux français purgent pour quelque temps la Méditerranée des corsaires barbaresques. Il y a des officiers français dans les armées portugaises rebellées contre l'Espagne, En 1666, pendant que nos navires participent mollement à la lutte des Hollandais contre les Anglais, quelques détachements sur terre mettent à la raison l'évêque de Munster. Après 1680, ce seront les réunions en pleine paix, les courtes escarmouches avec l'Espagne que termine la trêve de Ratisbonne, le bombardement de Gênes. Si l'on négocie presque sans arrêt en pleine période de guerre, on combat presque sans interruption dans l'intervalle ! Situation paradoxale et pourtant indéniable !

Il est parfaitement admis au XVIIe siècle que la guerre est dans bien des cas la seule solution possible, puisqu'elle fait prévaloir la force, argument essentiel et définitif. De quels actes préalables doit-elle s'accompagner ? Quels sont ses préludes ?

On distingue de nos jours diverses formes de rupture[210] ; la *déclaration de guerre,* et l'*ultimatum* qui peut dans certains cas, si une solution négative lui est opposée, la remplacer. Des deux procédés Louis XIV fit usage.

La déclaration de guerre est classique. Du Moyen âge à la première moitié du XVIIe siècle, elle se fait solennellement par un héraut d'armes.

Pourtant elle fit défaut au début de la guerre de Dévolution[211], Louis XIV s'étant contenté d'envoyer le fameux *Traité des Droits,* le 8 mai 1667, et d'annoncer à la reine son intention d'entrer en Flandre pour y défendre les prétentions de Marie-Thérèse et du Dauphin, « n'entendant pas que ladite paix soit rompue de notre part par notre entrée dans les Pays-Bas, *quoique à main armée,* puisque nous n'y marcherons que pour tâcher de nous mettre en possession de ce qui nous est usurpé ». Notre ambassadeur d'Embrun devait demeurer à Madrid, et les courriers de Flandre en Espagne pouvaient continuer comme en temps de paix à emprunter le territoire français. Ce renversement de tous les usages, soi-disant justifié par la thèse juridique de la France, fit scandale. Le 24 mai les troupes françaises envahissaient la Flandre. Mais la guerre ne devint régulière que lorsque le 14 juillet, l'Espagne n'ayant pu obtenir un armistice se décida à la publier sur la frontière des Pyrénées.

Ce fut là dans la politique de Louis XIV un cas exceptionnel, à moins que l'on n'en rapproche — mais les différences sont très grandes — les conquêtes en pleine paix. En 1672, Louis XIV se jugea enfin prêt pour une guerre avec la Hollande, qu'il avait dû retarder de plusieurs mois. Il attendit cependant que son alliée, l'Angleterre, eût pris les devants le 23 mars, et après avoir congédié l'ambassadeur des Provinces-Unies, de Groot, il publia le 6 avril un manifeste de déclaration de guerre, qu'il se contenta dédaigneusement de faire communiquer au secrétaire hollandais demeuré en France, Rompf.

Dans les mois qui suivirent s'ébaucha lentement une coalition contre la France. Les procédés des ennemis de Louis XIV valurent les siens. Dès la fin de 1672, les Espagnols combattaient aux côtés des Hollandais, sans rupture officielle avec la France. Louis XIV patienta avant de leur déclarer la guerre en 1673.

En 1683, Louis XIV, prolongeant la politique des réunions, usa avec l'Espagne d'un nouveau procédé, celui de l'*ultimatum* : il fit prévenir le marquis de Grana, gouverneur des Pays-Bas, que la Cour d'Espagne ne l'ayant pas satisfait sur les droits reconnus à la France par la chambre de Metz, son armée allait vivre sur les territoires espagnols. Le 26 octobre 1683, l'Espagne riposta par une déclaration de guerre. Il semble donc que Louis XIV ait voulu toujours la mettre, en apparence du moins, dans son tort aux yeux de l'Europe. Sans doute jugeait-il impolitique de rompre sans provocation avec une dynastie, à laquelle l'unissaient les liens du sang.

En 1688 et 1689[212], se jugeant menacé par les agissements de Guillaume d'Orange et de l'empereur et leur effort d'encerclement diplomatique, Louis XIV prit l'initiative d'un manifeste à l'empire, de déclarations de guerre aux Provinces-Unies, à l'Espagne. Il laissa à l'Angleterre la responsabilité de la rupture. Ce fut encore par *ultimatum* qu'il procéda à l'égard du duc de Savoie, le menaçant de la guerre s'il n'envoyait ses troupes aux côtés des nôtres et ne livrait quelques forteresses. Ces conditions n'ayant pas été acceptées, les hostilités commencèrent.

La guerre de Succession d'Espagne fut celle que Louis XIV fit le plus d'efforts pour éviter. Les déclarations de guerre de l'Angleterre (4 mai 1702), des Provinces-Unies (8 mai), de Léopold (15 mai) précédèrent le manifeste de Louis XIV du 3 juillet 1702, proclamant la rupture avec ces trois puissances.

En somme Louis XIV s'est conformé aux usages de son temps. Il est plus intéressant d'insister sur le texte même de ses déclarations et les raisons desquelles elles s'inspirent. Elles comprennent en général deux parties : un exposé des motifs variable ; une formule finale, presque toujours la même, dont nous verrons plus tard la véritable signification, et qu'il ne s'agit guère là que d'une clause de style. Il y est enjoint — avec quelques variantes — aux sujets du roi « de courre sus » aux ennemis, de n'avoir avec eux nulle relation, toutes les permissions, passeports, etc., étant révoqués.

De toutes ces déclarations de guerre, la plus courte, et l'Europe en fut étonnée, est celle qui fut adressée le 6 avril 1672 à la Hollande. Il y est parlé seulement de « la mauvaise satisfaction que S.M. a de la conduite que les États généraux des Provinces-Unies ont eue depuis quelque temps en son endroit. » De cette brièveté, en 1683, Leibniz dans son *Mars Christianissimus* demeurait encore étonné. Elle n'était point habituelle.

Les manifestes sont en général beaucoup plus longs et circonstanciés. En 1688, s'adressant aux Provinces-Unies, Louis XIV leur reproche des levées de troupes et l'opposition qu'ils ont faite au cardinal de Furstemberg, candidat au siège archiépiscopal de Cologne. A l'Espagne, en 1689, il impute à torts la non-observation de la trève de 1684, la participation à la ligue d'Augsbourg, l'entente avec le prince d'Orange, d'actifs préparatifs militaires. Même abondance dans la déclaration de guerre du 3 juillet 1702 à l'empereur, l'Angleterre et la Hollande[213]. « Bien que le traité conclu à Ryswick, dans le temps que le roi par la supériorité de ses troupes était en état de donner loi aux princes voisins, jaloux de sa puissance, soit une preuve certaine du désir sincère que S.M. a toujours eue de donner la paix à ses sujets et rétablir la tranquillité dans l'Europe, S.M.... a néanmoins vu que l'empereur... s'est mis en état... de troubler le repos de l'Europe par une nouvelle guerre aussi injuste qu'elle est mal fondée. » C'est dans ces conditions que Louis XIV entame les hostilités, « soutenu de la protection divine qu'il a implorée pour la justice de sa cause. » Telle est la phraséologie du temps : elle ne laisse guère place à une argumentation sérieuse. Le style des adversaires est analogue, et leurs raisons tout aussi insincères.

Nous avons vu qu'en 1667 Louis XIV ne déclarant point de guerre avait éprouvé le besoin de se justifier devant l'Europe par le *Traité des Droits de la reine.* On y peut cueillir quelques formules curieuses. « Ce n'est ni l'ambition de posséder de nouveaux États, ni le désir d'acquérir de la gloire par les armes qu'inspire au roi très chrétien le désir de soutenir les droits de la reine... Il aimerait mieux perdre le titre de roi que celui de juste... Il aura fait marcher le droit à la tête de ses armées, pour ne vaincre qu'après la justice et la raison... Le ciel n'ayant point établi de tribunal sur la terre, à qui les rois de France puissent demander justice, il ne la peut chercher que dans son cœur, où il l'a toujours fait régner, ni l'attendre que dans ses armes qui n'ont jamais manqué de la lui rendre. » Pompeuses formules desquelles personne ne fut dupe en Europe !

Une fois la rupture effectuée, quelles en sont les conséquences ? « Depuis plus d'un siècle, écrivait Nys en 1906[214], le rappel et le renvoi des agents diplomatiques servent à manifester la volonté de l'État de recourir à la force, et substituer les rapports de guerre aux rapports de paix. » Il en est ainsi généralement au XVIIe siècle. Pourtant dans la pratique, soit du côté français, soit du côté étranger, nous avons eu l'occasion de constater quelques flottements, quelques hésitations, et aussi beaucoup d'incidents qui correspondent à des violations du droit international[215]. Il arrive d'ailleurs fréquemment que nos ambassadeurs laissent à l'étranger quelque partie de leur personnel. Sans doute en 1701, la guerre une fois déclarée et Tallard parti de Londres, Guillaume III s'émut du séjour prolongé de son secrétaire Poussin et l'expulsa. Mais par une étrange contradiction, le secrétaire de l'ambassade d'Angleterre à Paris, Loger, ne quitta cette ville qu'en octobre 1702[216]. Quant au chapelain de Tallard, l'abbé Gaultier, il demeura tout le temps de la guerre en Angleterre, d'où il correspondit avec Torcy sous un faux nom.

Si la guerre détermine une rupture entre les États, par contre elle n'amène pas la cessation complète des relations entre les souverains qui en sont les chefs et les représentent. Des liens de parenté unissent princes et monarques : ils ne sont point abolis par la guerre. Les neutres s'interposent pour transmettre les faire-part officiels de décès, de mariages, de naissances quand les intéressés ne le font point eux-mêmes. En 1696, le roi d'Espagne ayant perdu sa mère, la cour de Versailles prend le grand deuil. En 1701 le nonce est chargé de remettre à Louis XIV des lettres de Vienne – où nous n'avons plus d'envoyé – à la seule fin d'annoncer la naissance d'une fille du roi des Romains. Deuil réglementaire à nouveau en 1703, le même truchement ayant donné connaissance au roi de la mort de l'archiduchesse. Pendant ce temps, Français et impériaux s'affrontaient sur les champs de bataille !

Aussi bien la guerre de l'époque n'est-elle que la lutte provisoire de deux ou plusieurs gouvernements, non point celle de deux ou plusieurs nations. Un petit nombre de personnes y participent : en France la noblesse, les soldats de métier, les miliciens paysans. Dès lors, il importe de se demander si les non belligérants interrompent toutes relations avec les pays voisins, s'ils suivent à la lettre l'ordonnance qui leur prescrit de « courre sus » à l'ennemi, et de n'avoir avec lui aucune communication. L'abîme qui de nos jours s'est creusé davanage existe-t-il pour eux entre l'état de guerre et l'état de paix ?

Résoudre cette question, c'est en examiner successivement les divers aspects, afin d'aboutir à une conclusion d'ensemble.

Au lendemain de la déclaration de guerre, que deviennent en pays ennemis les sujets de la nation adverse et leurs intérêts économiques ?

La pratique a probablement beaucoup varié. Il est rare que des mesures générales défavorables soient prises : mais ce sont des représailles momentanées. C'est ainsi qu'en 1683 les Espagnols exaspérés confisquent sur leurs territoires les propriétés françaises, font arrêter les sujets du roi aux Pays-Bas : Louis XIV riposte par d'analogues ordonnances. Mais le plus souvent tout se passe pacifiquement et sans violence. Quand l'Angleterre déclara la guerre à la France et à l'Espagne, le 4 mai 1702, le manifeste publié proclama que « tous les sujets de France et d'Espagne, qui se comporteront comme ils doivent.., seront assurés de leurs personnes et de leurs biens. »

Il arrive d'ailleurs que la situation des ressortissants de deux pays voisins en cas de guerre soit réglée par un traité antérieur. C'était le cas pour la France et la Hollande depuis le pacte « d'amitié, de confédération, de commerce et de navigation » de 1662. Il était prévu qu'en cas de guerre entre les deux alliés d'alors (« ce qu'à Dieu ne plaise ! ») les sujets de part et d'autres auraient toujours six mois « pour se retirer avec leurs effets.., vendre ou transmettre leurs biens et meubles en toute liberté, sans qu'on puisse en ce temps saisir leurs biens et leurs personnes ». Cette disposition fut appliquée en 1672 et confirmée par une ordonnance de Louis XIV. On la retrouve au traité de Nimègue en 1678, avec un délai non plus de six mois, mais de neuf mois, et même au traité d'Utrecht en 1713 entre la France et l'Angleterre. L'usage international est dès lors presque établi.

Par contre, si la possession initiale et finale des biens étrangers est garantie malgré la guerre, ils furent souvent exploités par les nationaux pendant la durée des hostilités. Sourches racontera par exemple qu'en 1702 « le duc de Guiche ayant demandé au roi la confiscation de quelques terres situées en Poitou appartenant à des Hollandais, le roi lui avait accordé vingt mille livres tous les ans sur ces terres, lesquelles seraient régies pendant la guerre par l'intendant de la province ». Un article spécial du traité d'Utrecht prévoit le rétablissement du *statu quo* pour les personnes lésées « sans toutefois pouvoir rien demander des fruits et revenus perçus et échus pendant le cours de la présente guerre ».

En ce qui concerne non plus les propriétés, mais les sujets même du roi, des efforts réguliers semblent avoir été faits pour forcer les Français à rentrer dans leur patrie, au lendemain de la déclaration de guerre avec la nation étrangère à laquelle ils se trouvaient mêlés. Ce fut le cas en avril 1672 et aussi en août 1689. « On vit publier à Paris, écrit pour lors Sourches. une déclaration du roi, par laquelle S.M. enjoint à tous ceux qui avaient des pères, des mères, des enfants ou des frères dans les terres des ennemis, de les faire revenir en France, sinon à eux-mêmes de sortir du royaume. » Mais il ajoute : « cette déclaration qui n'avait peut-être été faite que pour les habitants des frontières, *parce qu'on en avait fait une semblable pendant la dernière guerre, de laquelle on n'avait pas seulement ouvert la bouche,* se trouva dans la conjecture présente d'une très grande conséquence, et embarrassa beaucoup de gens. Finalement il ne parut pas dans la suite que cette déclaration fut exécutée à la rigueur ». Voilà qui doit nous rendre sceptiques sur l'efficacité de la réglementation de l'état de guerre au temps de

Louis XIV. Ne voit-on pas d'ailleurs dans presque tous les traités des clauses d'amnistie figurer ? Elles assuraient l'impunité à ceux qui ne respectaient pas les ordonnances.

Allons plus loin et demandons-nous maintenant ce qu'il advient des sujets du roi habitant en France, et s'ils se conforment bien aux ordres officiels qui prescrivent rupture de relations avec les ennemis.

On fut surpris d'apprendre que du fait même des gouvernements les relations postales ne furent pas toujours interrompues. En 1702[217], le directeur des postes anglaises, la guerre commencée, prit l'initiative officielle de proposer « la continuation du commerce ordinaire pour les malles de lettres. » La France y consentit, pourvu que les paquebots ne continssent que du courrier, ni marchandises, ni passagers. Presque au même temps la *Gazette* nous apprenait qu'en Hollande on murmurait contre « la rupture du commerce des lettres », voire même contre « celle des marchandises qui causerait la ruine entière des principales villes de ce pays dans un temps où les impositions et les taxes sont excessives ». Voilà qui sans permettre aucune conclusion d'ensemble jette un jour précieux sur l'état des esprits et l'incertitude des pratiques. Par ce curieux texte est posé le problème de la continuation malgré la guerre des relations économiques[218].

Théoriquement, tout commerce cesse au début de la guerre. Il arrive même que des actes d'hostilité économique se produisent antérieurement. Un arrêt du conseil du roi déclare bonnes les prises faites sur les Anglais depuis le 3 mai 1702, et sur les Hollandais depuis le 13 mai, « de même que si elles avaient été précédées par une déclaration de guerre. » Parfois la déclaration de guerre est suivie de la fermeture des ports de France « jusqu'à nouvel ordre », mais en fait pour un temps très limité. En mer s'exerce le droit de visite sur les passagers et les marchandises, et des passeports sont délivrés aux vaisseaux étrangers[219]. Quand la paix survient, une solennelle proclamation de la liberté du commerce est faite.

Il n'est pas douteux pourtant que de fréquents accommodements ne soient intervenus pour tempérer la rigueur des interdictions officielles. « On voyait avec joie, écrit Sourches en avril 1689, que malgré la guerre les Hollandais ne laissaient pas de venir prendre sous le pavillon de Hambourg les vins et les eaux-de-vie de France, ce qui, en faisant voir qu'ils ne pouvaient s'en passer, apportait en même temps de l'argent dans le royaume, où on en avait grand besoin. » Au début de la guerre de la ligue d'Augsbourg, c'était donc au moins du côté français le régime de la tolérance.

Pendant la longue guerre de Succession d'Espagne, et malgré les interdictions du début que nous avons relatées, l'État français en vint à autoriser certains rapports économiques, soigneusement réglementés par des arrêts du Conseil de 1703, 1704, 1705, 1706. Ils furent relatifs aux vaisseaux suédois, danois, irlandais, écossais, plus encore hollandais. L'arrêt du 24 mars 1705, par exemple, donnait la liste des produits que les vaisseaux hollandais, « munis de passeports », pouvaient introduire dans le royaume, et de ceux qu'ils devaient en compensation charger dans les ports de France. Seules les villes neutres n'avaient pas besoin de passeports. Encore n'en avait-il pas toujours été ainsi précédemment, au moins pour Hambourg pendant la guerre de Hollande, comme nous l'apprend Pomponne en ses *Mémoires*.

La relative liberté du commerce finit par s'étendre aux personnes même des commerçants. La « révocation des permissions, passeports, sauvegardes et sauf-conduits » promulguée par la déclaration de guerre contre l'empereur, l'Angleterre et la Hollande du 3 juillet 1702 n'a pas tardé à perdre toute sa valeur. De nombreuses licences sont accordées à des habitants des Pays-Bas espagnols pour venir en France et y retourner. Un marchand de Lille, ville occupée par les ennemis, obtient un passeport pour Paris, « venant pour les affaires de son commerce ». Hollandais, Écossais, Belges sont également favorisés[220].

Ces facilités s'accroissent dans les dernières années de la guerre. Les Hollandais semblent avoir été de tout temps ceux qui les ont le plus sollicitées. Aussi bien nos négociants ne peuvent-ils se passer des marchandises du Nord. La disette de 1709 incline encore le gouvernement français à attirer chez nous, de quelque pays qu'ils viennent, les blés dont la population a besoin.

Une contre-partie s'impose, qu'a bien mise en lumière Sée. Malgré les défenses du roi, les corsaires se hasardent souvent à saisir les navires étrangers, même munis de passeports. Les intérêts des armateurs qui ne songent qu'aux prises lucratives s'opposent à ceux des commerçants.

Comment concilier toutes ces contradictions et saisir la véritable doctrine — si doctrine il y a — de laquelle s'est inspirée la diplomatie française ? Une intéressante controverse de Louis XIV avec le gouverneur des Pays-Bas espagnols en 1689 nous renseignera fort exactement sur la conception que se faisaient le roi de France et ses ministres de l'état de guerre et de ses conséquences[221].

Louis XIV se plaignait amèrement qu'il y eût — après déclaration de guerre survenue du côté français le 15 avril 1689 — prohibition de commerce entre les Pays-Bas espagnols et la France, et aussi que *tous* les alliés demandassent en même temps des contributions aux sujets du roi très chrétien, alors que l'usage antérieur était de les faire exiger d'une même province par une seule puissance belligérante, « et que moyennant ce paiement, les passeports et sauvegardes étaient également respectés par toutes les troupes des différents princes. »

Sur le premier point le gouvernement de Bruxelles répondit très congrument que l'interdiction de commerce n'était qu'une « exécution de la déclaration de guerre qui de sa nature comporte cette défense », que Louis XIV d'ailleurs avait procédé semblablement lors de la dernière guerre avec l'Espagne.

La réponse du secrétaire d'État français Phélypeaux est fort topique. Il reconnaît « que les déclarations de guerre entre les princes, quand elles se font par écrit, défendent tout commerce avec l'ennemi ». Mais il oppose nettement la pratique à la théorie, et la justifie par de curieuses raisons. Tous les sujets ne portent pas les armes : les campagnards, les marchands ne peuvent rester sans occupation pendant la guerre : il serait injuste « que leur profession ne leur permettant pas d'hostilité, ils y fussent exposés..... Les uns (ce sont les paysans) assurent donc leur repos par le paiement des contributions et les autres continuent le commerce à la faveur des passeports ; les princes le souffrent et le tolèrent de part et d'autre, et par cette liberté qu'ils donnent à leurs sujets, ils les dispensent et les mettent à couvert de la rigueur des peines portées par les déclarations de guerre. » Rien n'est plus clair : déjà à cette époque les formules prohibitives des déclarations de guerre tendent aux yeux de Louis XIV et de ses ministres à perdre toute signification.

En résumé, si Louis XIV procède le plus souvent pour l'entrée en guerre par déclaration, les motifs par lui invoqués n'ont pas de particulière importance et les formules anciennes correspondent de moins en moins à des réalités. La vie normale est troublée, non bouleversée. Une fois passé le temps de la violence, qui n'est qu'un moyen nécessaire pour résoudre un conflit de puissance, l'ordre est rétabli rapidement par la paix, parce qu'il n'y a pas entre l'état de paix et l'état de guerre opposition absolue.

CHAPITRE II

Comment l'on signe un traité de paix

Il semble que le XVIIe siècle ait été caractérisé, au point de vue diplomatique, par l'importance et le nombre des assises qui se sont tenues pour terminer des guerres fort longues et procéder à des remaniements considérables de la carte politique, depuis le congrès de Westphalie jusqu'aux assemblées qui de 1713 à 1715 opérèrent le règlement de la Succession d'Espagne.

Pourtant deux réserves s'imposent : la première que l'intérêt de ces Congrès est surtout considérable lorsqu'il y a eu coalition, et participation de nombreuses puissances à une guerre, qu'ils ne valent guère ou point pour des paix séparées, comme celle que par exemple établit le traité de Vossem de 1673 entre la France et le Brandebourg ; l'autre que tout le travail important est loin de s'être réalisé en ces pompeuses réunions, qu'en tout cas les paix générales ont été précédées d'innombrables négociations le plus souvent clandestines, et d'ailleurs d'inégale importance, les unes ayant été de simples amorces ou ayant échoué, les autres ayant rendu des services pour l'avenir. Il n'est pas douteux en effet que les pourparlers ne se multiplient tandis que la guerre sévit. Même sans espoir d'aboutir, c'est un moyen pour un homme d'État de tâter ses adversaires, de se renseigner sur leurs intentions. Louis XIV et ses ministres, bien persuadés qu'il fallait négocier en tout temps, n'y ont point manqué. En présence d'une coalition ils ont toujours essayé de diviser leurs adversaires en les entreprenant séparément.

Naturellement beaucoup de ces négociations sont secrètes. Callières va même jusqu'à prétendre que « la plupart des grandes affaires furent ainsi conclues », et il donne comme exemple la paix de Ryswick, traitée et résolue de cette manière, « avant que d'être conclue en Hollande en l'année 1698 ». En ces tractations se sont employés non seulement des ministres dûment accrédités, mais les agents si nombreux qui sont en marge de la diplomatie française. Seulement Callières a quelque tendance à l'exagération, du fait que lui-même, dès 1693, a fait divers voyages secrets pour la paix. En tout cas un bref examen des conditions dans lesquelles furent signés du côté français les traités de 1661 à 1715 nous permettra de mettre au point ses affirmations, et nous fera pénétrer dans le vif du sujet.

En 1667 s'achève la paix de Bréda' entre l'Angleterre et ses deux adversaires, France et Provinces-Unies : elle est le résultat d'un congrès. En 1668 est signée la paix d'Aix-la-Chapelle entre la France et l'Espagne après un congrès également ; mais, écrit avec raison Olivier Lefèvre d'Ormesson « ce traité avait été fait... à Paris avec Van Beuning, ambassadeur de Hollande et envoyé tout arrêté... pour la cérémonie ». Saint-Germain-en-Laye avait précédé Aix-la-Chapelle. Plus laborieuse devait être l'édification des traités de Nimègue : dès 1672 des pourparlers directs avaient échoué en Hollande. En 1673 devait s'ouvrir à Cologne un premier congrès de plénipotentiaires, dissous sans résultat l'année d'après. Il y eut recommencement à Nimègue, et la Hollande traita la première : mais la pacification définitive ne fut réalisée qu'en 1679.

Les brèves hostilités de la France avec l'Espagne, et le conflit avec l'empire, n'aboutissent qu'à une trève pour vingt ans à Ratisbonne. Dans les années suivantes, négociations et contre-négociations déterminent une coalition générale contre la France dès 1689. La guerre est commencée, mais à partir de 1691 s'intensifie le travail secret de la diplomatie française. Nulle année ne se passe sans tractation. En 1694 et 1695 échouent les conciliabules de Maëstricht et d'Utrecht. Ce sont des négociations clandestines qui amènent paix et alliance entre

France et Savoie. Enfin, si le congrès de Ryswick s'ouvre en 1697, son issue est influencée par l'accord franco-anglais réalisé en dehors des conférences publiques, qui rendit possible la série des traités finaux.

Dans la guerre de Succession d'Espagne, la lassitude de Louis XIV se manifesta beaucoup plus rapidement. Ce fut la belle époque des négociateurs d'occasion, puisque les échanges de vues commencèrent dès 1705 et se continuèrent les années suivantes. Puis vint l'échec des conférences de La Haye en 1709, des pourparlers officiels de Gertruidemberg en 1710. Le salut arriva d'Angleterre par des agents obscurs circulant entre Londres et Paris. Après les préliminaires de Londres se réunit seulement, en 1712, le congrès officiel et général : il n'aboutit qu'en 1713 : Rastadt et Baden vinrent compléter pour l'Allemagne l'œuvre d'ensemble de pacification.

La preuve donc est faite des outrances de Callières ; les congrès ont eu un rôle essentiel. Ces grandes séances publiques ne sauraient être négligées. Mais à les étudier on comprendra plus facilement pourquoi les négociations secrètes les ont précédées et se sont produites si fréquemment.

*

Correspondances et écrits diplomatiques du temps nous font saisir tout de suite jusqu'à la redondance par la multiplicité des détails quelle est la formidable complication de ces assemblées, où siègent de nombreux représentants des États belligérants, sans cesse aux prises pour des questions d'étiquette qui rendent difficile leur travail sérieux, l'alourdissent *d'impedimenta,* l'allongent de bouderies et de demi-ruptures. Ce ne sont que querelles à l'intérieur entre les maîtres dans les réunions publiques, à l'extérieur entre les laquais ! Dès 1667, à propos du congrès de Bréda, Louis XIV pressentait tous les inconvénients de ces grandes réunions. « Il me semble, écrivait-il à d'Estrades, que pour ne tomber en aucune contestation, qui puisse arrêter ou empêcher le grand ouvrage de la paix... on pourrait et on devrait en user comme à Münster... c'est-à-dire ou traiter des affaires par voie de médiateurs, ou par des visites réciproques... Cette manière de traiter semble même plus utile pour l'avancement des affaires que celle des assemblées publiques, où chacun se mesure davantage, et se croit obligé de soutenir la dignité, les intérêts et les raisons de ses maîtres sans se relâcher ni se rendre aux meilleures raisons du temps. » Réflexions pleines de bon sens, qui ne devaient point prévaloir sur les usages contemporains, comme nous le montreront quelques exemples empruntés à la vie même des congrès.

A Bréda, où nos intérêts étaient médiocres et indirects, les envoyés de la France dépensèrent une-grande activité. Le plus remarquable était Courtin, dont l'entourage fort brillant comprenait Le Pelletier de Souzy, l'abbé de Villiers, le comte de Guiche. « On ne songeait qu'à se divertir, raconte Gourville... Tous les jours c'étaient de grands repas chez les ambassadeurs. »

En 1674, pendant la guerre de Hollande, à Cologne, les affaires traînèrent en longueur. Une partie de l'année s'écoula en bals et spectacles. Le faste de nos représentants fit sensation, si l'on en croit un témoin oculaire, l'abbé de Feuquières. « La dépense de nos ambassadeurs est fort grande. MM. de Courtin et de Barillon... tiennent deux grandes tables à la fois. » L'escadron français des jeunes diplomates amateurs est brillant : il dîne chez Courtin et Barillon, et soupe chez le duc de Chaulnes. En tout plus de cinquante volontaires, dont plusieurs abbés. On travailla peu et l'on se sépara sans résultat.

Le congrès de Nimègue fut plus sérieux, la question de la paix étant davantage mûre. Il fut lent cependant, puisqu'il s'ouvrit dès 1675. Il faut à son sujet feuilleter les mémoires du chevalier Temple pour y saisir d'un seul coup le formalisme infini au milieu duquel se déroule un congrès.

Une première opération c'est la désignation de la ville où auront lieu les négociations. Cologne, Hambourg, Aix-la-Chapelle, Liége, Bréda sont successivement écartées, et l'Angleterre fait choisir Nimègue, malgré l'étroitesse de ses rues, peu propres aux évolutions des carrosses.

Vient ensuite la nomination des plénipotentiaires. Louis XIV fait appel à Vitry, que remplaça bientôt d'Estrades, à Croissy et à d'Avaux. Mais il leur faut attendre longtemps à Charleville les passeports de l'Espagne et de l'empereur. Arrivés à Nimègue en 1676, ils n'y trouvent que peu d'envoyés. L'assemblée ne sera complète qu'en 1677. Dès la fin de 1676, les Français mécontents menacèrent de s'en aller.

Il convient premièrement — et ceci est l'office des médiateurs anglais, dont William Temple — d'assurer par des mesures précises la sécurité des plénipotentiaires, ainsi qu'il est nécessaire et classique de le faire en toute réunion de ce genre. Un règlement compliqué est donc élaboré, afin d'abord de garantir la neutralité de la ville et celle des environs « pour que la compagnie qui s'y rendrait pût se divertir et se promener ». Il s'agit aussi, eu égard à la petitesse de Nimègue, de limiter le train des ambassadeurs et le nombre de leurs équipages. Malgré quelques difficultés tout s'arrangera. Mais les questions de préséance furent plus difficiles à régler.

Les négociations commencèrent tardivement[222]. Soupers, collations, danses, les précédèrent. La vérification des pouvoirs traîna en longueur. Il fut décidé que l'on procéderait ensuite par simples exposés verbaux, et que seuls les textes sur lesquels l'accord s'était fait seraient couchés par écrit. Ce fut le 3 mars 1677 que furent remises aux mains des médiateurs anglais les propositions de tous les délégués !

En réalité le travail essentiel préparé par des missions secrètes en Hollande se fit d'abord par conversations entre les envoyés français et le représentant des Provinces-Unies, Beverningk. Elles furent délicates : Beverningk vint s'entretenir avec Louis XIV en son camp de Gand. « Pendant que ces petites affaires (visites, querelles protocolaires, etc.) servaient à amuser le congrès, les principaux points du traité, écrit Temple, se ménageaient en campagne. » L'accord s'établit progressivement et aboutit en août 1678. Le congrès continua : mais le traité entre l'Espagne et la France fut signé par la médiation hollandaise dans la maison même des envoyés des Provinces-Unies, et « ils eurent un soin extrême, rapporte Temple, de bien régler toutes choses dans la chambre où les ambassadeurs se devaient trouver... afin qu'ils ne pussent faire aucune difficulté sur les cérémonies. » Vint ensuite après la signature la lenteur calculée des ratifications, traversée par divers obstacles, en particulier les agissements de Guillaume d'Orange. Les Espagnols désiraient attendre que l'émpire eût traité : une menace d'opérations militaires seule les fit céder. L'empereur ne se résigna qu'en février 1679 et signa à Nimègue. Mais il fallut de nouvelles démarches et une reprise d'hostilités pour décider le Danemark et surtout le Brandebourg. Le congrès de Nimègue était clos. Pomponne et Meinders négocièrent à Saint-Germain, les plénipotentiaires danois à Fontainebleau. Ainsi se réalisa la pacification européenne : Nimègue ne fut guère qu'un lieu de réunion, une étape nécessaire, puisque des vues s'y échangèrent, non suffisante.

Le congrès de Ryswick fut plus considérable et moins dispersé. « L'assemblée générale pour les négociations de la paix, écrivait l'un de nos plénipotentiaires Callières[223] à la marquise d'Hüxelles, sera des plus nombreuses et ne cédera point à celle de Münster pour le nombre des ministres. » Les festivités furent abondantes. La résidence des envoyés était un château du prince d'Orange aux environs de La Haye. Le voisinage était très tentant à en croire Callières. « Il y a là, raconte-t-il, une troupe de comédiens français qui y est fort suivie, et on loue les loges vingt louis d'or par mois : les femmes des ministres étrangers y sont les premières. » Entre temps l'on discutait des conditions de paix. Mais que d'heures perdues en pure représentation ! Une pesante gravité et un lourd souci d'apparat dominaient les plénipotentiaires, préoccupés surtout de leurs titres. « Tous les auteurs, note plaisamment Callières — qui ne fut jamais un acteur chamarré de la diplomatie française — vont chausser le cothurne, car tous les ministres des alliés ont revêtu la qualité d'ambassadeur extraordinaire pour les conférences de la paix. » Callières, qui n'était qu'un bourgeois, sympathise aux regrets des Hollandais. « Les États généraux, qui sont des personnes sages et modestes, auraient souhaité que la paix se fût conclue avec moins d'apparat, mais ils ont été entraînés par tous les ministres des alliés à La Haye. » Combien Legrelle a raison, qui affirme que « quatre conférences en pleins champs au mois de juillet, entre le lieutenant général Boufflers et le comte de Portland (ami personnel du roi d'Angleterre)... firent plus pour le repos de la chrétienté que les minutieux... conflits d'étiquette, qui avaient paralysé dès le début la médiation de la Suède. »

Les conférences d'Utrecht s'ouvrirent le 20 janvier 1712[224]. A vrai dire, la situation était simplifiée par l'accord préliminaire de la France et de l'Angleterre. La réglementation des séances du point de vue de l'étiquette fut aussi sévère que dans les précédents congrès. Les réunions eurent lieu à l'Hôtel de Ville. « Les plénipotentiaires de France, écrit Dangeau, toujours bien renseigné, entreront par une porte qui est à droite en arrivant du bâtiment, et qui est la plus voisine de l'appartement de la délibération qui leur a été destinée. Les alliés entreront par une porte de même grandeur que l'autre, et qui les mène dans leur appartement. Les uns et les autres entreront ensuite dans la salle du congrès, chacun par sa porte, et on s'y asseoira indistinctement. » On cherchait une fois de plus à réduire les conflits de pure forme. Mais tout le monde était las de ces conférences à grand apparat, qui coûtaient fort cher, et où l'essentiel risquait d'être compromis par des divergences de détail. « Le congrès d'Utrecht, déclare Legrelle, ne servit guère que de chambre d'enregistrement... tandis que le travail utile s'effectuait çà et là, partout ailleurs, à Londres, à Paris, à Madrid, à Vienne, voire même à La Haye. » A Rastadt, Villars et le prince Eugène négocièrent directement : ce fut beaucoup plus simple.

En somme, les congrès sont plutôt des terrains de rencontre pour diplomates que des assemblées de travail fructueux et régulier. Conformes à l'usage, ils n'ont cependant qu'une relative utilité, lorsque de nombreux adversaires aux prises désirent arriver à une pacification. Aussi bien cette impuissance partielle s'explique-t-elle encore par l'insignifiance du rôle des médiateurs officiels, choisis le plus souvent parmi les neutres, Papauté, Suède, république de Venise. Nous en aurons terminé avec eux quand nous aurons donné quelque idée de la manière dont sont choisis et dirigés les représentants français.

Remarquons d'abord qu'ils ne constituent pas un personnel différent de celui de la diplomatie du temps. La plupart appartiennent à la carrière, dont nous avons vu le recrutement peu homogène. C'est le cas pour Colbert de Croissy à Aix-la-Chapelle, le duc de Chaulnes et Barillon à Cologne, d'Estrades, Croissy et d'Avaux à Nimègue, Callières et Verjus à Ryswick.

Il y a cependant des exceptions et des singularités. Barillon était intendant à l'armée de Turenne quand il fut nommé plénipotentiaire à Cologne, sans doute afin qu'il pût tenir le maréchal au courant des événements diplomatiques tandis que se continuait la lutte militaire. A Ryswick fut envoyé le conseiller de Harlay, qui avait été déjà plénipotentiaire à la Conférence de Francfort en 1681, mais dont le choix pourtant étonna, au dire de Sourches. A Utrecht, à côté de Polignac figurèrent un homme de guerre, le maréchal d'Hüxelles, qui avait déjà participé, il est vrai, aux conférences secrètes de La Haye, et un commerçant de Rouen, déjà plusieurs fois employé avec succès, particulièrement en Angleterre, Mesnager, chargé plus spécialement de l'examen des questions économiques. Que Mesnager fut « en égal caractère » avec Polignac et d'Hüxelles, cela, nous apprend Saint-Simon, « sembla assez étrange ».

On notera l'habitude prise par le roi, conformément aux précédents d'envoyer dans les congrès plusieurs délégués qui n'ont point la même importance ou le même rôle. Déjà à Münster, si l'on en croit Wicquefort, Servien était seul à avoir le secret qu'ignoraient le duc de Longueville et d'Avaux. A Ryswick, Callières si avantageux dans ses lettres, ne fut pas tenu au courant des intentions du roi que ne connaissait qu'Harlay-Bonneuil. Il n'y a pas lieu de s'en étonner puisqu'en 1712 l'évêque de Bristol et Strafford, délégués anglais à Utrecht, étaient encore moins bien informés des volontés de Londres[225],

Naturellement ces plénipotentiaires reçoivent des traitements et des indemnités. Callières eut 2.000 livres par mois d'appointements, c'est-à-dire les ressources officielles d'un ambassadeur de second plan, et à la fin du congrès 9.000 livres de gratifications. Aux envoyés à Ryswick on fit, suivant Dangeau, l'avance de trois mois et de quelque argent pour leur équipage. L'apparat paraissait aussi nécessaire que le travail

Avant leur départ nos représentants ont de longues entrevues avec le roi et le secrétaire d'État des étrangers. Ils sont pourvus d'instructions qui ne contiennent à vrai dire le plus souvent que des indications générales. Mais la direction leur vient surtout de leur correspondance avec Versailles. Chargés de traiter, ils reçoivent des pouvoirs soit à leur départ, soit au cours de leurs négociations.

Il n'y a pas lieu d'insister sur les traités conclus en dehors de tout congrès entre deux puissances. Ils sont l'œuvre des ambassadeurs et des ministres. Les tractations ont lieu concurremment le plus souvent dans les capitales des deux États. Il arrive que des commissaires soient nommés pour l'examen détaillé des questions litigieuses. Très souvent, du côté français, les généraux qui commandaient les armées en campagne furent utilisés. Le cas de Villars, qui affronta le prince Eugène à Rastadt est bien connu : il valut à son auteur d'abondants reproches, et une correspondance orageuse avec Voysin et avec Torcy. Il n'est point unique. Tessé semble avoir été plus heureux et plus adroit dans l'élaboration du traité de Turin avec la Savoie : il était pour lors gouverneur de Pignerol, et ses lettres à Barbezieux, secrétaire d'État de la guerre, renferment plus de détails diplomatiques que d'informations militaires !

Il y aurait évidemment intérêt à se représenter de manière précise quelle fut la méthode employée par Louis XIV et ses ministres pour la conclusion d'un traité de paix, et les principaux procédés par eux utilisés dans la négociation. Nous nous limiterons à une brève esquisse.

Elle se caractérise d'abord par une lenteur voulue[226], sauf peut-être à la veille de Ryswick ou pendant la guerre de Succession d'Espagne. En aucun cas il ne convient d'abattre trop vite ses cartes. Il faut cacher jusqu'au dernier moment l'arrière-pensée du gouvernement. Même en 1712 cette réserve sera gardée. Louis XIV voudrait que lui fussent restituées Lille et Tournai, mais il désirerait plus encore éviter la reprise des hostilités et les « hasards d'une nouvelle campagne ». « S.M. veut que ses plénipotentiaires gardent intérieurement et pour eux seuls la confidence qu'elle leur fait de ses intentions... ne leur permettant même pas d'en faire usage sans en recevoir cependant un ordre précis de sa part. »

Pour réserver à la diplomatie française le maximum de jeu possible, il ne faut l'engager qu'à l'extrême limite. D'où la défiance du document écrit, qu'il s'agisse d'un traité de paix ou de toute autre négociation. A Nimègue et à Utrecht, nos envoyés ne se sont résignés à rédiger des mémoires qu'au dernier moment, contraints et forcés.

Dans la préparation des traités de paix, des procédés presque toujours les mêmes sont utilisés. Le plus classique est celui de l'*alternative*. Deux textes — deux ensembles de stipulations — sont proposés à l'adversaire, entre lesquels le choix lui est accordé, le tout renforcé, si l'on est en bonne position, d'un *ultimatum*.

La méthode n'était pas nouvelle. En 1544, avant la conclusion du traité de Crépy, François Ier avait soumis à l'empereur Charles-Quint une *alternative*, avec un délai de quatre mois pour la décision. Les exemples pourraient être multipliés.

Il en fut ainsi à la veille du traité d'Aix-la-Chapelle. Déjà, en. novembre 1667, un premier memorandum offrait une alternative à l'Espagne, à trancher jusqu'à la fin de mars 1668. Après la publication de la Triple Alliance et la conquête de la Franche-Comté, une nouvelle alternative, reproduisant la première avec quelques modifications de détail, amena la paix.

En 1678, il en fut de même, mais suivant un mode plus limité avec la Lorraine et avec l'Empereur. La première alternative échoua[227]. Sur la seconde, laissons parler Pomponne en ses *Mémoires* : « L'habileté de la cour de Vienne n'a pas paru davantage dans la paix. Le choix que les ambassadeurs de l'Empereur firent à Nimègue de l'alternative que le Roi lui avait offerte, ou que Philippsbourg lui fût remis, ou que Fribourg lui demeurât en échange, a donné à S.M. tout le

Brisgau, dont elle sera la maîtresse toutes les fois qu'il y aura guerre en Allemagne. »

Sans prétendre faire une énumération exhaustive, d'ailleurs inutile, il convient de rappeler qu'une alternative fut encore proposée à l'Espagne en 1683, et suivie en 1684 d'un ultimatum, qu'il en fut de même du côté anglais à Utrecht en 1712, lorsque Philippe V eut à opter entre le royaume de Sicile et de Savoie, avec la renonciation au trône de France, ou le royaume d'Espagne avec les possessions coloniales. Le procédé était donc non point uniquement français, mais européen. Aussi bien le retrouverons-nous plus tard, lorsqu'il s'agira de traités de partage avec des complications supplémentaires.

*

Il n'est pas indifférent de se demander dans quelle mesure l'imminence d'un traité de paix amène la cessation des hostilités, autrement dit, quelle est la fréquence des armistices. L'usage n'est point fixe, mais assez rares, semble-t-il, apparaissent les cas dans lesquels du côté français une suspension d'armes est consentie. En juillet 1667, elle fut refusée, au début de la guerre de Dévolution, à la reine d'Espagne[228]. Le roi consentait seulement à négocier. « L'action des

400

armes, proclamait-il, n'a jamais empêché l'établissement et les progrès des négociations d'un accommodement, quand les princes ont eu comme nous l'avons, un sincère désir d'y pouvoir parvenir. » Au vrai, il ne demandait qu'à poursuivre ses conquêtes. Semblable réponse fut faite par lui aux médiateurs bénévoles, qui s'offrirent en fin d'année 1667, princes allemands, Clément XI, bientôt Triple Alliance. « S.S. peut-on lire dans un mémoire adressé au duc de Chaulnes, notre ambassadeur à Rome, aura s'il lui plaît agréable de considérer que la suspension d'armes n'est d'aucune nécessité pour pouvoir traiter à fond un accommodement et pour conclure, témoin les deux fameux exemples de Münster et de Bréda. »

A cette doctrine nettement formulée, le gouvernement français resta le plus souvent fidèle. Le traité de paix avec l'Espagne à Nimègue est du 17 septembre 1678 : il y a eu cessation d'hostilités, mais seulement le 19 août. Par contre, lors de la conclusion du traité de Saint-Germain-en-Laye, le 29 juin 1679, les opérations contre le Brandebourg duraient encore. « Toutes hostilités, déclare l'article III, cesseront entre les parties dans le temps de 10 jours au plus tard après la signature du présent traité, ou plus tôt si la notification en peut être faite aux généraux qui commandent les armées de part et d'autre[229]. »

Pendant la guerre de la ligue d'Augsbourg, il y eut bien deux armistices conclus, mais dans des conditions fort spéciales. La capitulation de Casal, machinée entre la France et la Savoie en juillet 1695, amena, remarque justement Vast, une suspension d'armes de fait. D'autre part, le traité de Vigevano, venant après la paix de Turin, et conclu entre le duc de Savoie, l'Empereur et l'Espagne, jadis alliés, réalisa la neutralité de l'Italie, déjà acceptée par Louis XIV, alors qu'ailleurs la guerre continuait. Cette mise en dehors des hostilités de toute une région est un fait curieux. Mais aucune suspension d'armes ne précéda les traités de Ryswick.

Les circonstances devenues défavorables modifièrent l'attitude de Louis XIV dans les premières années du XVIIIᵉ siècle. Les préliminaires secrets de Londres en 1711 n'arrêtèrent point les opérations des Français et des Anglais. Mais le 19 août 1712, à la suite de la venue de Bolingbroke à Paris, on convint d'une suspension d'armes, que la France travaillait à établir depuis juin, et qui fut déclarée valable jusqu'au 22 décembre 1712 Par là Villars dans le Nord, fut soulagé de la lutte contre les Anglais. La dite suspension fut prolongée jusqu'à la paix définitive. Ainsi commençait à s'établir un usage que l'avenir tendra à généraliser.

La rédaction d'un traité de paix et sa signature sont un ensemble d'actes très compliqués. Les questions de titres, de préséance, de langues même[230] y jouent un grand rôle. Voici quelle est d'après Callières la règle générale : « On fait dresser deux copies qu'on appelle un double instrument, et chacun d'eux nomme son prince, le premier dans celui qu'il garde et y signe à la première place. » Les ratifications suivent, souvent non sans lenteur et contestations.

Dans le texte même — à côté des stipulations particulières — il semble y avoir des parties fixes. Au début, sont invoqués avec des variantes Dieu le Créateur, la Providence et lorsqu'il s'agit de souverains catholiques, la très sainte Trinité[231]. Suit l'énumération des titres des puissances contractantes et de leurs représentants.

Pour la proclamation de la paix, les formules divergent. Tantôt il s'agit d' « une bonne, ferme et durable paix, confédération et perpétuelle alliance » (Aix-la-Chapelle) ; tantôt d' « une paix bonne, fidèle et inviolable » (Hollande, 1678) ; tantôt d' « une paix universelle et perpétuelle, d'une vraie et sincère amitié » (Angleterre, Utrecht). Pour chaque pays sont reproduites d'ordinaire les formules utilisées dans les traités précédents.

En dehors de l'énumération des clauses diverses, restitutions, annexions, échanges, les traités comportent très souvent : l'indication d'une amnistie pour les sujets compromis pendant la guerre dans le camp du voisin, l'abolition de toutes les mesures prises par l'ennemi dans les pays occupés, ainsi que le règlement de la question des contributions de guerre. On y trouve parfois des stipulations comportant l'échange de prisonniers sans rançon. Lorsque le traité de paix ne se double point d'un traité de commerce et de navigation — ainsi qu'il est d'usage avec les puissances maritimes — il comprend fort souvent des clauses économiques. Notons enfin pour mémoire que certains articles sont consacrés à la garantie des intérêts de tels ou tels princes ou ducs, dont le roi de France se fait l'avocat. D'aucuns séparés furent publiés à part : quelques-uns demeurèrent secrets.

Tel est le schéma habituel des traités conclus par Louis XIV, divisés, non en chapitres, mais en articles ; ils nous semblent assez mal ordonnés et reproduisent fréquemment des parties de traités antérieurs. Leurs textes furent édités à l'époque sous forme de plaquettes avant de paraître réunis dans les recueils qui se succèdent du XVIIe au XIXe siècles[232].

Quelquefois mais rarement précédé de préliminaires, rédigé, signé, ratifié, le traité de paix est proclamé solennellement et donne lieu à de grandes cérémonies et réjouissances, dont le détail ne manque pas de pittoresque. Il en est ainsi en France comme à l'étranger. Voici ce que furent d'après les *Mémoires* du temps, volontiers prolixes, quelques-unes de ces cérémonies.

D'abord des affiches sont placardées dans tout le royaume, et les curés annoncent au prône la grande nouvelle. Mais c'est à Paris surtout que la publicité est intensive.

En 1697, fut proclamée Paris, en novembre, la paix récemment conclue avec l'Espagne[233]. Un *Te Deum* fut célébré à Notre-Dame, et des feux de joie eurent lieu sur la place de l'Hôtel-de-Ville « avec une si prodigieuse affluence de peuple dans les rues, attiré par les inscriptions à la gloire du Roi qu'on avait mises en plusieurs endroits, qu'on n'avait jamais vu de semblables foules ». Puis ce fut à Versailles le défilé de toutes les compagnies supérieures « venant en corps haranguer le Roi au sujet de la paix ». Parlèrent successivement le premier président du Parlement, l'avocat général, le premier président et l'avocat de la Chambre des Comptes, de la Cour des Aides, de la Cour des Monnaies. A chaque président, le roi répondait en quelques mots. Vinrent ensuite les députés du corps de ville de Paris, et le prévôt des marchands qui harangua le roi en leur nom. Un autre jour furent introduits le Grand Conseil et l'Université, et les discours continuaient toujours ! L'Académie française termina la série par la voix de l'abbé Dangeau, frère de l'annaliste.

Les fêtes semblent avoir été plus brillantes encore en 1713 et 1714, sans doute parce que la paix était plus désirée de la cour comme de la ville[234]. En mai 1713, le traité avec l'Angleterre fut publié à Paris en douze endroits. A la Place Royale, le duc et la duchesse du Maine jetèrent de l'argent au peuple. Beaucoup de maisons illuminèrent. Les feux de joie furent nombreux. Le lieutenant de police d'Argenson lui-même se signala par ses libéralités. Quelques jours plus tard il y eut feu d'artifice à l'Hôtel de Ville, et grand souper magnifique, donné à ses frais par le gouverneur de Paris ; l'ambassadeur et l'ambassadrice d'Angleterre y assistèrent, mais le nonce ne parut qu'au feu d'artifice[235].

Peu de temps après ces cérémonies, mais généralement passé sous silence et considéré comme sans importance, a lieu l'enregistrement du traité par le Parlement de Paris et les Parlements de province. Il en est seulement de ces accords diplomatiques comme de beaucoup d'actes publics : jamais auparavant ils n'ont fait l'objet de remontrances, *à fortiori* à une époque d'ailleurs où ce droit n'existait plus. On notera seulement que la clause de ratification figure au temps de Louis XIV dans les contrats conclus avec l'Espagne. Voici la forme sous laquelle elle se présente à nous au traité des Pyrénées. « Et pour plus grande sûreté de ce traité de paix... sera ledit traité vérifié, publié et enregistré en la Cour du Parlement de Paris, et en tous autres Parlements du royaume de France, et Chambre des Comptes dudit Paris. » Ce n'était pas une innovation puisque le traité de Vervins de 1598 était rappelé à cette occasion. Enfin il y avait réciprocité, puisque semblable enregistrement devait se faire « tant au grand Conseil et autres Conseils, et Chambres des Comptes dudit Sgr. Roy Catholique, aux Pays-Bas, qu'aux autres Conseils des Couronnes de Castille et d'Aragon. » Ajoutons que « les expéditions seront baillées de part et d'autre, dans trois mois après la publication du présent traité ».

Cette tradition s'est maintenue pendant toute la durée du gouvernement personnel de Louis XIV. Semblable clause figure aux traités de Nimègue et de Ryswick avec l'Espagne. Elle n'existe à notre connaissance dans nul acte conclu avec une autre puissance. Mise en pratique dans notre pays, l'a-t-elle été de même en Espagne ? Vast conclut pour la négative.

En tout cas l'habitude française de l'enregistrement par les Parlements et Cours souveraines n'est point passée inaperçue à l'étranger, et elle a même donné naissance, à la fin du siècle, à une curieuse sollicitation. Il s'agissait, il est vrai, non d'un traité de paix, mais d'un traité de partage que Tallard négociait pour la France avec l'Angleterre et les Provinces-Unies en 1699[236]. « Ils demandent, écrivait de Londres Tallard à Louis XIV, que le traité et les actes solennels soient enregistrés au Parlement de Paris. Ils disent que des traités aussi considérables le sont souvent, et ils en citent des exemples. » Le roi fut très choqué de cette démarche, et le fit bien voir dans sa réponse à Tallard. Sa thèse est très nette. « La ratification est le seul acte qui puisse confirmer un traité signé en mon nom, et comme je le fais par ma seule autorité, c'est elle uniquement qui peut y donner la force nécessaire. » Il ajoutait : « Les États généraux n'ignorent pas, et le roi d'Angleterre sait aussi bien que personne que les Parlements n'ont d'autorité dans mon royaume que celle que je veux bien leur confier..., qu'ils n'ont nulle connaissance des affaires politiques, et que *celle que je leur ai donnée des derniers traités de paix a été seulement de quelques articles de ces traités qui devaient leur servir de règle pour juger entre mes sujets et les étrangers.* » Après ces déclarations de principe, Louis XIV — tellement grand était son désir d'aboutir ! — consentait seulement à ce que le traité fût déposé dans les Archives du Parlement, tout en faisant remarquer que, ne pouvant avoir son effet qu'à la mort du roi d'Espagne, il ne serait enregistré qu'à ce moment.

Par-dessus tout, il protestait contre le terme de *vérification,* employé par les puissances maritimes, « qui ne convient, écrit-il, ni à mon autorité, ni aux fonctions des Parlements de mon royaume. » Il finit cependant par renoncer à cette réserve de forme. On sait ce qu'il advint de cet accord après la mort du roi d'Espagne[237].

Cependant, du côté anglais l'idée de la vérification ne fut point complètement abandonnée. On la vit réapparaître sous une autre forme à la fin de la guerre de Succession d'Espagne, lorsqu'une des clauses de l'accord franco-anglais, en 1712, fut la double renonciation des Bourbons de France à la couronne hispanique, de Philippe V à la couronne de France[238], enregistrée solennellement par le Parlement de Paris, auxquels s'étaient joints les pairs de France. Auparavant, les Anglais pour plus de sûreté avaient demandé la ratification par les États généraux. La réponse de Torcy à Bolingbroke, naturellement négative, avait été fort nette : « Les États en France ne se mêlent point de ce qui regarde la succession à la couronne : ils n'ont le pouvoir ni de faire, ni d'abroger des lois. » D'ailleurs les États généraux qui n'ont donné que de mauvais résultats, et qui n'ont point été convoqués depuis 1614, sont « en quelque manière abolis dans le royaume. » Bolingbroke dut se contenter de l'enregistrement par les Parlements. « Les Français, écrivait Torcy, sont accoutumés à cet usage : il se pratique à l'égard des traités faits avec les puissances étrangères. Les édits et les déclarations revêtus de ces formalités ont force de loi. » Évidemment, le ton avait changé depuis 1700, et Louis XIV semblait se départir de son indifférence hautaine aux formes légales par lesquelles se manifestaient les décisions prises par lui à la demande de l'Europe. Au même moment les Cortès d'Espagne enregistraient de leur côté la renonciation de Philippe V. La volonté du roi ne paraissait plus suffisante au regard du droit international. Curieuse évolution, qu'il faut se garder d'exagérer, suffisante cependant pour montrer que l'âge d'or de la monarchie absolue s'éloigne de nos regards !

*

Un traité de paix signé, il reste à l'appliquer. Exceptionnellement des précautions furent prises pour son exécution. Ce fut le cas lors des négociations de Turin en 1696. Louis XIV consentit à ce que des otages fussent pris par le duc de Savoie pour garantir la reddition de Pignerol, la démolition de ses fortifications, et la restitution prochaine de diverses places de la Savoie et du comté de Nice, occupées par les troupes françaises. En vertu de l'article I, deux ducs et pairs, en l'espèce Foix et Choiseul, furent remis au duc de Savoie « qui les traitera selon la dignité de leur rang ». Il faut attribuer cette extraordinaire concession au désir qu'avait Louis XIV en démembrant la coalition, d'assurer également la neutralité immédiate de l'Italie, des troupes françaises devenant ainsi disponibles sur d'autres théâtres de guerre.

Il est rare d'ailleurs qu'un traité puisse être mis en pratique sans difficultés. D'abord, la bonne foi fait défaut le plus souvent, quels que soient les contractants, et les textes sont parfois volontairement obscurs. Enfin, tout ne peut être réglé par traité : d'innombrables questions de détail, véritables nids à querelles, doivent être résolues postérieurement. Aussi bien les instruments de paix eux-mêmes prévoient-ils fréquemment la constitution de commissions pour étudier les cas litigieux. Le traité des Pyrénées avait eu comme conséquence de longues conférences entre délégués espagnols et français pour la fixation des frontières. La liquidation de la paix de Nimègue fut plus délicate encore : dans l'accord avec l'Espagne avait été stipulée la nomination de commissaires pour procéder aux échanges de territoires : les conférences eurent lieu à Courtrai : elles échouèrent, en partie par la mauvaise volonté française. D'interminables conflits commencèrent, qui devaient être le point de départ de la politique des réunions. Au lendemain de Ryswick les débats furent moins graves. Sans doute l'attention se portait-elle moins sur le détail de cette pacification rapide que sur l'imminence de la succession d'Espagne. L'effort français se tournait d'un autre côté. Il fut seulement stipulé par l'article XIII du traité conclu avec Guillaume III, que des commissaires régleraient la question difficile de la principauté d'Orange, confisquée par Louis XIV. Le roi nomma à cet effet deux membres du conseil d'en haut, Beauvillier et Torcy : le roi d'Angleterre procéda de même, et la Hollande participa aux tractations.

Ces quelques exemples, choisis entre bien d'autres, suffisent pour nous montrer ce que fut la suite d'un traité de paix. En somme l'appareil diplomatique s'est enflé considérablement au cours de la dernière moitié du XVIIᵉ siècle, plus qu'en aucune autre période. Cette augmentation est due non seulement à un formalisme chaque jour plus compliqué, mais encore à la participation d'un nombre de plus en plus grand d'États importants et solidement constitués à la vie politique européenne, et aussi au désir louable d'avoir des instruments juridiques, plus précis, plus complets, correspondant plus exactement à la gravité et au nombre des questions que soulève le retour de la situation de guerre à l'état normal de paix.

CHAPITRE III

Traités d'alliance et traités de partage

Les traités d'alliance sont beaucoup moins caractéristiques que les traités de partage et ne méritent pas comme eux une étude détaillée. Ils se sont multipliés sous Louis XIV pendant la première partie du règne. C'est une des tendances les plus nettes de la politique de Lionne que cet effort permanent, pour associer à la France dans sa lutte contre l'Espagne, puis contre la Hollande, la majeure partie des États européens, grands ou petits. Il nécessita de grosses dépenses et des trésors d'ingéniosité diplomatique. Le résultat fut un peu décevant ; on n'empêcha ni la Triple Alliance de 1668, ni la raréfaction des alliés de la France après 1672 et la formation d'une coalition européenne. La tempête de la guerre, et la crainte d'une hégémonie française, détruisirent en un instant les toiles d'araignée patiemment ourdies pendant plusieurs années !

Aussi bien, l'entreprise de Lionne était-elle de divers points de vue paradoxale et fragile en même temps. Elle s'efforçait trop souvent de concilier les amitiés de princes, dont les intérêts étaient contradictoires, rois de Suède et de Danemark, électeur de Brandebourg et duc de Neubourg. De plus, avec les petits États, la France ne traitait jamais à égalité. Elle leur imposait ses conditions, économiques, militaires, politiques. En matière d'argent surtout, elle ne tenait pas régulièrement ses promesses. Entre le Brandebourg et la France, lutte perpétuelle à qui duperait l'autre, l'électeur ne respectant pas ses engagements, le roi retardant le versement des subsides. Enfin, dans les années qui suivirent 1672, la politique française se heurta à des résistances imprévues. La plus vive de ces réactions fut celle de l'Angleterre : bien que gagné par l'argent à la cause française, Charles II, dès 1674, dut sous la pression des marchands de Londres, de la Chambre des Communes et du petit peuple, renoncer à l'alliance de Louis XIV, devenue par trop impopulaire.

Le relevé des traités d'alliance, dont Léonard et Dumont nous donnent les textes serait fastidieux et inutile. Lionne s'appuie sur la ligue du Rhin conclue par Mazarin, il en assure le renouvellement, il y introduit des membres nouveaux. Des traités sont signés avec l'archevêque de Trèves, le duc de Mecklembourg, l'électeur de Saxe, l'électeur de Mayence, l'électeur de Bavière, l'évêque d'Osnabrück, le duc de Hanovre, etc. Le roi n'est-il point d'ailleurs en vertu des traités de Westphalie le gardien de ce qu'il est convenu d'appeler les « libertés germaniques » ? Il use abondamment de la possibilité qu'ont les princes allemands depuis 1648 de traiter avec l'étranger qui n'en est point tout à fait un, puisqu'il a droit de regard dans le Saint-Empire romain germanique.

Au début du gouvernement personnel, Lionne traite directement avec tous ces petits souverains, soit par leurs envoyés, soit par les nôtres. A l'occasion, Turenne intervient officieusement pour fournir des explications aux princes, ou calmer les impatiences du ministre. Plus tard, Fürstemberg sera le véritable directeur de nos affaires en Allemagne.

Beaucoup de ces traités sont secrets, tel celui conclu le 21 juillet 1666 avec le duc de Neubourg, et que Mignet a retrouvé aux Archives des Affaires étrangères[239]. En voici le préambule qui nous renseigne sur les conditions de la négociation... « Sur quoi le sieur de Lionne, muni d'un plein pouvoir de S.M., ayant eu plusieurs conférences avec le sieur baron de Leerodt, muni aussi d'un pareil plein pouvoir dudit seigneur duc de Neubourg ils sont enfin convenus du présent traité, etc. » La suite nous apprend qu' « afin que le présent traité ne puisse donner aucun ombrage, ni jalousie aux autres princes et potentats, il a été convenu qu'il sera tenu dans le dernier secret. »

Ces conventions sont le plus souvent signées pour un certain nombre d'années, et sont susceptibles d'être renouvelées ou prorogées avec des clauses légèrement différentes. « Le présent traité, peut-on lire dans un accord avec l'électeur de Cologne du 22 octobre 1666, durera jusqu'à la fin de l'année 1670 qui sera le terme de la prorogation qui doit se faire de l'Alliance du Rhin, et cela s'il n'y arrive point de guerre entre les deux couronnes (France et Espagne), mais si, pendant ce temps, il survenait entre elles quelque guerre, ledit traité subsistera jusqu'à ce qu'elles soient terminées. »

Le contenu de ces instruments est fort variable : il se ramène cependant à quelques types généraux ; en fonction des États allemands, il s'agit tantôt de neutralité, tantôt d'alliance avec la France, parfois de garantie du traité de Münster, ou d'engagement secret à une action contre l'empereur pour l'empêcher de soutenir les Bourbons d'Espagne : le plus souvent Louis XIV s'oblige à fournir des subsides, dont une partie doit servir à la levée de troupes.

On trouvera un exemple de traité plus complet en étudiant les rapports de la France et de la Suède. Un accord de ce genre conclu en septembre 1661[240] entre Louis XIV et Charles XI par Lionne, et Tott, ambassadeur extraordinaire, comporte un rappel historique du passé, quelques indications sur la liberté du commerce, la possibilité réciproque de lever des matelots et des soldats à l'intérieur des deux pays, diverses considérations sur les rapports avec les États de l'Empire et la ligue du Rhin ; enfin l'établissement d'une alliance pour 10 ans. En fait, il fut renouvelé en 1663, puis après une longue période de froideur en avril 1672[241]. Louis XIV et le roi de Suède se garantissent leurs territoires contre le Danemark et « les perturbateurs de la paix de l'Empire » sur la base des traités de Münster, d'Osnabrück, d'Aix-la-Chapelle. La Suède recevra des subsides pour l'entretien de ses soldats. Le tout pour dix ans, « et afin qu'on connaisse que cette alliance n'est faite au désavantage ni au préjudice de personne, les alliés et amis des deux rois, qui voudront et souhaiteront y être compris le seront. » Habitude du temps, dont il serait facile de multiplier les exemples, qui consistait à faire participer à un traité d'abord uniquement bilatéral d'autres puissances. Manœuvre diplomatique souvent habile pour neutraliser de mauvaises volontés latentes ! Seulement viennent ensuite en ce même accord de 1672 des articles secrets qui donnent à l'alliance publiquement inoffensive son caractère belliqueux, et la montrent dirigée contre l'Empereur et l'Espagne, au cas où ceux-ci interviendraient dans la guerre franco-hollandaise pour lors imminente.

Pourtant, malgré la précision des chiffres de subsides et de troupes à lever, ce ne fut qu'en 1675 que se produisit après de nouveaux efforts l'intervention suédoise. Au fond rien de plus délicat à mener que ces négociations, et quand elles ont abouti, rien de plus difficile que d'obtenir la mise en application des clauses d'un traité d'alliance. Chaque État est prêt à se reprendre et à revenir sur ses promesses au gré de ses intérêts. Il arrive d'ailleurs que la préparation d'un traité ne soit qu'une feinte. En 1683, Louis XIV avait attiré dans sa clientèle Danemark et Brandebourg pour les empêcher de se rattacher à la cour de Vienne. Le résultat obtenu, il ralentissait le zèle de Rébenac, notre envoyé à Berlin, et lui ordonnait de ne point se presser d'aboutir.

Il convient d'insister sur le caractère curieux que prirent les négociations d'alliance avec l'Angleterre au temps des Stuarts. Elles furent avant tout personnelles et procédèrent d'un type spécial de négociation, plus souple que les pourparlers officiels, plus rapide, moins lourd et moins lent, que nous devinons parfois dans les tractations qui précèdent un traité de paix, mais que nous retrouverons surtout plus bas pour certains traités de partage.

Il ne s'agit plus en effet d'une entente entre ministres et ambassadeurs. L'imbroglio est bien plus compliqué, qui aboutit à la conclusion des accords de 1670[242], le premier secret avec des clauses supplémentaires, que ne connurent que les conseillers catholiques de Charles II, le second, public et approuvé par le ministère entier. Toutes les précautions furent prises pour ne point entrer en conflit avec l'opinion publique anglaise. On désirait que ce fût un accord de roi à roi, ou comme l'écrivait Ruvigny « de gentilhomme à gentilhomme ». Ambassadeur à Londres, Colbert de Croissy s'ingéniait à se faire considérer par le roi d'Angleterre « comme une personne qu'il aurait choisie lui-même pour conduire cette affaire, plutôt que... comme un ministre de S.M. » Il réussit d'ailleurs assez mal en ce rôle, puisqu'à la demande de Charles II on finit par se garder de lui « et de lui révéler que ce qu'il ne pouvait pas ne pas ignorer pour ne pas faire d'impairs ». Le rôle essentiel que l'on connaît bien est celui d'Henriette d'Angleterre, dont le voyage à Douvres auprès de son frère, précédé d'une abondante correspondance, eut des résultats décisifs.

De 1680 à 1715, la politique française d'alliances perdit beaucoup de son importance. A partir de 1688, l'Angleterre est notre ennemie et travaille à la formation d'une coalition. En Allemagne plus de ligue du Rhin. De difficiles discussions à la Diète ; la clientèle française s'appauvrit. Brandebourg et Palatinat sont nos adversaires. Pologne, Suède, Danemarkse dérobent ou nous sont hostiles. Pendant la guerre de Succession d'Espagne, le Piémont et le Portugal nous abandonneront rapidement. Il ne nous restera que l'électeur de Cologne et celui de Bavière. Quant à l'Italie, notre diplomatie y a presque de tout temps vu ses efforts paralysés par la puissance qu'y conserve l'Autriche. La politique d'hégémonie devait fatalement aboutir à l'isolement de la France, précédant sa défaite finale de 1715.

*

On ne s'étonnera pas de voir mettre à part les traités de partage, malgré leur petit nombre, et ce fait curieux qu'ils n'ont point eu l'occasion d'être appliqués. Sans doute ils ont pour objet d'assurer la paix, et ils impliquent l'alliance effective des signataires. Ils sont en une certaine mesure la conséquence de ce désir d'équilibre des forces auquel se rangent de plus en plus les grandes nations européennes. On essaie d'éviter la guerre par un compromis à l'amiable, nul n'étant sûr à l'avance d'une victoire décisive, chacun désirant épargner ses finances. Mais surtout ces traités ont été préparés d'une manière fort spéciale. L'étudier, c'est projeter un jour curieux sur les méthodes diplomatiques du temps. Peu importe dès lors pour notre objectif qu'ils n'aient point été suivis d'effet. Ils nous font pénétrer dans le dédale des négociations secrètes, menées non plus par de petits agents, mais par des personnages de titre et de poids.

Naturellement, ce fut de la Succession d'Espagne qu'il fut question d'abord avec l'Empereur en 1668, puis de 1698 à 1700 avec les puissances maritimes. Le premier accord devint désuet par la mauvaise volonté autrichienne ; les autres caducs par la mort de l'infant bavarois, puis l'acceptation par Louis XIV du testament de Charles II.

Rien de plus significatif en 1668 que la négociation menée dans le plus grand secret à Vienne par notre ambassadeur Grémonville. Ce fut un chef-d'œuvre inutile[243].

Dès 1667, Fürstemberg avait agi en sondeur, en intermédiaire officieux. « Cette négociation, écrivait plus tard Louis XIV à Grémonville pour le mettre au courant, ne devait pas *à cause de sa nature* être portée d'abord par un de mes ministres, mais par ceux d'une personne sûre, connue des électeurs, laquelle ayant à cœur *le bien public et le repos de l'Empire,* propose à l'Empereur le véritable et le plus sûr moyen de le conserver. » Le biais est adroit : les fictions diplomatiques sont respectées, la phraséologie classique est employée.

Grémonville entame ensuite l'action. Seuls, l'empereur et deux ministres autrichiens sont dans le secret. Sur l'initiative de Louis XIV on s'est engagé réciproquement au silence, même l'objectif final atteint, à savoir le partage éventuel de la Succession d'Espagne. Grémonville dispose d'un plein pouvoir « écrit de la propre main de S.M. ». « C'est de cette manière, lirons-nous dans ses *Instructions,* qu'on a accoutumé d'en user dans les affaires qu'on veut tenir extrêmement secrètes, sans quoi on ne pourrait les cacher aux officiers du grand sceau. » On y apposa donc seulement le petit sceau, gardé par Lionne à la secrétairerie d'État : une lettre du roi authentiqua le plein pouvoir. Du côté français furent seuls au courant Lionne, Le Tellier, Colbert, c'est-à-dire le triumvirat tout puissant depuis 1662. « Outre cela, écrit Lionne, il y a mon fils et celui de mes commis qui le savent, et dont je réponds, » Pourquoi toutes ces précautions ? D'abord pour ne point « réunir tous les protestants contre leurs Majestés », ensuite par désir de Vienne de ménager Madrid.

C'est à Vienne qu'eurent lieu, pour simplifier, *toutes* les négociations. Elles furent conduites avec un amusant mystère qui enveloppa les entrevues de Grémonville avec l'Empereur, avec Auersperg et Lobkovitz. « C'est une véritable représentation de comédie italienne que la négociation où je suis », ne, pouvait s'empêcher de remarquer

Grémonville. Elle fut compliquée d'imprévu et d'aventures, qui lui donnent quelque allure romantique. Un soir que Grémonville se glissait le long des rues, avec sur lui le précieux texte du futur traité, il fut blessé par des estafiers espagnols ivres, qui ignoraient sa qualité. Comme Louis XIV voulait aboutir, on s'entendit promptement, encore que chacun eut multiplié les roueries diplomatiques en usage.

Une fois l'affaire conclue, les précautions redoublent, Un officier et des gardes sont envoyés de France à Vienne pour prendre à la cour tous les actes de cette négociation et les rapporter. On avait pensé un instant à mettre les deux instruments du traité entre les mains du grand-duc de Toscane pour plus de sûreté. Stipulation non observée : ils restèrent finalement confiés aux deux signataires.

Le texte même, abstraction faite des clauses territoriales qui n'intéressent que l'histoire diplomatique, est fort curieux. Il y est naturellement parlé de la possibilité de la mort du roi d'Espagne avec toute espèce de circonlocutions et conformément aux bienséances ! Les considérations morales sur la fragilité de la vie humaine abondent. Mais tout est prévu pour le cas où l'événement fatal se produirait. On passerait tout de suite à l'exécution, en demandant la garantie dudit traité à presque toutes les puissances européennes.

Tant d'ingéniosité pour la conclusion de cet accord qui eût réconcilié France et Autriche, et qui marque un moment intéressant de la pensée politique française, fut dépensé en pure perte. Dès 1669 Vienne s'écarte de la ligne même et de l'esprit du traité. Il n'en fut plus question jusqu'au XVIIIe siècle, où on le découvrit.

Mais l'idée de partage n'était pas morte. Notre diplomatie la reprit après Ryswick, à une époque où elle s'efforçait de calmer les esprits en Europe et inaugurait un ton de modération inaccoutumé, dont les *Instructions* de 1697 et 1698 à nos ambassadeurs font foi. Cette fois ce fut à Guillaume III que Louis XIV s'adressa[244]. Toute la négociation fut secrète encore : elle eut lieu d'abord entre Tallard et Guillaume III, puis fut doublée d'entretiens à Versailles entre Portland, que remplaça bientôt Jersey, Pomponne et Torcy. Le choix de Tallard était assez inopiné. Il déclarait lui-même en 1698 : « ayant passé ma vie dans un autre emploi que celui des Affaires étrangères, j'aurais tremblé d'avoir l'honneur de négocier avec le roi d'Angleterre, sans que j'ai cru que tous les tours et détours qu'on baptise du nom d'habileté en un ambassadeur étaient inutiles devant lui, que j'étais persuadé qu'il laissait les paroles, et allait au fait. » C'est à Guillaume III lui-même qu'il avait la subtibilité d'adresser cette profession de foi. Aussi bien, sont-ce des pourparlers directs et de forme inhabituelle qui s'engagent. Tallard reprend le rôle qu'a si mal joué jadis Colbert de Croissy. Guillaume III se prête au jeu : il parlera à Tallard « autrement qu'il ne le devrait faire à un ambassadeur »... « C'est à M. de Tallard que je m'ouvre, et non point à un homme à caractère. » La franchise est de mise. Tallard ne quitte point Guillaume. S'il passe en Hollande, il l'accompagne. Bonrepaus, notre ambassadeur officiel à La Haye, malgré son mérite n'est pas du secret. L'allure personnelle de la négociation se maintient jusqu'au bout. A la veille d'aboutir on ne signera pas de préliminaires, mais un engagement provisoire, comme entre particuliers. Le début en est fort curieux : « Ayant projeté, déclare Guillaume III, un traité avec S.M.T. Chr. et les seigneurs États généraux pour le maintien de la paix que nous avons fort à cœur, et craignant qu'avant qu'il ne pût être achevé dans les formalités nécessaires, elle ne pût être troublée par la mort précipitée du Roi catholique, je promets et m'engage *en foi et parole de roi* que si ce cas arrive... nous tiendrons ce projet de traité et l'article secret que nous avons paraphé tous deux de nos mains à chaque article, comme un traité fait et achevé dans toutes les formes, et le ferons signer devant le 29 de ce septembre dans les formes, et ratifier avant le 30 octobre. » Le mode d'engagement était aussi particulier que le mode de négociation. En fait, il n'eut pas à jouer, puisque Charles II survécut à cette alerte, et qu'on eut le temps d'aboutir entre France, Angleterre et Hollande à un traité régulier de partage, au sujet duquel on fit grand effort pour qu'il ne fût pas divulgué. Pourtant, Vienne et Madrid ne l'ignoraient point complètement.

Après la mort du prince électoral de Bavière, involontaire pivot de la combinaison, dont il devait être le principal bénéficiaire, il fallut se remettre à pied d'œuvre. La méthode fut sensiblement la même : mais on négocia avec Angleterre et Hollande, et on invita Vienne et les puissances à adhérer au nouveau projet. Il n'y a pas lieu d'insister sur cet ensemble de négociations, moins caractéristiques que les précédentes.

Par contre, il convient, en n'isolant plus les tractations avec l'Angleterre de l'ensemble de la politique française en Europe, d'insister sur ce fait que les négociations de partage s'accompagnent de négociations d'un autre genre, et ne se suffisent pas à elles-mêmes. En même temps que Louis XIV envoie Tallard en Angleterre, il dépêche d'Harcourt à Madrid et Villars à Vienne. Ce dernier n'a qu'un rôle de façade, fort ingrat d'ailleurs. Il cherche une entente quasi impossible avec l'Empereur : il masque ce qui se passe à Londres et aussi à Madrid. La mission de d'Harcourt est fort sérieuse. Louis XIV n'est pas sûr d'aboutir avec les Anglo-Hollandais[245]. Il ne veut pas perdre toute chance de s'entendre avec Charles II et peut-être d'obtenir l'héritage de toute la monarchie. En même temps il exerce une pression indirecte sur Guillaume III, pour lequel l'action d'Harcourt à Madrid apparaît justement menaçante. La manœuvre tripartite est fort bien organisée !

*

Traités de paix, traités d'alliance, traités de partage ainsi analysés en leurs origines et leurs contenus nous renseignent fort précisément sur l'essentiel de la diplomatie française et ses procédés. Sans doute, y avait-il, à les étudier séparément, quelque artifice pourtant nécessaire. Les grandes lignes de la méthode employée demeurent les mêmes. Le formalisme est peu variable. Mais il y a, semble-t-il, plus d'initiative personnelle dans les traités d'alliance et de partage, tels que les comprennent Louis XIV et ses ministres. La tradition et les habitudes internationales sont moins puissantes. La réaction française est plus vive, moins alourdie de complications. Elle est plus libre que dans les grandes assises européennes, où malgré les pourparlers clandestins et les conversations particulières, l'ensemble demeure lent, gourmé, de réalisation et d'application difficiles.

CHAPITRE IV

Le français et les langues étrangères dans la diplomatie au temps de Louis XIV[246]

Après avoir analysé les procédés de la diplomatie française en un certain nombre de négociations typiques, traités de paix, d'alliance, de partage, il nous reste à passer du fond à la forme, c'est-à-dire à nous demander en quelles langues se font toutes ces tractations et se formulent les actes définitifs auxquels elles aboutissent.

Un premier aspect du problème serait une vue d'ensemble sur les connaissances de nos ministres en matière de langues étrangères. Malheureusement nos renseignements sont assez maigres à ce sujet. Évidemment, tous nos ecclésiastiques sont peu ou prou des latinistes, et c'est une des raisons qui, dès le XVIe siècle, justifie leur emploi dans les Affaires étrangères. Mais nos laïques, exception faite pour les anciens magistrats, ne sont pas tous des humanistes. On ne rencontre plus guère, au temps de Louis XIV un Chanut, ou même un d'Avaux, méprisant au congrès de Westphalie pour son collègue Servien peu féru de latinité[247]. Parmi les secrétaires d'État, il faut mettre à part Brienne le jeune, Pomponne et Torcy, qui ont fait de très fortes études. A l'en croire, le premier passait pour pédant parce qu'il connaissait le latin. Il est vrai qu'il possédait « assez parfaitement les langues allemande, italienne et espagnole ». Quant à Pomponne, dont l'éducation avait été sévère et austère, il écrivait en 1666[248] : « De toutes les langues je ne parle qu'un latin de négociations et d'affaires qui n'est pas tout à fait aussi poli que celui de la cour d'Auguste. » Il est vrai que Pomponne était un modeste. Le meilleur polyglotte des secrétaires d'État des étrangers semble avoir été Torcy, instruit par les livres et les voyages. A huit ans, si l'on en croit ses biographes, il savait assez de latin pour correspondre en cette langue. Il apprit l'italien à Rome, l'allemand à Hambourg, l'espagnol à Madrid. De Lionne nous ne savons rien : peut-être ses missions en Espagne et en Italie avaient-elles été pour lui profitables ; il lit certainement l'espagnol. Quant à Colbert de Croissy, ancien magistrat, il devait connaître le latin, et il recommandait en 1685 à son fils Torcy de « s'entretenir sur toutes choses dans les langues latine et allemande[249] ». Il ne possédait point à fond l'espagnol.

L'incertitude est plus grande encore en ce qui concerne nos envoyés à l'étranger. Voici seulement quelques indications groupées par ordre chronologique et correspondant aux diverses générations d'ambassadeurs qui se sont succédées pendant le gouvernement personnel de Louis XIV. Ancien secrétaire du grand d'Avaux à Münster, Saint-Romain, qui fut titulaire de Portugal, puis de Suisse, avait appris le latin en son premier poste. En Angleterre se succédèrent, de 1661 à 1667, d'Estrades et Comminges : le premier fut une exception parce qu'il connaissait l'anglais que Comminges ignore complètement, à part *very wel* (*sic*)[250] : en revanche Comminges est un latiniste très distingué, capable de négocier en cette langue, évoquant dans sa correspondance, à propos des événements d'outre-Manche, des souvenirs fort précis, bien que mal à leur place, de l'histoire de la République romaine. Lorsqu'en 1665 fut envoyée la « célèbre ambassade » composée du duc de Verneuil et de Courtin, l'embarras de ces diplomates fut grand soit pour s'entretenir avec les ministres anglais, soit pour se renseigner sur les discussions du Parlement. « Nous vous envoyons, écrivaient-ils à Lionne, non sans naïveté, une traduction des harangues du roi de la Grande-Bretagne et de son chancelier. L'auteur m'assure qu'elle est fort fidèle : il s'excuse seulement sur ce qu'il a suivi le tour de la phrase anglaise, et sur ce qu'il prétend que M. le Chancelier est obscur en ses expressions. Nous nous en rapportons à ce qu'il dit ne sachant pas cette langue, et tout ce que nous pouvons faire, c'est de vous répondre qu'il a eu bonne intention. »

Dans les cours allemandes et à la Diète germanique, la nécessité d'envoyés au courant de la langue se faisait plus sentir encore qu'en Angleterre. Ils furent pourtant l'exception. En 1667 Millet, envoyé de France à Berlin, militaire fort ignorant, entendait à peine le latin, et ne connaissait bien que l'italien. Par contre, dès 1662, Robert de Gravel, plénipotentiaire à la diète de Ratisbonne, fort expert en langue germanique, rendit de ce fait pendant de nombreuses années de très grands services.

Son frère l'abbé, et son fils Jules, marquis de Marly, furent également employés de préférence en Allemagne. Il est probable qu'on utilisa, pour des raisons linguistiques comme pour sa science du milieu, de l'histoire et du droit allemand, Verjus comte de Crécy, plénipotentiaire à Ratisbonne, d'une culture peu commune, qui fit de lui un membre de l'Académie française.

Dans les cours du Nord et de l'Est, l'ignorance de la langue du pays paraît générale. En Suède, ni Pomponne ni Feuquières ne parlent suédois. Il faut pourtant noter un essai intéressant, celui du comte d'Avaux, aussi peu informé que ses prédécesseurs, lorsqu'il arriva à Stockholm en 1692, mais déjà capable en 1697 d'adresser au roi de Suède une harangue en suédois faisant suite à un discours français, et dont voici le modeste exorde : « Avec la permission de V.M., je prendrai la liberté d'ajouter à ce que je viens de dire trois mots *dans une langue que je tâche d'apprendre,* mais que je ne sais pas encore assez bien pour faire un plus long discours à V.M.[251]. » Pareil effort méritait récompense : il ne permit pas cependant d'assurer à notre ambassadeur la faveur de la cour de Stockholm où il réussit fort mal !

En Pologne, où notre rôle était si considérable, il ne semble point avoir été question pour nos diplomates d'assimiler la langue du pays. Français et latin suffisaient. C'est en ces deux langues que s'exprime en 1674 l'évêque de Marseille Forbin-Janson à Varsovie, lors d'une diète pour l'élection d'un roi[252]. Mais le latin est nécessaire pour un ambassadeur français en Pologne. L'évêque de Beauvais le déclare péremptoirement en 1680, à l'occasion de l'arrivée de son successeur le duc de Vitry. « Il va travailler[253], écrit-il à Croissy, à se remettre à parler latin et italien. » Seulement Vitry est un mauvais élève. « Il espère de prendre l'usage du latin, mais je vois que cela sera long, car il n'en a pas de fondement. » Pourtant Vitry ne se découragera pas. « J'essaie, déclare-t-il candidement en 1682, autant qu'il m'est possible, de plaire aux gens de ce pays-ci : je me hasarde à parler à tort et à travers le latin, et je m'aperçois que je me fais entendre. » Que ce fût pour cette raison ou pour d'autres plus graves, il ne satisfit jamais les Polonais et fut rappelé de bonne heure en France !

D'Espagne et d'Italie, peu de choses à dire. Évidemment l'italien et l'espagnol sont plus familiers que l'anglais ou l'allemand à nos diplomates. Un Bonzy d'origine italienne ne doit pas être embarrassé à Venise. Mais dans les grandes cérémonies, l'usage semble être de faire appel à un « truchement », comme on disait au XVIIe siècle. Il y a à Rome un secrétaire italien. Il en est de même dans la cité des Doges. En 1681, sur rapport favorable de l'ambassadeur Varangeville, un brevet de secrétaire italien fut accordé à Franceschi Bortolo[254]. C'est par l'intermédiaire d'un interprète qu'en 1698 la marquise d'Harcourt s'entretient avec Charles II d'Espagne[255].

Sur ces interprètes, il serait intéressant d'être renseigné, de connaître leur recrutement, de savoir s'ils ont tous un brevet du roi, et par là même un caractère officiel. Nous ne pouvons malheureusement citer que quelques exemples curieux. En Hollande, de Thou en 1660 avait un « secrétaire pour le flamand », Bernartz, plus tard agent secret de la Flandre et natif des Provinces-Unies. En Suisse, en 1704, c'est un secrétaire de Puysieux, un gentilhomme grison, qui négocie avec les Bernois pour l'ambassadeur[256]. A Soleure, c'est dans une même famille, originaire de l'Auvergne et devenue patricienne en Suisse, celle des Vigier, que sont recrutés les interprètes de l'ambassade. Mais Saint-Romain eut jusqu'à sept secrétaires interprètes en même temps. Semblable office exista aussi dans les cantons grisons.

Bien entendu, s'il est une ambassade où plus que tout autre un interprète soit nécessaire, c'est celle de Constantinople. En 1686 Girardin fit son entrée solennelle à Andrinople, où se trouvait pour lors le Grand Seigneur. Reçu par lui, il prononça un beau discours en français. Mais « le sieur Fontaine avait le discours par écrit, interprété en langue turque, et il en fit la lecture[257] ». On sait d'ailleurs que Colbert, pour le service de l'ambassade et des consulats, avait créé, pour remédier à l'insuffisance des interprètes, l'institution des *jeunes de langues,* et qu'aux frais de la ville de Marseille un certain nombre de jeunes gens étaient confiés tous les ans aux pères capucins de Constantinople et de Smyrne, afin d'apprendre auprès d'eux les parlers du Levant.

En somme nos diplomates du XVIIe siècle ont comme armes principales le français et le latin, exceptionnellement la langue du pays où ils sont accrédités. Encore leur latinité est-elle parfois vacillante. L'on n'ignore pas l'embarras du maréchal de Villars qui, pour rédiger le traité de Rastadt — vaine précaution puisque ce dernier fut finalement composé en français — appela à son secours de la Houssaye et le Père recteur des Jésuites de Strasbourg en 1714[258]. D'ailleurs, en dehors du français et du latin, les langues d'usage en matière diplomatique sont restreintes. Il est temps de faire appel, pour en établir le nombre, aux écrits des théoriciens, quitte à les rectifier par des exemples empruntés à l'époque.

Que disent Wicquefort, Callières et Rousseau, nos guides habituels ? Du premier il ne faut accepter, nous le verrons, les affirmations que sous bénéfice d'inventaire. En voici l'essentiel : « En Angleterre, presque tous les ministres négocient en français... A Madrid on négocie en espagnol, bien que l'ambassadeur de France se serve de la langue de son pays... A Vienne, on se sert de l'allemand et du latin et quelquefois aussi de l'italien qui y est assez familier. Dans les cours du Nord, les ministres étrangers ne se servent jamais de la langue du pays, mais bien de la leur, de l'allemand ou du latin. La langue latine est fort familière en Pologne... A La Haye, où il y a des ministres de presque tous les endroits de l'Europe, on se sert de la langue française. » Ce sont là vérités approximatives et coutumes à maintes reprises non suivies.

Callières avant tout didactique ne se préoccupe que de la formation du diplomate français. « Chaque sujet qui se destine à être employé dans les négociations pour le service du roi devrait savoir les langues allemande, italienne et espagnole avec la latine. » Il définit ainsi le bagage qui fut à n'en point douter celui de nos meilleurs agents au temps de Louis XIV. Nul ne pensait qu'il fût nécessaire de savoir le suédois ou le polonais pour négocier à Stockholm ou à Varsovie. Le latin devait servir de langue internationale.

Élève et collaborateur de Pomponne, Rousseau de Chamoy nous apporte un jugement infiniment plus différencié que les précédents. Le latin est nécessaire, parce qu'on le parle presque partout. Est-il suffisant ? Non point, d'abord parce que « beaucoup de ceux qui entendent la langue latine ne la possèdent pas toujours avec la perfection et la délicatesse que le bien des affaires demande ». La remarque est subtile. Mais Rousseau va plus loin. Ne parler que latin, c'est réduire ses relations en pays étranger, en retrancher « les femmes et la plus grande partie des gens de guerre et des marchands ». Ainsi Rousseau élargit le problème : il ne s'agit plus seulement pour lui de négociation, mais de tout ce qui regarde l'activité d'un ambassadeur. A ces difficultés, Rousseau ne voit qu'une solution fort hardie et toute moderne, c'est que le diplomate « entendît et parlât la langue du pays ». Idéal difficile à atteindre et que l'on ne réalise même pas toujours, à notre époque !

Donc latin, français, italien, allemand, espagnol constituent les principales langues diplomatiques en usage. La plus utile est le latin, bien qu'elle tende à devenir insuffisante. Vient ensuite le français qui a le mérite d'être répandu dans les cours d'Europe et les milieux officiels[259]. La note juste est donnée par Rousseau de Chamoy bien plutôt que par Wicquefort. « Il est vrai, écrit-il, que la plupart des princes et des ministres, avec lesquels les ambassadeurs de France, ont à traiter parlent français, mais il s'en trouve aussi un grand nombre qui ne le savent pas. » L'extension de notre idiome en Europe dans la société polié est un des faits caractéristiques de la deuxième moitié du XVIIe siècle. Elle fut favorisée par la présence de princesses françaises en Espagne, en Pologne, en Angleterre. Le progrès est général. Citons quelques exemples à l'appui de cette thèse aujourd'hui démontrée. « Les puissances étrangères, remarque justement Brunot, usent de notre langue dans leurs rapports avec l'Angleterre. » Mais il y a cependant quelque résistance dans les milieux anglais au temps de Comminges. Tout le monde dans la société londonienne parlait français[260] : mais pour les entretiens de Comminges avec le lord-maire et les aldermen il fallait un interprète. Le chancelier Clarendon était capable de comprendre le français, mais non de l'employer dans les négociations. En 1665 Charles II prétendait avoir « quasi oublié la langue française » depuis la Restauration, et nos ambassadeurs n'avaient que la ressource de lui proposer une négociation en latin. Par contre, dans d'autres pays la cause du français semble gagnée. Jean de Witt parle et écrit en français. En Allemagne, l'usage du français est très fréquent à la cour de Berlin. Dès 1664, le Grand Électeur écrit en français à Louis XIV. Il en est de même de l'électeur de Mayence et de divers princes allemands. En Espagne, après 1701, le français se répand. Enfin Saint-Didier déclare qu'au congrès de Nimègue, en 1678, il n'y eut point de maison d'ambassadeur où la langue française ne fût presque aussi commune que la langue nationale.

*

Renseignés comme nous le sommes désormais sur les connaissances linguistiques de notre diplomatie, sur les théories des manuels, et sur le petit nombre de langues réellement employées, sur la place fort importante qu'occupe le français, nous devons serrer le problème de plus près et y introduire les subdivisions nécessaires. Ainsi pourrons-nous nous rendre compte des complications et des variétés de l'usage.

Il faudrait d'abord pouvoir distinguer la langue des conversations et des discours, et celle des mémoires écrits ou des lettres, ce qui nous apparaîtra comme fort difficile. Il sera nécessaire aussi de confronter les habitudes des ambassadeurs français à l'étranger et celles des ambassadeurs étrangers à la cour de Versailles. Le problème de la langue des traités, infiniment plus creusé que les précédents, et pour lequel les recherches de F. Brunot ont permis l'établissement d'une solide doctrine, devra être étudié en dernier lieu.

En général, dans les cérémonies officielles nos envoyés parlent français. Tout semble le prouver, et l'annaliste Dangeau le proclame. Il relate[261] qu'en 1699, M. de Monaco, notre ambassadeur à Rome, s'est adressé au Pape en *italien,* mais ajoute-t-il, c'était « une audience particulière, et aux audiences publiques l'ambassadeur parle toujours la langue du prince qui l'envoie ». Libre à lui dans les conversations plus intimes de faire usage de ses connaissances linguistiques latines, italiennes ou autres. C'est ainsi que Grémonville, en 1670, s'entretient en italien avec l'empereur Léopold. Même diversité dans les négociations. En 1680, à Berlin, il faut bien négocier avec Iéna en allemand puisqu'il ne connaît pas le français.

Restent les écrits. C'est en français qu'est rédigée le plus souvent la correspondance de Louis XIV avec les souverains de son temps. Il n'est guère fait usage du latin qu'avec la Pologne, l'Empire ou quelques princes allemands, Mais encore que Louis XIV se défie des écrits en matière de négociation, force est à ses envoyés de remettre des mémoires en cas de litige ou de préparation de traité. Il demeure vrai que le plus souvent ces mémoires sont en langue française. Le principe français est fort clair et très nettement exposé en un mémoire que Saint-Romain et Harlay présentèrent en 1682 au Directoire de Mayence, et dont Brunot a signalé toute l'importance. « Il n'y a point de prince dans l'Europe qui ait droit d'imposer aux autres la nécessité de se servir d'une certaine langue dans les conférences et assemblées qui se font entre souverains.., ni en aucune autre occasion : *chacun est libre* de *se servir de* sa *langue naturelle pour ses écrits particuliers.* »

Voici cependant quelques cas de dérogations — qui ne sont qu'apparentes — à cet usage : toutes ont leur explication : elles montrent seulement la souplesse de la cour de France lorsque ses intérêts sont en jeu.

En 1667, Louis XIV avertit la reine d'Espagne par une lettre de son intention d'entrer aux Pays-Bas à main armée. La lettre est en français, mais elle est pour les ministres accompagnée d'une traduction espagnole, que Lionne a fait faire par un Français qui a étudié à Salamanque et qu'il a revue lui-même attentivement[262]. La raison est que « beaucoup de ces pères conscrits du Conseil d'État n'auraient pas entendu en notre langue, ni peut-être en latin. Il n'y aura je pense que le comte de Pegnaranda capable de lire utilement l'exemplaire français[263] ».

La même année, non seulement Grémonville présente à l'empereur d'Allemagne un exemplaire français et un exemplaire latin des *Droits de la Reine,* mais encore Gravel, communiquant aux ministres de l'électeur de Mayence la lettre précitée à la reine d'Espagne et une lettre circulaire aux princes d'Allemagne, en transmet une traduction latine « afin que tous ceux qui n'ont pas une parfaite intelligence de la langue pussent les mieux comprendre[264] ». En réalité il s'agit, à l'époque critique à laquelle commence la guerre de Dévolution, sinon de pamphlets, tout au moins d'ouvrages de propagande ou de textes destinés à une grande diffusion.

D'autres exemples sont plus curieux. En 1670 le roi écrit à Grémonville une lettre où il expose ses conceptions sur les rapports de la France et de l'Empereur, et sur une entente possible. Cette lettre est faite pour être mise sous les yeux de l'Empereur : Grémonville la traduit en italien pour la rendre plus intelligible. En 1671 il négocie avec le chancelier Hocher pour obtenir la neutralité de l'Empereur en cas de guerre avec la Hollande. C'est en italien que sera rédigé ce projet[265].

En 1682 les circonstances sont différentes, au moment où Saint-Romain et Harlay font leur célèbre déclaration[266]. C'est contre une prétention impériale qu'ils s'insurgent, lorsqu'on les somme d'employer dans un mémoire écrit la langue latine suivant l'usage de l'Empire. Finalement d'ailleurs, ils consentent à joindre à leurs mémoires en français une traduction latine. Mais la Diète ajoute à ses mémoires en allemand une traduction latine. Il n'y a donc point de terrain perdu.

En somme la diplomatie française use de sa langue le plus souvent, la défend quand on l'attaque, mais elle ne repousse pas les accommodements qui peuvent faciliter son travail à l'étranger. En 1687 notre ambassadeur à Madrid, Feuquières, doit avoir avec le roi d'Espagne une entrevue très importante : il s'agit d'empêcher le choix comme héritier de la couronne d'un prince bavarois. Voici ce que lui écrit le roi[267] : « J'ai fait traduire par le sieur de Croissy en assez mauvais espagnol ce que vous devez *dire* au roi d'Espagne, ou plutôt lui *donner* par écrit, et si contre mon intention cette affaire vient à éclater, vous pourriez faire entendre que vous vous seriez expliqué de bouche, si vous aviez su la langue espagnole, et que je n'en ai même voulu confier la traduction qu'à une personne peu pratique de la langue, mais dont la fidélité m'est assez connue pour ne pouvoir douter du secret ». La situation est grave, Il faut agir directement, et avant tout être pleinement compris.

*

Revenons des cours étrangères à Fontainebleau, à Saint-Germain et à Versailles. Quelques textes du temps nous permettront de nous représenter combien sont variés les usages des envoyés à la cour de France, chacun d'eux gardant cependant le plus souvent la liberté de parler sa langue nationale ou telle autre qu'il choisit. Beaucoup d'entre eux d'ailleurs ont une connaissance parfaite du français, ce qui, comme le remarque Saint-Maurice, envoyé de Turin, facilite leurs négociations. C'est le cas par exemple pour Saint-Maurice lui-même, pour Spanheim, envoyé de Brandebourg, pour les ambassadeurs vénitiens, pour certains hollandais comme Van Beuningen et Pierre de Groot.

En 1656 l'envoyé d'Angleterre, Lockart, obtient sa première audience solennelle de Louis XIV alors au Louvre : il parlera en anglais[268] :

Et quand il eût fini le cours
De son judicieux discours,
Un assez expert interprète
D'une façon toute discrète
En mots de notre nation
En donna l'explication.

En 1663[269], les ambassadeurs suisses venus à Paris pour le renouvellement de l'alliance perpétuelle ayant été reçus par le roi, leur chef prononça en allemand une courte allocution, aussitôt traduite par l'interprète. Louis répondit en quelques mots au sujet desquels l'envoyé de Mulhouse déclare : « Le roi fit un petit discours qu'on n'a du reste pas compris. »

En 1665, au moment de la rupture entre la France et l'Angleterre, et de la guerre anglo-hollandaise, le roi donne une audience de congé à l'ambassadeur britannique. « Comme *il parlait en anglais,* note en son *Journal*[270] Olivier Lefèvre d'Ormesson, *il avait mis par écrit en français* son discours, afin que le truchement n'en omît aucune parole. »

450

En 1681, le roi au cours d'un voyage en Alsace reçoit à Ensisheim en grande cérémonie des ambassadeurs suisses chargés de le complimenter[271]. Un délégué du canton de Zurich « lui fit une harangue en *langue suisse* (suisse-allemande, évidemment)... Quand il eut achevé sa harangue, un interprète à qui la mémoire manquait à tous moments, la répéta en français avec assez de peine, et le roi répondit. »

En 1685 eut lieu à Fontainebleau une réception plus curieuse. Le grand chancelier de Pologne, Vielopolsky, fit son entrée comme ambassadeur extraordinaire : « Il eut, relate Dangeau[272], son audience du roi et de toute la maison royale : *il parla au roi en latin et à toute la maison royale en français.* »

En 1698, au lendemain de la paix de Ryswick, alors que les envoyés étrangers commencent à réapparaître nombreux à Versailles, les ambassadeurs de Hollande Heemskerk et Odjyck font leur entrée. A l'audience solennelle Heemskerk prend la parole. « Le compliment, note Sourches[273], fut d'un français à demi hollandais ».

L'année suivante survient une ambassade exotique – elles furent fréquentes durant le règne – celle du sultan du Maroc. L'ambassadeur arrive à Versailles pour l'audience royale. Un interprète, Lacroix, l'accompagne.

Grand discours « en marocain avec deux mots espagnols », le tout traduit[274]. Louis XIV né répondit pas.

En 1709, le marquis Gentile, envoyé de Gênes, prit son audience de congé. « Il parla à S.M. dans son cabinet, pathétiquement suivant le goût italien, et ensuite *il lui fit un petit compliment en français*[275] ».

Dans les solennités les nonces ont l'habitude de s'exprimer en italien. En 1712, Bentivoglio harangua le roi « en italien dans son cabinet, comme les nonces font toujours le jour de leur entrée publique ». En 1713 le nonce reçoit audience du roi, lui présente une bulle du pape, et « lui fait un fort beau discours en italien (Dangeau) ».

Ces exemples donnés, la cause est entendue. Chacun emploie sa langue nationale ou le latin. Mais les progrès du français sont incontestables, sans qu'il y ait eu jamais aucune contestation à ce sujet, ni que la cour de France ait manifesté aucune préférence. Les interprètes demeurent indispensables. C'est une erreur à coup sûr que commet Wicquefort lorsqu'il affirme qu' « en France tous les ministres négocient en français et parlent tous français en leurs audiences et leurs mémoires ».

De la langue employée par les envoyés étrangers dans leurs négociations ou conversations avec le secrétaire d'État des étrangers, nous ne savons rien, sinon qu'elle dut être le français, lorsque les interlocuteurs de Lionne ou de Torcy étaient capables de l'employer.

Par les écrits nous ne sommes guère renseignés qu'en ce qui concerne les lettres adressées au roi. L'usage est de les écrire en français sauf pour la Pologne, fidèle au latin, pour le roi d'Espagne, pour quelques petits princes et surtout pour l'Empereur, qui emploie le latin ou l'italien[276]. De nombreux princes allemands dont l'électeur de Brandebourg, les archevêques de Trèves et de Mayence rédigent en français leurs lettres à Louis XIV, à ses ministres ou à ses généraux.

Pour les mémoires remis par les diplomates au roi ou au secrétaire d'État des étrangers grande incertitude. Une seule indication figure dans le Mémorial des audiences : elle est relative à un mémoire en *latin* fourni par le nonce relativement à une exemption que sollicitait l'évêque de Bâle[277].

*

Reste le gros problème de la langue employée pour la rédaction des traités. Il n'est plus entier depuis que Ferdinand Brunot a très clairement montré comment le français était devenu langue diplomatique, et détruit la légende qui faisait du congrès de Nimègue, en 1678, le point de départ de cette innovation. La doctrine est solidement établie et ne peut être que corroborée par quelques textes subsidiaires.

Callières nous enseigne qu'un traité, une fois conclu entre deux puissances, est rédigé en deux exemplaires « qu'on appelle un *double instrument, et chacun d'eux nomme un prince le premier dans celui qu'il garde et y signe à la première place* ». Il peut être en une langue, ou en deux, auquel cas il s'agirait de savoir, ce qui est fort délicat, en quelle langue est l'original, en quelle langue est la traduction.

En fait, aucune règle ne paraît s'être établie avant 1661. Brunot remarque que le traité de 1644 entre la France et les Pays-Bas était écrit en français, que la paix avec l'Empire en 1648 fut formulée en latin. En général il semble que dans les actes auxquels plusieurs nations sont intéressées, le latin ait la préférence, et aussi qu'il ait la faveur des princes de l'Empire. Quelques exemples le montreront.

En 1663 des négociations commencent entre France et Prusse pour une alliance. L'envoyé de Brandebourg déclare « qu'il est en l'arbitre de S.M. de faire concevoir de son côté le traité de l'alliance en la langue française, mais qu'il ne peut pas aussi être refusé à S.E. de se servir de la *langue commune, c'est-à-dire de la latine*, en celui qu'elle aura à extradier. » Le roi, repoussant le précédent du traité de Königsberg de 1656, eût voulu, *le traité étant signé à Paris,* que le nouvel accord fût rédigé en français. En 1664 on finit par s'entendre sur un double instrument, l'un français, l'autre latin[278].

En 1668 se tint un congrès à Bréda pour mettre fin à la guerre entre Angleterre d'un côté, France et Hollande de l'autre. Il y eut querelle non pour la langue du traité, mais pour celle de la ratification. « La raison de MM. les ambassadeurs d'Angleterre, écrivait d'Estrades, notre représentant à La Haye[279], est que *leurs traités ordinaires entre V.M. et le roi de la Grande-Bretagne se faisant en français,* la ratification en doit être dressée dans la même langue, mais que *comme on est convenu dans cette assemblée, à cause des nations différentes de se servir de la langue latine,* il semble qu'il y ait quelque nécessité de s'en servir encore dans l'acte qui assure tout ce qui est traité entre nous. » Le roi allait-il donc envoyer la ratification de la France en latin ? Il n'en fut rien. » Je ne crois pas, répondait Lionne, qu'on doive expédier la ratification du Roi en autre langue que la nôtre : il y a plus d'un siècle que la secrétairerie d'État n'en a usé autrement ».

Par contre la même année, lors de la négociation du fameux traité secret de partage de la succession d'Espagne entre la France et l'Empire, le prince d'Auersperg maintint sa prétention de « dresser lui-même tous les articles du traité en latin » fort du précédent du traité de Münster. Grémonville et le roi se gardèrent de protester[280].

Au congrès de Nimègue une querelle recommença tout à fait analogue à celle du congrès de Bréda. Il s'agissait non plus de la langue des ratifications, mais de celle des pleins pouvoirs. Les Danois, qui rédigeaient ces derniers en latin voulurent imposer aux Français de faire de même, sinon ils feraient usage de leur langue nationale. Ils fondaient, écrit Amelot de la Houssaye[281], « cette prétention d'égalité sur ce que le roi leur maître était plus absolu que ses prédécesseurs, attendu qu'il avait le premier succédé héréditairement à la Couronne. » Cette prétention relevait donc de celles plus considérables — et que nous avons relatées en leur temps — des rois du Nord, auxquels Louis XIV refusait l'égalité et le titre de Majesté, leurs couronnes étant, affirmait-il, électives. Elle fut nettement écartée, comme la demande des Anglais à Bréda.

Au demeurant rien ne fut modifié à Nimègue. Des mémoires y furent échangés en français et en latin. Pour le traité avec l'Empire, le latin fut employé dans le double instrument comme précédemment : pour le traité avec l'Espagne, le français et l'espagnol. Pour la première fois à Rastadt en 1714, la France traita en français avec l'Empire qui accepta afin d'abréger les négociations. Malgré la réserve faite en un article spécial, un précédent fut constitué. Si le français triompha comme langue diplomatique, il le dut, comme l'a montré F. Brunot, non à la politique de la France, mais à l'éclat de sa civilisation, de sa société, de sa littérature, et parce qu'il était devenu le parler le plus répandu d'Europe, parce qu'aussi la connaissance du latin était chaque jour moins précise et moins sûre. La monarchie française n'y a contribué que dans la mesure. où elle a été l'agent et le propagateur de cette civilisation, ce qui lui assure un rôle honorable d'ailleurs et suffisamment important.

LIVRE V

Les questions économiques et la politique extérieure de Louis XIV

C'est un problème encore mal éclairci dans son ensemble que celui de l'intérêt apporté aux questions économiques par la diplomatie française au temps de Louis XIV, et il est significatif qu'Albert Sorel bon connaisseur des mœurs de l'ancien régime en matière de politique extérieure ne l'ait point abordé, ni même effleuré. Aussi bien nous proposerons-nous seulement une mise au point provisoire de nos connaissances actuelles en ce domaine, longtemps laissé en friche par les historiens.

Quelques faits généraux nous incitent à cet examen. Comment oublier le rôle que Colbert, contrôleur général des finances a joué dans le conseil d'en haut, dont il a fait partie depuis 1661 jusqu'à sa mort ? Il était inévitable que son action s'y exerçât en politique extérieure dans un sens favorable à ses préoccupations habituelles qui étaient d'ordre économique. Nous avons vu par ailleurs[282] que l'état de guerre, si différent en apparence de l'état de paix, comportait en ce qui concernait le commerce de multiples tempéraments, que les traités de paix comprenaient presque toujours des clauses économiques, et nous avons réservé l'étude de ceux qui étaient strictement « de commerce et de navigation ». N'oublions point enfin que parmi les principaux adversaires de Louis XIV et les plus actifs artisans de coalition figurèrent les puissances maritimes, Hollande et Angleterre, dont le mercantilisme a toujours puissamment influencé la politique extérieure.

CHAPITRE PREMIER

Colbert : intérêts économiques et politique générale

Colbert fut-il compris de Louis XIV quand il voulut faire de la France une grande puissance productrice, agricole, industrielle et commerçante ? Question que Lavisse a clairement posée, et à laquelle il a répondu négativement. En tout cas, dans ce que l'on est convenu d'appeler les écrits de Louis XIV, il est difficile de trouver trace d'un intérêt aigu porté aux questions économiques. « Si les Anglais, écrivait le roi à Colbert de Croissy, en une lettre de 1668 déjà citée[283], voulaient se contenter d'être les plus grands marchands de l'Europe, et me laisser pour mon partage ce que je pourrai conquérir dans une juste guerre, rien ne serait si aisé que de nous accommoder ensemble. ni rien de si facile exécution que la première de ces deux choses-là. » Conception juvénile et simpliste, dont Louis XIV devait sans doute se départir plus tard ! Elle s'explique de ce fait que le roi n'avait pas reçu en sa jeunesse du point de vue économique l'initiation que lui donna Mazarin en politique pure.

Il était naturel que Colbert utilisât au mieux de son ministère les renseignements qui pouvaient lui venir d'autres départements. Il a fait fort souvent appel à des ambassadeurs pour solliciter des informations, sa correspondance en fait foi[284]. Il est en relations avec Terlon en Danemark, avec d'Embrun (1663), Villars (1664), Bonzy en Espagne, avec d'Estrades et Pomponne à La Haye, avec Saint-André et d'Avaux à Venise. Bonzy devra le documenter sur les finances de Venise, d'Embrun sur les revenus de Castille et de León, sur l'arrivée de la flotte des Indes et son chargement en argent, d'Estrades sur les Indes hollandaises, les marchands d'Amsterdam, au besoin même d'après des pièces secrètes. D'Avaux quelques années plus tard « lui fera un singulier plaisir de le tenir informé de ce qui se passera à Venise pendant le temps de son ambassade, tant sur ce qui concerne la marine et la navigation que sur ce qui regarde le commerce. » Vis-à-vis de son frère Croissy, ambassadeur à Londres, Colbert se montrera plus exigeant et plus précis. « Ne manquez pas d'examiner toujours tout ce qui concerne la consommation de nos vins, denrées et manufactures en Angleterre, et faites-vous en informer le plus soigneusement et le plus secrètement que vous pourrez. »

Mais Colbert ne s'est point contenté de cette information toute naturelle. Il a à sa manière travaillé à orienter le roi vers des buts de politique extérieure, et lui d'ordinaire pacifique, parce que la guerre, plus encore que les constructions et bâtiments, est ruineuse, semble bien avoir joué un rôle considérable aux origines de la guerre de Hollande[285]. Dès 1663, son hostilité pour les Provinces-Unies dans lesquelles il voit la principale rivale de la France, éclate. Lors des vains efforts de Boreel, envoyé de La Haye à Paris, afin d'obtenir la révocation du droit de cinquante sous par tonneau, il prit nettement position. « S.M., écrivait-il à d'Estrades, ne prétend pas ôter aux ministres étrangers, qui résident près de sa personne la liberté de faire toutes sortes d'insistances de la part de leurs maîtres... mais je puis bien vous assurer que toutes ces sollicitations n'auront pas grand effet. » L'année suivante, seront promulgués les tarifs de 1664 qui soulèveront en Hollande un vif mécontentement. Colbert saisit d'ailleurs, à partir de cette date, toutes les occasions, mêmes les contagions fréquentes dans les ports hollandais, pour interdire momentanément tout trafic avec les Provinces-Unies. En 1667, nouveaux tarifs beaucoup plus vexatoires que les premiers. L'année 1668 vit se conclure la Triple Alliance. Dès lors, ressentiments politiques et jalousie du commerce hollandais se combinèrent chez Louis XIV et ses ministres et déterminèrent un état d'esprit belliqueux. Les mesures hostiles se multiplièrent. La rupture diplomatique qui ne devait avoir lieu qu'en 1672 fut précédée d'une véritable guerre économique. La Hollande souffrait beaucoup des mesures prises contre son commerce. « Quoique ledit sieur de Witt se plaigne qu'il diminue, je vous avoue, écrivait Colbert à Pomponne, qu'il ne tiendra pas à moi qu'il ne diminue encore davantage. » Dès 1670, aucun accommodement n'ayant pu être réalisé, les Provinces-Unies prirent les unes après les autres des mesures restrictives contre les produits français. Colbert demeurait intraitable. Depuis 1668, il favorisait Hambourgeois, Danois, Suédois, voire même Portugais, afin d'annihiler le relatif monopole que les Hollandais avaient de l'importation en France de diverses denrées, dont les sucres. Aux tarifs hollandais de 1670, 1671, le roi répliqua par toute une série de nouvelles mesures restrictives. Colbert semblait décidé à la lutte et sûr de la victoire. « Ils ont fait, déclarait-il à Pomponne en janvier 1671, comme celui qui joue avec 100.000 écus de fonds contre un autre qui n'a rien du tout. » La décision des Hollandais exaspérés, d'interdire les denrées et les vins français pour un an, précéda de quelques mois seulement la déclaration de guerre de la France.

Les calculs de Colbert furent déjoués par les événements. Dès 1677, quand nos négociateurs essayèrent de détacher la Hollande de la coalition, ils durent lui offrir de sérieuses concessions commerciales, dont le rappel des tarifs prohibitifs de 1667. Le traité de commerce et de navigation de 1678 rétablit la liberté de commerce et de navigation. La seule ressource de Colbert fut de ne point l'observer et de remettre en usage les tarifs de 1664. Lui mort, les mauvais rapports continuèrent : comme en 1672, une période d'hostilités commerciales précéda la déclaration de guerre de 1689 ; dès 1688, en représailles, l'importation de la plupart des produits français était interdite en Hollande. « Je crois qu'on peut dire, écrit Huet dans son *Mémoire* précité, que les querelles de commerce ont été en partie causes de la guerre qui se ralluma en 1690 entre la France et les Provinces-Unies. »

Il fallut attendre la paix de Ryswick pour une détente du protectionnisme français. L'idée de Colbert avait fait faillite. Le traité de Ryswick du 21 septembre 1697 fut pour les Hollandais, note Sagnac[286], « une victoire économique. »

Vis-à-vis de l'Angleterre, il semble par contre, que les intérêts politiques et religieux aient dans la direction politique française toujours primé les intérêts économiques nationaux, et que le colbertisme ait été à diverses reprises sacrifié.

Jacques Savary pouvait déclarer[287] : « Il n'y a point de nations dans l'Europe où les Français trouvent moins de liberté à faire leur commerce, et où ils soient plus mal traités qu'en Angleterre, et il n'y en a point aussi qui reçoivent et qui traitent plus favorablement les Anglais que les Français. » C'est ainsi que les tarifs de 1667 ayant lésé les Anglais, et ces derniers ayant répondu par des impositions sur les vins français, des efforts considérables et vains furent faits par la diplomatie de Louis XIV, de 1669 à 1671, pour obtenir la signature d'un traité de commerce. Les rapports demeurèrent mauvais malgré l'alliance politique, et l'on vit de 1678 à 1685 l'introduction des marchandises françaises complètement interdite par le Parlement anglais[288]. Naturellement, les périodes de guerre interrompirent les relations. On a relevé avec raison le gros effort fait par Guillaume III pendant la guerre de Succession d'Augsbourg pour anéantir complètement le commerce français, et la manière stricte dont fut comprise par lui l'interdiction des relations économiques. On sait aussi quel rôle après Ryswick lors des traités de partage, puis aux origines de la guerre de Succession d'Espagne, joua la question des colonies espagnoles si importante pour le commerce anglais. En 1713, le traité d'Utrecht rétablit les tarifs de 1664, mais les difficultés subsistèrent malgré la bonne volonté des ministres anglais, et de lord Bolingbroke, débordé par les protestations des industriels anglais. C'est qu'en Angleterre, ainsi que Bolingbroke l'expliquait en une curieuse lettre à Prior[289] il fallait compter avec l'opinion publique, très consciente des intérêts économiques en jeu. Rien de comparable en France où tout dépend du roi et des ministres, et où commerçants et industriels n'ont point la même puissance, et ne peuvent exercer leur pression sur aucun Parlement. Le congrès d'Utrecht a maintenu Philippe V en Espagne, mais il a donné à la Hollande et à l'Angleterre des avantages commerciaux, maritimes, coloniaux considérables.

CHAPITRE II

Le rôle économique des ambassadeurs et des agents spéciaux

Ce n'est pas seulement dans la correspondance des contrôleurs généraux qu'apparaissent les préoccupations économiques, mais parfois aussi dans les instructions données aux ambassadeurs. Encore ne faut-il point établir de généralisation abusive. Certaines instructions comme celles qui sont remises à un ambassadeur à Rome ou à un envoyé auprès des petits États italiens sont presque uniquement psychologiques ou politiques. Par contre il sera nécessaire d'étudier à part de ce point de vue la Suisse et l'empire ottoman, États avec lesquels nos rapports sont avant tout économiques. Dans les autres pays nous pourrons glaner quelques indications.

Dès 1662, se fait sentir l'influence de Colbert dans les instructions données à d'Estrades, ambassadeur à La Haye. Évidemment la politique générale y tient la plus grande place mais la recommandation dont le texte suit, n'est pas à négliger : « Le Roi ayant infiniment à cœur de rétablir et de faire fleurir le plus qu'il se pourra le commerce de son royaume... S.M. recommande très particulièrement au sieur d'Estrades de concourir de sa part au même but avec toute l'attention possible, tant par la protection qu'il devra donner en toutes occurrences à tous les sujets de S.M. qui exercent le trafic, suivant les divers besoins qu'ils en pourront avoir, qu'en donnant lui-même à S.M. les avis et les lumières qu'il pourra facilement prendre sur les lieux de tout ce qu'il connaîtra pouvoir avancer le dessein qu'a S.M. touchant le commerce. » Évidemment il n'y a là qu'une directive, et les précisions font défaut. Mais l'ordre est impératif. « Le sieur d'Estrades doit considérer cet article comme un des plus importants que contienne ce mémoire, et de l'exécution duquel S.M. lui saura autant de gré que d'aucun autre ».

Cette note est exceptionnelle, mais il ne faut point oublier que fort souvent des instructions spéciales relatives au commerce ont été communiquées aux diplomates par Colbert, Seignelai et leurs successeurs. Voici ce qu'on peut lire par exemple à la fin d'une instruction du 18 avril 1699 adressée à Guiscard[290] notre ambassadeur à Stockholm : « Il lui sera remis par le sieur de Pontchartrain un mémoire concernant la navigation et le commerce des sujets du Roi dans les pays de la domination du roi de Suède, et l'intention de S.M. est qu'il se conforme à ce qui est contenu dans ce Mémoire. » C'est une instruction de ce genre que constitue un mémoire du roi pour Saint-Romain, ambassadeur de France en Portugal, relatif au commerce français et portugais dans les Indes[291]. Il est dommage qu'une publication d'ensemble ne nous donne point ces textes importants.

Au demeurant, les lettres du roi et de ses ministres nous fournissent d'intéressants renseignements. En voici quelques preuves. « Appliquez-vous[292], écrivait Louis XIV à Feuquières, le 6 juin 1680, à bien reconnaître de quelle manière le commerce se pourrait établir entre mon royaume et la Suède, pour le rendre utile et commode à mes sujets, en sorte qu'ils en puissent tirer autant ou plus de profit que les Hollandais, quoique ceux-ci soient plus voisins de la Suède et plus économes. » On retrouve ici la pensée et peut-être la main de Colbert. Suivent une série de questions précises. « Il faut savoir à quel prix se vend le sel du Portugal en Suède, si celui de France ne s'y pourrait pas débiter à plus haut prix ; qu'est-ce que le roi de Suède peut faire pour favoriser le commerce et celui des vins de France ; quels droits se lèvent sur le vin qu'y portent les sujets des Provinces-Unies, et généralement tout ce qui se peut stipuler de ma part dans un nouveau traité pour diminuer la répugnance qu'ont mes sujets à la navigation du

Nord, et leur y faire trouver un peu plus d'avantages. »

Que ce soit obéissance aux désirs du Roi ou souci de faire leur cour à Colbert, les ambassadeurs en général se le tiennent pour dit. Non contents de répondre aux questions qui leur sont posées, ils prennent quelquefois des initiatives sur le terrain économique. Rien n'est plus curieux que la lettre d'envoi par le marquis de Béthune, en 1676, d'un projet « sur le commerce qui se peut faire en Pologne ». Il s'y excuse avec naïveté de son incompétence[293] — qui devait lui être commune avec beaucoup de ses collègues —. « Comme je ne suis pas homme versé dans le commerce, et que plusieurs choses que j'avance pourront n'être pas faisables, il serait nécessaire de m'envoyer un projet de ce que j'aurai à ménager ici, et j'espère rendre toutes les propositions que l'on fera si faciles, que l'on trouvera plus d'avantages et d'utilité pour la France que les Hollandais qui ont attiré tout ce commerce ici n'en pourront rencontrer. » En ce projet détaillé il était question de ce que l'on pouvait tirer de la Pologne : salpêtre, cires, miel, blé, chanvres, fourrures, etc., le tout énuméré un peu confusément, et aussi du sel, des vins, des étoffes, etc., que les Polonais pouvaient exporter de France. Une entente devrait être conclue pour les salpêtres avec le sieur Berthelot, fournisseur des armées, avec lequel Béthune s'était entretenu avant son départ. Nous ignorons ce que devint ce beau dessein. Mais la bonne volonté de Béthune est formelle.

Même activité, mais plus régulière et plus ordonnée à Berlin où, de 1679 à 1684, de grands efforts, dont l'histoire a été diligemment retracée[294] seront faits, sans résultats essentiels pour établir une entente économique franco-prussienne. Un Hollandais au service de la Prusse, Benjamin Raulé, et un Poméranien, Syvers, y travailleront sérieusement avec l'envoyé français Rébenac, afin d'établir entre les deux puissances un commerce direct et une participation de la Prusse au trafic colonial. Malgré les mémoires fournis par Raulé à Rébenac, la cour de France ne se prêta qu'avec réserve à cette tentative. A partir de 1684, le refroidissement politique eut ses conséquences dans le domaine économique, et le commerce français fut inquiété dans les États de l'électeur. Rébenac eut au moins le mérite de signaler les vexations dont étaient victimes les ressortissants français. « Il n'y a point de piège, écrivait-il le 4 septembre 1685[295], que les douaniers et autres personnes de cette nature ne tendent à ces pauvres marchands, et point de droits qu'on n'exerce envers eux lorsqu'ils les ont surpris par quelque artifice. » Rébenac en les protégeant se conformait aux ordres reçus et à la tradition établie dans le personnel diplomatique. Il constatait mélancoliquement d'ai-leurs, que sa recommandation ne faisait qu'augmenter les amendes. « Plus je m'intéresse sur la justice de leur cause, plus ils sont rudement traités ! »

Il suffit de feuilleter et les instructions et la correspondance des ambassadeurs pour constater que d'innombrables cas particuliers y sont discutés, et que les interventions de nos représentants en faveur de commerçants furent nombreuses en Hollande[296], en Espagne, en Angleterre. Au demeurant les quelques rares récalcitrants, ignorants de leurs devoirs, parmi nos agents, sont-ils vigoureusement morigénés. C'est le cas pour Feuquières en Suède. Il s'agissait pour lors de banquiers, personnages particulièrement intéressants pour la cour de Versailles qui avait souvent recours à leurs bons offices[297]. « Est-il possible, écrit en 1678 Tourmont, commis de Pomponne à notre ambassadeur à Stockholm que vous ne puissiez accorder à M. Formont et à M. Du Pré (*banquiers à Hambourg*) la protection qu'ils vous demandent, pour que l'on consente en Suède à ce qu'ils puissent toucher le paiement de ce qui leur est dû ? Ils ne peuvent pas comprendre que l'on puisse trouver à redire qu'un ambassadeur du Roi emploie ses offices pour des marchands qui sont ses sujets. » La pratique gouvernementale en pareille matière demeura fixe durant tout le règne, et Colbert en avait jadis donné la formule précise en une lettre à Bonzy, ambassadeur à Madrid en 1670[298]. « Je donne l'ordre, lui annonçait-il, à tous les consuls, de vous avertir, sans y manquer, de tous les troubles qui seront faits (aux sujets du roi commerçants dans les États de Charles II) et même de toutes les grâces, dont les étrangers jouiront, afin de vous donner moyen de les confirmer dans les avantages *que vous leur avez procurés*, et de les augmenter, si possible. » Au moins Bonzy s'était-il montré docile !

Il y aurait certainement beaucoup à dire et beaucoup à découvrir aussi, en ce qui concerne l'activité de nos agents commerciaux à l'étranger, complétant ou remplaçant celle des représentants politiques. Leur histoire mériterait une étude spéciale qui n'est point de notre sujet. Contentons-nous de rappeler le rôle essentiel des consuls[299], dont l'organisation en 1661 était détestable. Henri IV avait établi la vénalité de leurs charges, et beaucoup ne résidant pas à l'étranger se faisaient remplacer par des commis, ou prenaient des associés, parfois bizarrement choisis : Brienne, secrétaire d'État des étrangers, n'avait-il point cédé le consulat du Caire à sa femme et à son fils ? En 1662, Colbert ne pouvait obtenir les noms des consuls français en Espagne, parce que divers personnages, titulaires des charges, y avaient envoyé des vice-consuls inconnus. A partir de 1669, Colbert opéra avec des résultats médiocres d'ailleurs la réforme des consulats. Ils étaient peu nombreux en Europe, il y en avait beaucoup en Méditerranée, et dans les pays barbaresques où nous les retrouverons. Agents commerciaux, ils n'en devaient pas moins informer leur chef « de tout ce qui se passe en chaque pays concernant la guerre et la paix, et les forces tant de terre que de mer de chaque prince[300]. »

Beaucoup moins connus encore sont les agents officieux, en marge du personnel des Affaires étrangères. Ce sont des personnages obscurs qui apparaissent au tournant d'une correspondance diplomatique. Voici par exemple Janot, agent commercial à Middelbourg vers 1665, à la même date que le sieur Dumas, envoyé en Angleterre, où il rendit de grands services, si l'on en croit les lettres échangées par Colbert et d'Estrades.

Ni Janot, ni Dumas, ne semblent avoir eu d'avenir. Un cas plus curieux est celui de Bonrepaus, protégé de Seignelai qui avait apprécié ses mérites et l'avait chargé de mission en Angleterre en 1686[301]. Il n'eut pas de peine à supplanter l'ambassadeur officiel Barillon, qu'il devait seconder pour les négociations économiques. Tout en s'occupant d'espionnage, il s'efforça d'obtenir des réductions de tarifs sur les produits français. Il revint à deux reprises à Londres avec une influence accrue. Il échoua dans ses objectifs, mais ses qualités mises en lumière lui valurent d'être employé dans la diplomatie régulière. Ambassadeur en Hollande, il y rendit de grands services, entretenant avec le fils de Pontchartrain une correspondance régulière sur les questions maritimes et commerciales, auteur d'ailleurs d'un important mémoire sur le commerce des Provinces-Unies.

Plus caractéristique encore que l'emploi de Bonrepaus est celui de Nicolas Mesnager, fils d'un négociant de Rouen, député de la Chambre de cette ville au Conseil de Commerce en 1700. On le vit appelé par Amelot en Espagne, en 1705, pour s'y occuper de questions économiques, auxquelles s'intéressait tout particulièrement cet ambassadeur. Mais surtout il fut chargé en 1708 de traiter secrètement avec le Hollandais Van der Dussen de la liberté du commerce aux Indes espagnoles. Il remplit en 1710 une mission importante en Angleterre, avant d'être envoyé à Utrecht. Il apparaît à cette époque comme le type du spécialiste, de l'expert en questions commerciales. Sa seule présence au congrès qui mit fin à la guerre de Succession d'Espagne est un signe éminent du rôle de plus en plus essentiel que jouent les problèmes économiques dans la politique internationale.

Il y aurait lieu, en conclusion de rappeler, l'utilisation faite par le roi des banquiers, que l'on voit intervenir dans certaines négociations techniques, la famille des Formont, déjà citée, et à un moindre degré, des commerçants de la Rochelle, les frères Pagès, les de Lagny, etc. Peu importe à Colbert qu'ils soient protestants, s'ils sont, comme l'écrit Boissonnade « les gens d'affaires les plus aptes à ouvrir à notre commerce les marchés de l'État prussien ».

En somme, on devine plus qu'on ne connaît une très grande activité, s'intensifiant à la fin du XVIIe siècle, et qui est l'œuvre de personnes spécialisées, dont les connaissances suppléent à la formation souvent incomplète de la diplomatie politique. Secrétaires d'État des étrangers et contrôleurs généraux sont là pour diriger, approuver ou désavouer leurs démarches qui les renseignent et préparent les voies de traités solennels, tout en n'engageant jamais en ces préludes obscurs et secrets l'État français.

CHAPITRE III

Deux ambassades économiques : Constantinople et Soleure

Un des meilleurs moyens de saisir sur le vif les préoccupations économiques de la diplomatie française, c'est évidemment de retracer dans ses grandes lignes l'activité commerciale de deux ambassades, celle de Turquie et celle de Suisse.

Dans son utile mémoire sur *le commerce et la navigation de la France dans le Levant*[302], Saint-Priest a pu écrire véridiquement : « Si l'ambassade de France à la Porte ottomane est intéressante relativement à la politique, on doit convenir que son activité à cet égard n'est pas continue. Les Turcs n'entrent guère dans les mesures qui occupent les cabinets de l'Europe que lorsqu'ils y sont directement intéressés. Mais l'objet du commerce de la France en Levant ne laisse point de relâche à l'ambassadeur du Roi sur la vigilance constante qu'il doit y, apporter ».

En fait, le Grand Turc n'envoie en France que des ambassades extraordinaires, plus fastueuses que fructueuses. A Constantinople les relations sont gênées par d'innombrables et fastidieux conflits d'étiquette et de prestige. Les efforts de nos diplomates se bornent à obtenir — sans s'engager à fond — des interventions du Sultan, en faveur des insurgés de Hongrie et de Transylvanie, qu'il s'agisse de Tékéli ou de Rakoczi, diversion classique contre l'Autriche.

Par contre, au point de vue commercial, il s'agit, non seulement de protéger les commerçants français, mais encore — contre la concurrence des Anglais et des Hollandais, voire même des Gênois, — de défendre et de renforcer la situation prépondérante obtenue à Constantinople et dans les pays d'Orient (Asie Mineure, Égypte, Syrie, Échelles du Levant) par l'octroi des capitulations de 1535 qui, datant de François Ier, sont périodiquement renouvelées. Le commerce de Marseille, l'industrie du Languedoc et des diverses autres provinces françaises en dépendent.

Aussi bien la désignation de l'ambassadeur de France en Turquie est-elle faite sinon toujours suivant les indications du contrôleur général, tout au moins en accord avec lui. C'est de lui qu'il reçoit des instructions, avec lui qu'il correspond fréquemment. Un bref historique de nos représentants à Constantinople montrera leur œuvre, leurs préoccupations, les conditions dans lesquelles ils exercent leurs fonctions.

En 1665, Denis de la Haye, qui avait vécu plusieurs années à Constantinople remplaça son père. Il partit avec des instructions de Colbert, et des mémoires que lui avait remis la Chambre de commerce de Marseille, laquelle eut préféré un simple résident pour le tenir dans sa dépendance et dépenser moins pour contribuer à son entretien. Il n'obtint qu'un médiocre succès. On pensa quelque temps pour lui succéder à Laurent d'Arvieux, spécialiste de l'Orient, plus tard consul de France, dont on aurait fait un résident. Colbert lui préféra le marquis de Nointel : ce fut, écrit Albert Vandal, son historien, « la plus pittoresque des ambassades »[303]. Il partit de France en 1670 avec deux instructions, l'une de Lionne, politique et religieuse, la deuxième de Colbert, commerciale. Il passa de longs mois à visiter les pays d'Orient, Athènes, Délos, Jérusalem, Alep, Smyrne. Il obtint en 1673 le renouvellement des capitulations, amorcé par de lentes négociations antérieures. Opération délicate, car il ne s'agissait pas seulement du maintien de droits déjà acquis : des articles nouveaux étaient introduits ; enfin des pays comme le Portugal qui n'avaient point de résidents obtenaient les mêmes avantages que nos concitoyens, en voyageant sous la bannière du roi de France. Nointel eut d'ailleurs de graves difficultés non seulement avec les Turcs, mais encore avec la cour de Versailles et avec les marchands français de l'Orient, dont les rapports avaient souvent été compliqués avec ses prédécesseurs, qui avaient la mauvaise habitude de les rançonner. Nointel avait reçu de Colbert des recommandations très strictes, afin de les épargner. Il devait de plus ne rien faire sans les consulter, ainsi que les capitaines de navires. Mais l'argent ne lui venant point de France, il dut pour continuer à vivre fastueusement reprendre les errements anciens. Les plaintes des marchands contribuèrent à son rappel.

Guilleragues le remplaça, dont le rôle fut surtout politique. Mort à Constantinople, il eut comme successeur un simple agent, futur envoyé en Perse, qui joua le rôle d'intérimaire avant l'arrivée de Pierre de Girardin, qui eut maille à partir une fois de plus avec les négociants de Marseille, jadis brouillés avec Guilleragues. En 1688, Castagnères de Châteauneuf reçut l'ordre d'être plus conciliant : il fut particulièrement bien traité par la Chambre de commerce. L'influence des marchands français finissait d'ailleurs par paraître dangereuse. Dès 1685, Seignelai avait cherché à satisfaire leurs revendications[304], mais avec le souci « de ne point trop diminuer l'autorité de l'ambassadeur, étant de la nécessité du service et du bien du commerce de ne même pas faire voir aux Turcs qu'on veuille le faire ».

Dans les années suivantes, les doléances des contrôleurs généraux se firent vives surtout contre nos négociants de Smyrne et de Constantinople, et Pontchartrain en 1705 se plaignait amèrement de leur conduite.

Au demeurant, les successeurs de Châteauneuf ne semblent guère s'être distingués. Ferriol fut malvenu des Turcs. Son seul mérite fut d'avoir décidé le roi à entretenir un envoyé permanent en Perse, extension intéressante de nos débouchés, et d'avoir favorisé la création d'une mission commerciale en Crimée. En somme, on se contenta à Constantinople de maintenir le terrain conquis depuis plusieurs décades. Les rivalités de personnes gênèrent notre action déjà si difficile du fait du sultan et de ses ministres. Nul spécialiste du commerce n'apparaît parmi nos représentants dont quelques-uns furent des aventuriers ou des concussionnaires.

Par contre une création intéressante, et d'un grand avenir pour nos relations commerciales avec le Levant, fut celle d'interprètes officiels. On les appela les « jeunes de langues »[305]. Organisation curieuse qui date des années 1669-1671, mais qui donna pendant longtemps peu de résultats ! Pontchartrain s'en plaignait amèrement en 1710.

En Suisse, la situation était moins compliquée, mais elle variait de cantons à cantons, et elle dépendait beaucoup du plus ou moins d'habileté de notre représentant. Dierauer[306] en a bien indiqué un élément essentiel lorsqu'il écrit : « Le commerce et l'industrie suisses qui florissaient alors dans les villes de Bâle, de Zurich et de Saint-Gall, trouvaient en France un débouché bien supérieur à celui que leur offraient les pays étrangers. » Enfin c'est une cause économique, la pauvreté de certaines régions de la Suisse et surtout des cantons montagneux qui pousse une partie de la population à se mettre au service de l'étranger, et tout particulièrement de la France[307].

Dès lors, l'attitude de la diplomatie royale est toute indiquée. Les Suisses jouissent en France de franchises spéciales : ils reçoivent d'elles des produits nécessaires comme le sel. Suivant que la cour sera plus ou moins satisfaite de leur attitude politique générale, de leurs fournitures en soldats, elle se montrera libérale, ou gênera importations et exportations. Des maladresses seront commises par nos envoyés, mais souvent rectifiées par le pouvoir central plus compréhensif et plus prudent. D'ailleurs, les procédés seront différents, suivant qu'il s'agit de Soleure, de Fribourg, de Berne. Tel canton est indépendant économiquement : tel autre ne l'est pas. C'est dans le détail que nous allons pouvoir saisir l'utilisation dans notre politique extérieure du facteur économique.

Le réapprovisionnement de la Suisse en sel joua toujours un rôle prépondérant, malgré la concurrence faite aux produits français par les produits allemands. Déjà, en 1661[308] il était décidé au Conseil d'en haut « qu'il serait fourni 80.000 minots de sel au canton de Berne ». Ces livraisons varièrent suivant les années : elles donnaient lieu à des négociations compliquées pour chaque canton et n'étaient valables que pour un temps limité, le roi se réservant ainsi le droit de changer sa politique saline suivant les circonstances, et de faire de cette denrée nécessaire un moyen de pression.

Les débuts furent mauvais. Un résident de 1665 à 1671, Mouslier, réussit très mal. La liberté des relations commerciales fut un instant suspendue. L'on pensa interdire aux Suisses l'accès des foires franches de Lyon, sous prétexte qu'ils n'observaient pas régulièrement l'alliance. Des droits furent établis à l'entrée du royaume sur les marchandises de Zurich et de Fribourg[309]. Mouslier alla jusqu'à proposer à Lionne « la suspension du paiement des pensions qui est une espèce de soustraction d'aliments. » Le Roi refusa, lui reprochant d'agir trop « crûment » avec les cantons. Heureusement, Saint-Romain le remplaça et montra plus d'habileté ; il sut calmer l'inquiétude que donnait aux Suisses l'occupation de la Franche-Comté, riche pays salin. Berne fut tentée par l'offre de sel à meilleur marché que le sel espagnol et traita en 1674 pour jusqu'à l'année 1678 ; des renouvellements postérieurs se produisirent. Ce fut le tour de Fribourg, de Soleure, beaucoup plus tard, de Lucerne, d'Uri, de Schwytz, de Zoug, jusque-là réfractaires et alimentés par l'Allemagne avant 1689. Le roi d'ailleurs sut faire les sacrifices nécessaires et il fournit aux cantons du sel à perte, c'est-à-dire moins cher que ne le lui faisaient payer les fermiers. Quand, en 1706[310], un complot fut ourdi pour enlever la Franche-Comté à la France, un réfugié, Seigneux, écrivait à l'envoyé autrichien Metternich : « Si l'on peut ôter cette province à la France... on pourra négocier facilement avec les cantons de Berne et de Fribourg, qu'ils pourront tirer du sel à meilleur compte de cette province. » La manœuvre de Saint-Romain avait donc supérieurement réussi.

Ses successeurs dont le plus habile, fort bien doué pour les questions commerciales, fut Michel Jean Amelot, continuèrent cette politique économique. On en trouve traces abondantes dans leurs mémoires et relations. Sans doute, les difficultés furent nombreuses et les crises fréquentes. Quand Saint-Romain partit en 1676, il avait réglé pour le mieux divers désaccords entre la France et Zurich, et obtenu le rétablissement pour ce canton de l'entrée de ses marchandises aux foires de Lyon[311]. Il avait éteint par des livraisons de sel une vieille dette de la France envers Zurich.

En 1698, à Amelot succédait Puysieux. On lira avec intérêt les renseignements qui lui furent donnés dans son *Instruction* : « Comme cette ville, écrit-on à propos de Saint-Gall[312], fait un grand commerce de toiles dans le royaume, les recrues pour le service du Roi s'y font avec assez de facilité. » Les deux problèmes demeuraient donc étroitement liés. Nous y apprenons également que le Roi s'était refusé à suivre les conseils d'Amelot, et à empêcher le commerce de Zurich avec la France pour punir le canton de son attitude hostile. Tout avait fini par s'arranger à l'amiable. Une fois de plus, Versailles dirigeait et corrigeait l'impulsion de l'ambassade de Soleure.

La mission de Puysieux fut importante ; encore que ce dernier manifeste dans sa correspondance un peu de légèreté, et beaucoup de dédain immérité pour le peuple au milieu duquel il vivait. En 1708, c'est-à-dire au moment de son départ, il rédigea sur la Suisse un mémoire qui montre bien la part qu'occupèrent dans son activité les négociations économiques. Il y note de curieuses variations d'attitude. Zurich, dont le commerce s'est augmenté avec l'Empire ne peut plus être ramené dans la clientèle française. Schwytz demeurera favorable, si on ne le laisse manquer ni de blé, ni de sel. Bâle tire ses blés d'Alsace et de Souabe, son sel de Lorraine. Fribourg a besoin du sel de la Franche-Comté pour ses fromages qui se vendent en France, particulièrement à Lyon. Le Valais ne dépend de la France que pour le sel.

Puysieux fut remplacé en 1709 par du Luc, dont les instructions[313] sans doute inspirées du mémoire de Puysieux sont très détaillées. La situation est devenue bonne pour la France, depuis que les cantons ayant presque tous reconnu Philippe V, et les Allemands étant maîtres du Milanais espagnol, les Suisses ne reçoivent plus de ce côté ni grain, ni sel, et sont à la merci de la France. Pour Zurich, l'état des relations est précisé. Les marchandises du canton paient moins de droits en Allemagne qu'en France : le sel allemand est meilleur marché, et chaque semaine on amène aux Zurichois du grain de Souabe ; la lutte ne se fait donc point à égalité. Avec Berne, les rapports sont difficiles : mais le Roi n'a pas voulu, comme le lui conseillait Puysieux, supprimer le sel au canton, qui prendrait facilement l'habitude de se fournir ailleurs. Même modération vis-à-vis de Fribourg, malgré le mauvais esprit de ce canton qui seul, ne s'est pas rangé du côté de Philippe V et des Bourbons.

Le point final pour l'époque louisquatorzienne nous est donné par le mémoire de du Luc quittant son poste[314], dont l'auteur utilise abondamment la relation de son prédécesseur. On y voit que les Bernois font effort pour se passer des sels français de Franche-Comté et de Peccais, que Fribourg devient de plus en plus hostile. « J'ai ordonné plus d'une fois qu'on ne portât plus de sel à Fribourg. J'ai prié MM. les intendants de Lyon d'empêcher l'entrée des fromages de Gruyère, et la seule menace de ces deux châtiments, joints au retranchement de la pension, a réduit ce canton à faire ce que S.M. désirait. »

A cette action des ambassadeurs, il faut encore joindre pour mémoire celle des députations suisses en France, le solennel envoi de 1663 pour le renouvellement de l'alliance perpétuelle, qui fut stérile au point de vue commercial, la mission d'Escher et de Daxelhofer en 1688, etc. Il semble que la cour de France n'ait point eu de peine en multipliant les contestations et les difficultés d'étiquette à empêcher toute tractation sérieuse et décisive[315].

Instructive parce que bien connue, l'histoire des rapports économiques de la France et de la Suisse nous donne un complément d'information sur les méthodes de la diplomatie française. Mais le facteur économique y apparaît subordonné aux facteurs politique et militaire. La Suisse a besoin pour son commerce et son approvisionnement de la France. La France ne veut des cantons helvétiques que leur neutralité et l'octroi de mercenaires. Elle ne se préoccupe pas de débouchés en Suisse, elle y concurrence l'Allemagne surtout avec des arrière-pensées politiques. De nos marchands il est fort peu parlé dans la correspondance des ambassadeurs. Si Soleure est le centre de négociations économiques, aucune de celles-ci ne se suffit à elle-même. Rien d'analogue à ce qui fut tenté avec l'Angleterre, avec ou contre la Hollande, avec même le Brandebourg et les États du Nord. Et voici qui nous amène directement à l'étude nécessaire des traités de commerce, tels qu'on les a conçus sous Louis XIV.

CHAPITRE IV

Les traités de commerce

Le protectionnisme outrancier de Colbert, et de ses successeurs, ne s'est guère atténué qu'à partir de 1697. Mais auparavant, il y a eu de nombreux traités de commerce parfois indépendants, parfois s'adjoignant à des traités politiques. Sans retracer leur histoire, il est utile d'étudier leurs modes de négociation et de conclusion.

En général, les stipulations commerciales dans les accords qui terminent une guerre sont insignifiantes : elles comportent seulement le rétablissement des relations économiques. Beaucoup plus intéressants sont les traités de commerce et de navigation qui les accompagnent parfois. Ils sont presque de règle avec certaines puissances comme les Provinces-Unies, pour lesquelles ils furent réalisés à Nimègue, à Ryswick, à Utrecht. Ce fut le cas également pour la France et l'Angleterre en 1713, Le tout se passe alors suivant les usages habituels des congrès, et les négociateurs, — exception faite pour Mesnager en 1713 — sont les mêmes que pour les traités politiques.

D'un tout autre ordre sont les traités de commerce conclus en temps de paix, à égalité, après un débat cordial, alors que le résultat d'opérations militaires n'influe pas sur les concessions à faire ou à demander. Théoriquement, ils sont en marge de la politique générale ; pratiquement il n'en est rien ; une entente économique est souvent le signe ou le prélude d'une alliance diplomatique : elle la facilite ou la renforce. Jusqu'en 1700 d'ailleurs, des traités de commerce ne furent conclus qu'avec un petit nombre de puissances, Hollande, Angleterre, pays scandinaves. On cherche vainement à cette époque des accords de ce genre avec l'Espagne, avec l'Empire, avec le Portugal, bien que le commerce de la France avec l'Espagne soit des plus importants et ne soit interrompu que partiellement par les guerres ; les traités de lies et de passeries sont là pour le prouver. Aussi bien, l'économie nationale à cette époque est-elle moins dense, sinon moins compliquée, moins intense en tout cas que de nos jours : chaque pays se trouve plus dans la nécessité de vivre sur ses propres ressources !

Comme l'écrit justement Sagnac, « à partir de 1697, les commerçants français essayèrent d'engager le gouvernement dans une politique nouvelle. » Ils battirent en brèche le colbertisme. Les représentants des principaux ports réclamèrent la multiplication des traités de commerce. Pontchartrain, contrôleur général des finances, se montra disposé à profiter de leurs avis. En 1708, furent conclues avec la Moscovie et la Perse des ententes, dont l'idée n'était pas tout à fait nouvelle cependant, puisque nous la retrouvons dans la correspondance de Colbert. En août 1713 un traité de commerce fut signé avec le Portugal : la même année, ce fut le tour de la Prusse. Le traité de 1713 fut repoussé par le Parlement anglais. Mais l'on réussit pour les droits d'entrée et de sortie des Pays-Bas, désormais autrichiens, à s'entendre, après de nombreuses conférences tenues à Utrecht entre les commissaires français, autrichiens, anglais et hollandais.

Cette énumération ne suffit-elle pas à elle seule pour montrer l'importance croissante des questions économiques aux yeux de la diplomatie française de la fin du règne ? Reste à donner quelque idée des procédés habituels de négociations en semblable matière.

Du côté français, les principaux acteurs sont le contrôleur général des finances et l'ambassadeur accrédité à la cour avec laquelle il s'agit de traiter. Mais parfois, l'on fait appel à des commissaires spéciaux. Quelques exemples nous instruiront.

En 1662, il est question d'un « traité d'amitié, de confédération, de commerce et de navigation » entre la France et les Provinces-Unies [316], type mixte, donc à la fois politique et économique. Les conférences ont lieu à Saint-Germain avec plusieurs Hollandais, baron de Gent, van Beuningen, Boreel, ambassadeur accrédité en France etc. Le roi est représenté par le chancelier Séguier, par Villeroy, chef du conseil des Finances, par les deux Brienne exerçant ensemble la charge de secrétaire d'État des étrangers, par Lionne leur héritier présomptif, par Colbert, par Le Tellier. D'Estrades, notre ambassadeur en Hollande sert de truchement avec Jean de Witt.

En 1663, commencent les tractations pour un traité de commerce entre la France et le Danemark. C'est en notre pays qu'il sera conclu après débats entre Lionne, Colbert et Sehestedt, ambassadeur extraordinaire de Copenhague. Mais Colbert joue le rôle de commissaire principal, et son premier soin avait été de s'informer auprès de notre envoyé en Danemark, Ter-Ion. Il est vrai qu'il lui demandait des renseignements de tout ordre et non point seulement économiques, puisque aussi bien une alliance politique était en préparation[317]. Par contre, l'année précédente, un traité de commerce entre la France et la Suède avait été négocié à Stockholm par des « députés commissaires de Suède » et Antoine de Courtin, ambassadeur de France.

En 1669, on discuta longuement un accord avec l'Angleterre, qui ne fut pas réalisé. Mais son élaboration est presque plus intéressante que celle d'actes diplomatiques bien et dûment signés. Colbert fut l'inspirateur français. Les négociations furent menées à Londres par notre ambassadeur Croissy. Projets et contre-projets furent échangés, qu'annota Colbert. En Angleterre, l'avis des commerçants fut sollicité, également en France. « J'ai déja fait voir le projet, écrivait Colbert à son frère[318], à des marchands de Rouen qui m'ont déjà donné des lumières assez bonnes. Je rédigerai le tout en mémoire pour vous l'envoyer. »

Ce grand effort échoua en 1671. Ce ne fut qu'en février 1677 qu'un traité de commerce aboutit entre les couronnes de France et d'Angleterre par les bons soins de Pomponne et de Montagu, ambassadeur de Charles II à Paris.

Des traités conclus pendant la guerre de Succession d'Espagne, nous savons seulement que celui qui fut signé avec le tsar eut comme point de départ la proposition d'un banquier de Rouen, Thomas Legendre, et la demande de divers commerçants, et que dans l'ensemble il correspondait aux desiderata formulés par le Conseil de commerce depuis 1701[319]. Avec la Perse, l'accord, œuvre d'une mission que dirigeait

Michel ne devint définitif que lors de la visite de l'ambassadeur persan à Paris en 1715.

Resterait à se demander quelle était la teneur habituelle d'un traité de commerce, et quelles questions y étaient particulièrement réglées.

Dans la rédaction, aucune prétention à l'originalité[320]. L'accord franco-hollandais d'Utrecht reproduit littéralement — à quelques différences près, à vrai dire essentielles — ceux de Nimègue et de Ryswick. Le traité de commerce d'Utrecht, conclu le même jour avec l'Angleterre, présente avec le précédent de grandes ressemblances.

Ces instruments sont autant, et peut-être plus, de navigation que de commerce. Aussi, contiennent-ils de nombreux articles relatifs aux prises de vaisseaux en mer, aux juridictions respectives chargées de trancher les litiges, au sort des navires échoués sur des côtes étrangères, et que dépouillaient souvent les riverains, à la lutte commune contre les « pirates et forbans », à l'interdiction de mauvais traitements d'une marine à l'autre. En somme un ensemble qui relève du droit maritime international ; de ce point de vue, le traité de 1678 avec la Hollande est particulièrement remarquable et réalise un grand progrès.

Les traités qui sont conclus à la fin d'une guerre, rétablissent la liberté de commerce, annulent les lettres de marque, mettent fin aux représailles, définissent la contrebande de guerre. Naturellement les stipulations purement commerciales varient suivant les cas. Un des instruments les plus complets est celui qui fut signé avec la Hollande en 1697. Il permettra aux Hollandais de faire le même commerce que les Français avec le Levant sans payer le droit antérieurement établi de 20 pour 100, et d'une manière générale d'être presque complètement assimilés aux Français dans les ports et villes de France, étant même exemptés à l'intérieur du droit d'aubaine. Le tarif très élevé de 1667 est maintenu provisoirement : mais si l'on n'arrive pas à l'établissement d'un nouveau tarif, au sujet duquel Dagues-seau, avocat général au Parlement de Paris négociera avec le représentant hollandais Nieuport, on appliquera le tarif de 1664, beaucoup plus doux. Deux années de tractations furent d'ailleurs nécessaires pour mettre sur pied un tarif définitif.

On peut choisir comme second exemple caractéristique le traité franco-anglais de navigation et de commerce de 1713. Aucun ordre logique n'y règne. Il est légiféré sur la liberté du commerce naturellement, sur la circulation sans passeport à l'intérieur des deux pays, sur l'accès des ports et l'établissement d'entrepôts pour les marchandises — et dans le même article, de la liberté religieuse —. La situation « de la nation la plus amie » est accordée réciproquement « par rapport aux droits, douanes et impositions ». Le tarif de 1664 est rétabli sauf pour diverses espèces de marchandises, au sujet desquelles des commissaires s'assembleront à Londres. Le reste est relatif à des questions de droit maritime, à la définition à la fois négative et positive de la contrebande, etc. La réunion des commissions prévues par l'accord ne fut retardée que par la résistance du Parlement anglais, et de fait, certaines questions litigieuses ne seront réglées qu'en 1717.

Bien entendu, les indications sont moins nombreuses et moins complètes, quand il s'agit d'États avec lesquels nos relations commerciales sont fort spécialisées. Dans le traité de commerce conclu pour trois ans avec la Suède, le 30 décembre 1662[321], les seules clauses importantes sont relatives à l'établissement dans une ville suédoise d'un magasin royal servant d'entrepôt pour nos marchandises, semblable organisation devant être réalisée pour la Suède, à la Rochelle ou à Bordeaux. C'est un *traité de commerce entre deux rois plutôt qu'entre deux nations.* La Suède se servira le plus possible du sel français. Il est vrai qu'un traité d'amitié de 1661 contenait déjà quelques stipulations économiques[322].

Même caractère d'entente directe et quasi personnelle, dans l'accord de février 1663, entre la

France et le Danemark. Le premier article proclame une amitié perpétuelle et une alliance inviolable entre les deux pays. Un autre stipule la liberté religieuse. Le plus important est l'article 18 ainsi formulé : « Le roi de Danemark aura soin que ses sujets portent en France les marchandises qui croissent en ses royaumes et domaines et dont les sujets du roi très chrétien pourraient avoir besoin. » La réciproque est d'ailleurs garantie. En somme, un pacte vague, qui assure une bonne volonté des deux côtés pour établissement de relations économiques mal précisées !

En résumé le traité de commerce commence seulement à se différencier des traités politiques. Les questions économiques se distinguent encore mal des autres problèmes. Le progrès dans ce sens n'apparaît guère qu'au début du XVIIIᵉ siècle. Il est en quelque sorte imposé de l'extérieur à la France par les ambitions des puissances maritimes et leurs revendications.

*

Dans l'ensemble, il est clair que c'est surtout à Colbert que l'on doit l'introduction du facteur économique dans la diplomatie française. La voix des marchands et des commerçants n'est écoutée que consultativement et seulement dans certaines questions. La bonne volonté des ambassadeurs ne supplée pas à leur manque de connaissances. Les agents commerciaux sont encore recrutés médiocrement et sans plan d'ensemble. Le protectionnisme de Colbert gêne d'ailleurs le développement pacifique de nos relations économiques. De ce point de vue, la France se trouve évidemment en infériorité vis-à vis de l'Angleterre et de la Hollande. Elle garde seulement les positions acquises précédemment, et, plus riche que certains de ses voisins, se sert de ses produits comme d'un moyen de pression politique.

LIVRE VI

L'opinion publique et la politique extérieure de Louis XIV

Après l'analyse que nous avons tentée des caractères essentiels de la diplomatie française au temps de Louis XIV, il pourrait sembler oiseux de se demander si l'opinion publique en notre pays a exercé quelque influence sur la politique extérieure, et si même elle a existé ou s'est manifestée de quelque manière. En matière de négociations, de guerres et de traités, Louis XIV, souverain absolu, décide après l'avis de son Conseil et de ses ministres. Les Parlements ne font qu'enregistrer les édits. Sur les livres et écrits, une sérieuse censure s'exerce. La Bastille punit les écrivains récalcitrants. Le cabinet noir surveille la correspondance des particuliers. Ce n'est guère qu'à l'étranger que le Français réfugié a son libre parler, et qu'il peut donner son avis critique sur les actes de Louis XIV. Mais il est alors retranché de l'opinion publique nationale. Il convient cependant, sans se laisser décourager par ces remarques d'une incontestable évidence, d'examiner les rares documents que nous possédons. Au moins nous renseigneront-ils sur l'intérêt que prêtent aux affaires étrangères les Français de cette époque, et sur l'information qu'ils peuvent en avoir.

Et d'abord, il y a toute une classe de la société, numériquement la plus importante, que nous sommes bien forcés de laisser de côté : ce sont les paysans. Des événements extérieurs, ils ne savent que ce qu'au prône le curé leur annonce, paix ou victoires. Ceux qui habitent les pays frontières, Nord ou Est, ont tout particulièrement horreur de la guerre et des ravages qu'elle entraîne, du fait des ennemis ou des soldats. D'où la popularité légendaire de Turenne qui a préservé Champagne et Lorraine de l'invasion. Nous ne savons rien de plus.

En somme, il n'y a guère lieu d'examiner de ce point de vue que Paris et la cour. Comme les autres villes du royaume, Paris s'associe à la vie publique quand le roi ordonne de grandes réjouissances pour quelque traité conclu, et il fait volontiers bombance. A en croire un curieux écrit contemporain les *Annales de la Cour et de la Ville*[323], en une occasion au moins, Paris manifeste son mécontentement. Ce fut relativement aux préliminaires de 1711 avec l'Angleterre. « Il n'y eut personne, écrivent-elles, qui ne s'affligea en secret et même publiquement de toutes les restitutions que le Roi était obligé de faire par traité, comme si ç'eût été leur propre bien qu'il leur eût fallu rendre. » Elles ajoutent : « Comme les peuples ne se conduisent pas toujours au gré de la raison, ils ne firent qu'à regret les feux de joie qui leur furent commandés... ; il fallut donc que les commissaires des quartiers (à Paris) le leur enjoignissent sous peine d'une grosse amende... Cela n'empêcha pas qu'ils ne se donnassent encore *la liberté de contrôler tout ce qui avait été fait.* » Le cas est exceptionnel : nous ne sommes pas encore au temps où les harengères de Paris blâment la paix d'Aix-la-Chapelle (1748) ; mais déjà Paris semble avoir sa réaction personnelle. Les *Annales* complètent ce récit par un commentaire intéressant, bien que sujet à caution. « Le roi ne fut point fâché que les peuples fussent dans ces sentiments... car si c'était une marque de leur folie, c'en était une aussi de l'intérêt qu'ils prenaient dans ses affaires... Eux qui demandaient la paix à cor et à cri deux mois auparavant ne l'eurent pas plutôt qu'ils eussent voulu avoir la guerre. » Évidemment le rédacteur des *Annales* exagère. Il est plus sérieux lorsqu'il donne comme une des raisons de l'agitation populaire le renchérissement continuel du prix des denrées. Pourtant le fait général mérite d'être retenu.

Si nous considérons toute la durée du gouvernement personnel et non un cas particulier, il apparaît comme certain qu'aucun jugement n'a pu être exprimé librement sur la politique extérieure de Louis XIV, sauf peut-être dans les dernières années. Conversations clandestines ou domestiques, gazettes à la main qui circulent sous le manteau, décrieront le gouvernement intérieur, ne s'occuperont guère du reste. Lisons, par exemple, Guy Patin, en qui subsiste quelque liberté datant du temps de Mazarin. Sa correspondance si curieuse et si hardie à divers points de vue est quasi muette en ce qui concerne les Affaires étrangères. Les allusions sont générales et détournées. Quelque jour il regrettera la politique chrétienne du « bon roi Louis IX ». Depuis ce temps-là, ajoute-t-il, Machiavel et Pomponace sont venus qui ont révélé aux ministres des rois et des princes souverains d'étranges maximes..., si bien qu'aujourd'hui la plus belle politique et la plus chrétienne est devenue *ars non tam regendi quam fallendi homines.* » La remarque a son prix. Guy Patin n'a pas attendu les pamphlets d'Allemagne pour incriminer le machiavélisme régnant. Chemin faisant, on le verra affirmer que « le monde est malheureux par l'ambition et l'avarice des princes ». Voici qui est plus précis : c'est le scepticisme justifié de Guy Patin vis-à-vis du traité sur les droits de la Reine sur le Brabant. « Cela a été fait par l'avis des meilleurs jurisconsultes et avocats qui soient ici : mais nos raisons seront bien trouvées meilleures, quand on les publiera en Flandre à coups de canon. » Mais, le plus souvent, Guy Patin ne se départ pas d'une prudence que trop de raisons justifient. En 1661, il évitait de se prononcer sur les prétentions du roi en Lorraine. « *Jure vel injuria,* ce n'est pas à moi de le décider. » Quelques années plus tard, il admire prudemment et peut-être sincèrement l'attitude intransigeante du Roi « ce bon et si sage prince » à l'égard de l'ambassadeur hollandais Van Beuningen, et il s'indignera contre « ces républicains huguenots, que nous avons jadis soutenus contre les Espagnols ». Au demeurant, il ne sait des affaires que bien peu de choses ! Au moins faut-il relever dans sa correspondance deux indications intéressantes sur l'opinion publique dans les diverses classes sociales. Il parle en 1667 de « bien des marchands malcontents tant à cause du commerce interrompu par la guerre étrangère et la pauvreté publique que par les banqueroutes arrivées », et vers le même temps « d'un capitaine qui prend intérêt de la guerre et qui a peur de la paix », se consolant seulement par l'espoir de l'envoi de troupes en Pologne et à Candie contre les Turcs. Il effleure ainsi la vérité que nous devinons presque constante pour toute la durée du règne. Les commerçants désirent avant tout la paix. La noblesse d'épée est avide d'aventures et de conquêtes. Tels ces jeunes gens dont Saint-Maurice, en sa correspondance, nous laisse entrevoir l'impatience à la veille de la guerre de Dévolution, et durant celle-ci, alors qu'ils blâment la prudence de Turenne et bouillonnent d'activité autour du Roi et de Louvois, son quasi contemporain d'âge. Plus de vingt ans après, Spanheim notera encore la persistance de cette ardeur et ce goût vigoureux des armes !

De Guy Patin nous passons naturellement à un autre « intellectuel », Justel, secrétaire du Roi, dont les lettres à Fermat fils[324], demeurées inédites, nous donnent des renseignements intéressants sur la vie littéraire et scientifique de l'époque. En politique extérieure, elles n'enregistrent que les nouvelles officielles et quelquefois les bruits qui courent. Elles sont délibérément pacifiques, et reflètent l'opinion d'un milieu casanier et bourgeois. « Bien des gens, écrit Justel le 3 juin 1673, espèrent la paix qui ne se pourra faire qu'à la fin de la campagne. » Mêmes notes en 1675. D'octobre : « Les affaires sont si brouillées qu'il est difficile de faire la paix dans la conjecture présente, quoiqu'elle soit nécessaire à toute l'Europe. » De novembre : « Tout le monde attend avec impatience le succès de la négociation de paix. » Et c'est tout : il est certain que Justel ne porte nul intérêt à la politique extérieure, bien qu'il en relate les principaux événements.

Un troisième exemple pourrait être celui de Mme de Sévigné, qui vit à la fois à Paris et à la cour. Il amène à des conclusions tout à fait négatives. Mme de Sévigné, si bien renseignée sur les petits scandales, et même sur le procès Fouquet, ne sait rien de la grande politique. Elle s'intéresse aux opérations militaires quand son fils y participe. Encore est-elle fort maigre en précisions. En voici la raison par elle-même donnée : « On sait très peu de nouvelles ici, écrit-elle le 13 mai 1672 : *on dit que le Roi ne veut pas qu'on en écrive.* » Même note quelques jours après. « Rien n'est plus confus que toutes les nouvelles de l'armée : ce n'est pas faire sa cour que d'en mander, ni de se mêler de deviner et de raisonner. »

Au fur et à mesure que le règne s'avance, il y a pourtant une question qui intéresse de plus en plus Paris et Versailles, c'est celle de la paix. De même qu'après 1680, comme on l'a constaté, apparaît un esprit public en matière de gouvernement intérieur, de même une lassitude de la guerre se fait sentir. Le congrès de Ryswick et les négociations qui le précédèrent suscitèrent des commentaires passionnés, à en croire l'un des diplomates qui y participèrent, Callières. « Je reconnais nos Français, écrivait-il le 8 novembre 1696 à la marquise d'Hüxelles, parce que vous me dites qu'après avoir publié il n'y a pas quinze jours que la paix était faite, ils disent présentement qu'elle est plus éloignée que jamais ; *toujours excessifs dans leurs jugements comme dans leurs désirs,* ils ne peuvent se contenir dans le juste milieu où réside le bon sens et la raison : la paix se négocie, donc elle est faite, fausse conséquence ; la paix ne se trouve pas encore faite, comme ils l'ont cru trop légèrement, donc elle ne se fera point, autre fausse conséquence. » Amusante esquisse qui nous montre un public curieux et vivant. Mais où puise-t-il son information que nous avons vu chez certains particuliers si médiocre ; se permet-il réellement de porter des jugements ; peut-il suggérer des avis ?

Il n'y a point lieu, nous l'avons vu, de tenir compte de la presse du temps, contrôlée par le pouvoir central et orientée dans le sens de la propagande. Par contre, il y a les nouvellistes qu'ont étudiés Funck-Brentano et d'Estrées[325]. Leurs nouvelles à la main font concurrence aux gazettes. Ils ont des correspondants en province et à l'étranger parmi les banquiers de Hollande. L'un d'eux, Joachim de Lionne, préside un bureau aux Tuileries, près du grand bassin ; d'autres pérorent au Pont-Neuf, dans la galerie du Palais, dans les cloîtres de certains monastères, voire même dans les cafés pendant les dernières années du règne. A côté et au-dessus d'eux, il y a des informateurs quasi officiels, dont le type fut

Vittorio Siri, chez lequel, nous dit Saint-Maurice, « s'assemblent vers 1668 les ministres étrangers pour avoir des renseignements ». On sait en effet que Lionne lui communique des pièces diplomatiques. Mais l'on se sert aussi de lui, à en croire Primi Visconti, afin de recueillir des indications pour le Roi. Double fonction fort délicate ; surveillé de très près par Lionne, il doit se garder de trop parler et d'avoir une opinion indépendante, comme le montre[326] une lettre fort sévère que lui adressa le ministre, en 1668, en réponse à un écrit où il s'était permis une interprétation pourtant rétrospective et en apparence inoffensive du traité des Pyrénées, mais qu'il avait communiqué à Lionne et à diverses personnes.

En somme, ces nouvellistes ne font que satisfaire la curiosité des Parisiens à peu de frais. Rien qui ressemble à une opinion publique même diffuse. Voyons-les d'ailleurs tels que nous les représente La Bruyère, qui décrit en Démophile le pessimiste, en Basilide l'optimiste. Tous deux s'occupent plus d'événements militaires que d'événements politiques. Ce sont les plans des généraux qu'ils discutent, et non point ceux des ministres. Ils se contentent d'être des guerriers en chambre, non des hommes d'État.

Si Paris ne sait que peu de chose, il semble que Versailles eût dû être plus renseigné. Le Roi, les ministres, les grands personnages du règne y vivaient ; les conseils y siégeaient. Mais Mme de Sévigné nous a déjà donné la note juste. Le secret est de rigueur. Le Roi donne l'exemple. « Il ne parle jamais d'affaires d'État, si ce n'est avec les ministres au Conseil. » La remarque est de Primi Visconti : elle demeura vraie tout le règne. « Ce n'est pas ici comme en Angleterre, écrivait Madame, en 1712. Il n'est permis à personne si ce n'est aux ministres de parler des affaires de l'État. » La prudente Mme de Maintenon déclarait en 1710 à Mme des Ursins, dont elle voulait sans doute calmer l'esprit intrigant et brouillon : « On ne peut souffrir ici que les femmes se mêlent d'affaires, et il n'y a point de zèle, d'attachement, qui pût leur servir d'excuses. » Les initiés se taisent : tel est le mot d'ordre.

Rien n'est plus curieux dès lors que de se représenter d'après les mémorialistes du temps, Dangeau et surtout Sourches, les courtisans oisifs à l'affût de nouvelles qui ne viennent point, en perpétuelles conjectures, et en bavardages souvent erronés, quêtant de l'un, de l'autre, une information, interprétant les visages et surveillant les attitudes.

Un des grands événements, ce sera l'arrivée des courriers de plénipotentiaires ou d'ambassadeurs. Que contiennent-ils ? En 1685, les lettres de Feuquières sont apportées d'Espagne. « M. de Croissy, note gravement Sourches, fit pendant ces deux jours-là tant d'allées et venues auprès du Roi qu'on s'imaginait qu'il y avait encore quelque chose de caché qu'on ne découvrirait pas au public. » En 1701, arrive un courrier de Hollande. « On ne pénétra point ce que ce courrier avait apporté, mais on sut qu'on l'avait fait repartir aussitôt après le conseil fini, ce qui fit croire aux courtisans qu'il avait apporté quelque proposition bien pressante. » De 1709 à 1711, la curiosité ne fait qu'augmenter, les négociations secrètes se multipliant. En 1709, des lettres ayant été dépouillées au conseil, « tout le monde examina la contenance des ministres, lorsqu'ils sortirent... et on étudia aussi le visage du Roi pendant son dîner, et l'on n'y remarqua rien que de libre et de débarrassé. » Il fallait bien se contenter d'apparences physiques à défaut d'autres indications. En 1701, le nonce du pape ayant eu une entrevue secrète avec le Roi « en sortit avec le visage assez enflammé, ce que les courtisans expliquèrent diversement, chacun selon son génie. » En somme on ne savait rien, et l'imagination des courtisans allait son train. L'honnête Sourches demeurait sceptique. « Il y avait des gens à la cour, écrivait-il pour l'année 1710, qui contaient tout ce qui s'était passé dans le conseil d'État extraordinaire... Mais comment pouvaient-ils savoir, si exactement, la vérité de ce qui s'était passé dans un conseil tout composé de personnes fort secrètes ? » Sourches avait raison, et les bruits qu'il enregistre consciencieusement comme répandus par les courtisans, sont souvent démentis par lui quelques jours après : telle la pseudo-disgrâce de Bonrepaus en 1685, soi-disant rappelé de Danemark, en réalité de retour pour raison de santé ! Que le Roi ou l'un de ses ministres parlât, c'était une bonne fortune assez rare, et ces cas exceptionnels firent sensation. En 1705, on vit Louis XIV, pour éviter de fausses interprétations, renseigner son entourage sur une audience par lui donnée à deux nonces, et ce fut maigre chère. Mais en 1712, quand Torcy répondit tout haut à une interrogation de Madame, qu'il lui apporterait bientôt de bonnes nouvelles, l'émoi fut grand. « Ce discours, si peu conforme au génie de M. de Torcy, fit présumer à tout le monde qu'il y avait des nouvelles certaines de la paix. »

Telle est du fait du silence des ministres et des membres du Conseil d'en haut, la médiocre information de la cour. Dès le début du gouvernement personnel, des précautions ont été prises, qui demeurèrent efficaces, pour que d'autres sources nul renseignement ne vînt qui gênât l'absolutisme monarchique, que les bavardages fussent refrénés et que l'opinion — si faible qu'elle fût — reçût une direction. En mars 1661[327], Brienne fils recommandait à l'ambassadeur de Hollande de lui envoyer le double des lettres qu'il adressait à son père, titulaire de la charge de secrétaire d'État des étrangers, « afin, ajoutait-il en explication, que je puisse... en faire le rapport à S.M. avant que le mystère des nouvelles en puisse être éventé par les avis qui se reçoivent des particuliers, lesquels étant pour la plupart déguisés ou corrompus, ou dans leurs sources, ou dans les canaux par où ils passent, préviennent les esprits de la cour par des fausses impressions qui font douter de la vérité des autres. »

Restent les écrits relatifs à la politique extérieure, dont on peut affirmer qu'ils ne paraissent qu'à bon escient, et constituent une forme déjà étudiée de la propagande française. En pareille matière, le roi déteste toute initiative, exception faite pour les publicistes, que favorise le secrétariat d'État des étrangers. Voici, par exemple ce qu'écrit en 1707 le chancelier Pontchartrain[328] à Jort, procureur en la Chambre des Comptes de Rouen, qui lui avait communiqué un projet manuscrit dont nous ignorons le contenu. « Je loue votre travail, et votre étude : mais il y a bien des matières parmi celles que vous me dites être dans le dessein de traiter qui ne peuvent être bonnes dans aucun temps, ou du moins qui ne le sont pas dans celui-ci... Vous devez vous réduire à des matières qui n'intéressent *ni l'État ni les puissances étrangères.* »

La semonce est aimable vu le rang du personnage incriminé. Le ton est plus sec et dédaigneux dans une lettre[329] du même Pontchartrain au lieutenant général à Beauvais : à vrai dire, il ne s'agissait plus d'un écrit, mais d'une suggestion politique, d'indications à transmettre aux ministres du roi. « Un capucin, nommé Jean Chrysostome, de Beauvais, note dédaigneusement Pontchartrain, m'écrit sur des vues qu'il a, à ce qu'il dit, pour cimenter l'alliance entre la France, l'Espagne et le Portugal. Ce n'est pas la première fois qu'il lui a passé par l'esprit de vains projets... Je vous prie de prendre la peine de lui dire de ma part qu'il ne se peut pas que de si grands desseins ne prennent inutilement beaucoup de son temps, et que je lui conseille une fois pour toujours de se renfermer dans les devoirs de son état, et de ne se point fatiguer l'esprit des affaires du siècle. » Le Roi utilisait en les dirigeant les offices subalternes d'un P. Blandinières, agent secret en Espagne. Il n'avait que faire d'avis qu'il n'avait point sollicités, et se méfiait de ces gens de peu, quoique d'Église, qui s'offraient à participer à la politique extérieure du royaume.

Ainsi rien ne nous autoriserait à croire à l'existence d'une opinion publique et à son action sur les desseins du Roi, si nous ne nous trouvions dans les dernières années du règne, et pour la guerre de Succession d'Espagne, en présence de quelques faits troublants et qui suscitent réflexion. Dès 1698, une évolution se dessine à tout point de vue. Le roi montre quelque souci de l'Europe, et de ce qu'elle pense de ses projets. Il est normal qu'il attache plus d'importance qu'auparavant à la pensée de ses sujets. La guerre à partir de 1702 prendra nettement un caractère national qu'elle n'avait point eu dans les périodes précédentes. Le pays tout entier semble s'y intéresser. Rien n'était plus nécessaire. Contre une coalition européenne, avec des soulèvements aussi graves que celui des Camisards, une défaillance générale eût été dangereuse au suprême degré. La cour veillait : en 1706, Pontchartrain réclamait de d'Argenson, lieutenant de police, des renseignements sur la disposition du peuple « dans les circonstances présentes », préoccupation toute nouvelle et bien significative. Évidemment, l'émotion générale grandissait. Les chansons satiriques se multipliaient en particulier contre Mme de Maintenon et les commandants d'armée, plus ou moins heureux, dont on lui attribuait le choix ; la situation morale devait encore s'aggraver du fait de la crise économique de 1709. Dès 1706, il se trouvait dans l'entourage du Roi de hauts personnages comme Vendôme pour réclamer la convocation des États généraux. Le roi n'y consentit pas, mais on le vit en 1709, écrire aux archevêques, aux gouverneurs et aux intendants, pour les informer de l'état malheureux des négociations entreprises pour une paix jugée d'évidence nécessaire et salvatrice. « Je veux, déclarait-il, que mes peuples sachent de vous qu'ils jouiraient de la paix, s'il eût dépendu seulement de ma volonté de leur procurer un bien qu'ils désirent avec raison, mais qu'il faut acquérir par de nouveaux efforts, puisque les conditions immenses que j'aurais accordées sont inutiles pour le rétablissement de la tranquillité publique. » A en croire Saint-Simon, « ce ne fut dans tout le royaume qu'un cri d'indignation et de vengeance. » Il serait intéressant d'avoir des preuves détaillées de cette réaction nationale, et de savoir dans quelle mesure elle s'étendit aux campagnes. Mais l'appel du roi à l'opinion publique a une signification essentielle !

Diverses raisons intérieures, qui tiennent à la pratique même du gouvernement le justifient et l'expliquent. Sans doute, quelque souveraine que fut la décision finale du roi, il y avait toujours eu des divergences à l'intérieur de son conseil sur les grands problèmes à résoudre, paix ou guerre, conduite des négociations. Déjà, en 1668, le traité d'Aix-la-Chapelle — au sujet duquel un inconnu se permit d'écrire à Lionne une lettre de protestation — avait rencontré des désapprobations, plus discrètes, il est vrai, que celles dont Saint-Évremond s'était fait l'écho vis-à-vis du traité des Pyrénées. Ces désaccords dans l'entourage royal n'étaient pas connus du grand public, mais seulement des initiés. Il semble qu'il n'en fut pas de même de 1707 à 1710, et qu'il y eut à cette époque à la cour un véritable courant pacifique, auquel le roi résista vigoureusement d'abord, malgré Mme de Maintenon, mais qui finit cependant par l'impressionner. Voici, en effet, ce que l'on lit dans le *Journal* de Torcy à la date de 1709 : « C'était alors *uns opinion assez commune* que le Roi... préférait au bien de la paix la conservation de quelques places, qu'il avait conquises en personne : que s'il pouvait se résoudre à les céder, il aurait la paix. Quelques-uns de ceux qui approchaient de plus près S.M. n'étaient pas exempts de former ces injustes soupçons : *ils se glissèrent même dans son conseil.* » A diverses reprises, le Roi se fâcha, et il incrimina son entourage, se plaignant qu'on voulût lui forcer la main. Mais il céda finalement, et prolongea ou reprit, sans succès d'ailleurs, des négociations qu'il avait failli rompre. De cette pression sur lui exercée ne retrouve-t-on point des traces dans la fameuse lettre publique au Roi de Fénelon, conseiller du due de Bourgogne, ami de Beauvillier, voire même dans les *Écrits inédits* de Saint-Simon publiés en notre temps ! Opinion d'une minorité sans doute, mais qu'influençait un sentiment uniformément répandu. Aller plus loin serait donner trop de part à la conjecture.

Tels sont, nous semble-t-il, les véritables rapports actuellement connus de Louis XIV et de son peuple en fonction de la politique extérieure. Ignorance quasi générale, médiocre information des privilégiés, silence ordonné les caractérisent assez bien. A la même époque Guillaume III appelé sur le trône par le vœu populaire, demeurait malgré le Parlement l'unique directeur de sa politique extérieure. Comment s'étonner qu'il en fût de même en France, malgré les quelques signes précédemment relevés, qui semblent faire prévoir la lente apparition d'une conscience nationale ?

CONCLUSION

Arrivé au terme de la revue générale, par nous entreprise, des institutions, mœurs et coutumes de la diplomatie française au temps de Louis XIV, nous avons le sentiment d'avoir fait œuvre sûrement incomplète, mais à certains points de vue nouvelle. La matière embrassée était fort vaste. La documentation considérable pourra, semble-t-il s'enrichir, indéfiniment, encore qu'elle comporte d'innombrables répétitions et que tant de lectures et de dépouillements soient parfois des déceptions. Les problèmes étudiés étant d'inégale importance ne comportaient pas un développement égal. Eléments concrets et abstraits y voisinaient, les premiers plus réels en apparence, les seconds plus difficiles à dégager et plus hypothétiques. Notre souci a été sans doute de laisser parler les textes, mais aussi de ne les point trop solliciter, de ne leur pas imposer de cadres trop rigoureux, et trop symétriques. Dans l'activité diplomatique de ce temps il y a une souplesse, une liberté extraordinaires. Cherchant à en donner un fidèle image nous nous sommes méfié des théories trop commodes, des affirmations trop générales. Notre effort a été de décrire en même temps que d'expliquer, de faire sentir une époque, tout en dégageant les caractéristiques des institutions, de ne point séparer les hommes de leur action, union, d'autant plus nécessaire que nous sommes en présence d'un travail collectif, où la part de chacun est difficile, parfois même impossible à démêler. Dans bien des cas, l'approximation nous a paru moins dangereuse et plus près de la vérité que l'affirmation. Quoi de plus difficile à interpréter qu'un texte diplomatique, souvent démenti par un autre ! En politique extérieure d'ancien régime, il y a des *manières* plus encore que des procédés. Elles apparaissent au détour d'une lettre. Elles sont fugitives, difficiles à saisir. Leur importance vient de ce qu'elles sont involontaires. Elles nous font voir la pensée intérieure du diplomate mieux que les phrases prudentes ou factices dont est nourrie sa correspondance[330].

Sous ces réserves, et une fois bien admis qu'à toutes les questions posées nous ne prétendons pas apporter des conclusions de même valeur, les unes demeurant obscures, les autres s'éclairant et se précisant chaque jour, il nous paraît possible cependant de dégager de notre étude analytique quelques thèmes vraisemblables, sur lesquels notre attention a été particulièrement attirée. Ce sont ces réflexions dont nous ne cherchons pas à dissimuler le caractère personnel, qui constitueront notre conclusion.

*

On ne peut guère douter que la France sous Louis XIV n'ait joué pour la formation des institutions diplomatiques un rôle analogue à celui de l'Italie aux XVe et XVIe siècles. Faisons bon marché si l'on veut de ses théoriciens qui ne sont point originaux, mais apportons grande attention à ses praticiens, les plus expérimentés, les plus diligents, les plus méthodiques du temps.

Une grande volonté a-t-elle présidé à cette œuvre dont nous rappelions plus haut le caractère collectif ? Peut-être, dans la mesure où nous ne lui attribuerons pas un caractère créateur, mais seulement une vertu organisatrice, assurant la continuité et la régularité du travail diplomatique. Pas de grand dessein d'ensemble, mais de la ténacité, un contrôle permanent ; beaucoup d'erreurs ou de fautes si l'on veut ; mais pas de défaillance : telles nous semblent être les caractéristiques de Louis XIV, mieux préparé à la politique extérieure qu'à la science du gouvernement intérieur, qu'à la compréhension économique ou sociale.

En tout cas, un fait considérable est le suivant : c'est le quasi achèvement d'institutions diplomatiques, l'apparition préparée par les règnes précédents d'une administration de l'extérieur. En France, une organisation centrale se régularise autour du conseil d'en haut, restreint, obligé au secret, du secrétaire d'État des étrangers, chargé de la préparation et de l'exécution des décisions. La spécialisation du conseil, du secrétaire, n'est pas absolue : elle est suffisante. Le Roi demeure le facteur de l'unité il exerce à peu près régulièrement sa surveillance, assure la liaison, modère ses collaborateurs, parfois malheureusement les déborde. Le nombre des agents techniques s'augmente : il y a déjà un ministère des Affaires étrangères, des commis, des déchiffreurs, des propagandistes, bientôt des archivistes. C'est la première organisation d'Europe. Elle se double d'un service extérieur qui n'est point parfait, ambassadeurs, envoyés, agents secrets. Le recrutement prête à critiques : les appointements ne sont pas toujours payés régulièrement. Le personnel est inégal. Mais une tradition se constitue. La France est présente partout où ses intérêts l'exigent, non pas seulement politiques mais économiques. Notons cependant le rôle excessif des questions de prestige et de préséance. Là est le vice du régime personnel, dont plus haut apparaissent les avantages. Il est bien tard, quand, vers 1698, Louis XIV s'aperçoit des fautes commises, et du danger de l'Europe alarmée, inquiète de l'excès de la prééminence française ! Au moins ne saurait-on reprocher à la diplomatie de Louis XIV son manque d'information. Un réseau très subtil de renseignements a été établi. Seulement le pouvoir central a négligé certains des avertissements qui lui ont été donnés. Il a vécu un rêve d'orgueil qui lui dérobait les réalités souvent dangereuses. En particulier, indifférent dans ses vues à tout ce qui n'était point l'égoïsme national, méprisant vis-à-vis des hommes et parfois des nations, moins soucieux que ceux qui l'ont précédé de l'appui et du respect des petits pays — la Suisse exceptée, et pour des raisons avant tout militaires — il a cru aveuglément à la toute-puissance de l'argent, impressionné par les résultats obtenus en Angleterre, trop confiant dans les ressources incontestables du royaume qu'avait galvanisées un peu artificiellement Colbert, trop simpliste dans l'idée qu'il se faisait de la carte politique de l'Europe. L'erreur a été non pas seulement celle de Louis XIV, mais encore celle de Lionne, de Croissy, de nos ambassadeurs et envoyés à l'étranger. Le marchandage des amitiés et des alliances a abouti à un isolement moral. Pourtant, seul l'état déficitaire de nos finances a fait renoncer à partir de 1700 à une politique d'argent, à laquelle par paresse d'esprit on attribuait un pouvoir trop efficace.

Les institutions diplomatiques françaises ont pu servir de modèle à l'Europe dans le siècle suivant. L'exemple de la France a beaucoup favorisé la multiplication des ambassades permanentes. Si notre langue est devenue au XVIIIe siècle, dans des conditions que nous avons retracées, la langue diplomatique d'usage, c'est sans doute en fonction de ses qualités innées, de son incontestable expansion, de l'éclat de notre civilisation, c'est aussi, ne l'oublions pas — et c'est un point de vue auquel on ne s'est point souvent placé — parce que la France apparaissait comme le pays où les organismes de politique extérieure étaient le plus différenciés. Peu importe pour notre sujet qu'il y ait eu décadence réelle au temps de Louis XV, du fait que l'action personnelle du Roi s'est exercée en dehors des institutions, parfois contre elles, que l'équilibre et la solidarité louisquatorzienne aient été rompus. L'effet tardif a survécu à la cause qui l'avait déterminé.

Avons-nous pu faire la même constatation pour les principes et pour la pratique ? Les deux doivent être dissociés. Dans le premier cas, nous sommes en présence d'un empirisme souple, qui n'hésite point à faire appel à une phraséologie composite, dont il n'est pas dupe. Donc, rien de neuf : le tout s'accorde aux habitudes du temps, assemble des survivances du passé à des conceptions modernes. Il y a une idéologie révolutionnaire, il y a une idéologie issue du Pacte de 1918 : il n'y a pas d'idéologie correspondant au système d'État français et de monarchie absolue, dont la période qui nous intéresse marque le point culminant. Juste guerre, souci de la chrétienté, considération de l'équilibre européen sont des formules déjà vieillies, qui servent à dissimuler des ambitions de gain, de conquête, d'extension, une indifférence complète à tout élément moral en politique extérieure.

Il en est autrement dans la pratique. Plus qu'aucun autre homme d'État du temps, Louis XIV — dont on ne peut séparer ses collaborateurs — a senti tout le poids de l'organisation internationale, fonctionnant en vue de régler les litiges européens. Il a secrètement gémi de la lourdeur et de la lenteur des congrès, encombrés d'un formalisme auquel par une étrange contradiction, lui-même attachait personnellement tant de prix. Il a fait de fréquents efforts pour s'en libérer, pour retrouver sa liberté d'action ; il a essayé souvent avec succès le jeu individuel d'homme à homme, dans la mesure où sa grandeur le lui permettait, soit directement, soit par l'intermédiaire d'agents de choix et quasi sans caractère. Rébellion automatique qui est de tous les temps et de tous les pays !

Il y a plus encore. Des efforts très sérieux ont été faits par la diplomatie française, qui a rendu ainsi et peut-être involontairement de grands services au droit international, pour clarifier les procédés et les modes de négociation. Des habitudes s'établissent pour la conclusion d'un traité de paix, d'un traité d'alliance. Les traités de commerce apparaissent timidement, séparés des autres, ayant leur contenu spécial, nous ne dirons pas encore leurs négociateurs propres et techniques. Un peu d'ordre se fait jour : il faut bien en reconnaître le mérite — ne fût-ce qu'indirectement — à la puissance qui, de 1661 à 1715, a ratifié le plus d'instruments de ce genre, du fait même de la complication et de l'universalité de sa politique extérieure.

Porter en conclusion sur cet effort intense que représente la diplomatie française au temps de Louis XIV un jugement d'ensemble, serait bien difficile, et peut-être assez inutile. Nous nous sommes efforcé d'analyser la méthode politique, laissant de côté ses résultats, de dégager ce qui fut spécifiquement français, et ce qui participa de l'organisation générale, des habitudes de penser et d'agir du temps. Expliquer et faire revivre dans la mesure du possible nous suffit. Le reste a été réalisé avant nous, et s'il comporte des revisions ou des mises au point, il n'était pas de notre dessein de les entreprendre. Nous ne voulons point dépasser notre objectif limité dans son énorme étendue. Tout au plus nous sera-t-il permis de dire que nous nous sommes trouvé en présence de problèmes nouveaux, auxquels nous proposons des solutions provisoires, uniquement désireux de contribuer à éclaircir une des périodes les plus riches en enseignements de l'histoire de la civilisation moderne, saisie sous l'un de ses aspects essentiels du point de vue français et du point de vue européen.

*

BIBLIOGRAPHIE (1)

*

I. – DOCUMENTS INÉDITS

ARCHIVES DES AFFAIRES ÉTRANGÈRES. *Mémoires et Documents* : Danemark, 1, 4 ; Turquie, 10 ; France, 296 à 310, 415, 416, 1137, 1972, 1973, 2128 à 2136.
Correspondance politique : Angleterre, 78, 79, 80, 138, 210 à 216, 240, 245 ; Autriche, 48, 49 ; Cologne, 7, 8, 9 ; Danemark, 16, 17, 75, 76 ; Espagne, 57, 63 ; Pologne, 66 ; Prusse, 36, 37 ; Rome, 265, 492, 496 ; Suisse, 109.
ARCHIVES NATIONALES : G^7, 543^2, 999, 1093 ; K, 1349, 1351 ; M, 763, 827 ; O^{331}, 51, 65, 91, 362, 366 ; R^2, 57, 58.
BIBLIOTHÈQUE NATIONALE : *Ms fr.* 6557 (appointements d'ambassadeurs), 10654 (mélanges diplomatiques), 10664, 10665 (négociations de Croissy), 11147, 11148 (subsides payés par la France à des princes étrangers), 20156 (adresses des ambassadeurs), 22726 (ambassades de France à l'étranger), 23407 (état du train d'un ambassadeur à Rome), 24983 (correspondance de Callières avec Mme d'Hüxelles) ; *Ms fr. N.A.* 3123 (journal de Villeras), 9736 (papiers de Lancelot), 21103 (ambassade de Forbin-Janson en Pologne) ; *Ms. ital.* de 1850 à 1880, 1917, 1919 (copie de la correspondance des ambassadeurs vénitiens.
BIBLIOTHÈQUE DE L'ARSENAL, 4712.

ARCHIVES DE CHANTILLY, P. Condé, série 0, t. III.

II. — MÉMOIRES, LETTRES ET DOCUMENTS PUBLIÉS

Actes et Mémoires de la paix de Nimègue, éd. Moetjens, Amsterdam, 4 vol. 1679-1680.

Actes, Mémoires et autres pièces authentiques concernant la paix d'Utrecht, Utrecht, 6 vol. 1714-1715.

AMELOT (correspondance de Louis XIV avec) en Portugal (1685-1688), éd. Girardot, Nantes, 1863.

AMELOT (correspondance de Louis XIV avec) en Espagne (1705-1709), *idem,* 2 vol.

Archives de la Bastille, éd. Ravaisson, t. V, VI, VII, VIII, Paris.

AVAUX (comte Jean Antoine D'), *Négociations en Hollande* (1679-1688, Paris, 6 vol., 1752.

AVAUX (comte Jean Antoine D'), *Négociations en 1693, 1697, 1698,* éd. Wijnne (Société historique d'Utrecht), 3 vol., 1882-1884.

BRIENNE (Henri Louis de Loménie, comte DE), *Mémoires,* éd. Bonnefon, Paris, 3 vol.

CALLIÈRES, *De la manière de négocier avec les souverains,* Amsterdam, 1716.

CHAUVIGNY, résident à Genève, *Correspondance avec la cour* dans Rillier. *Le rétablissement du catholicisme à Genève,* Genève, 1880.

CHOISY (abbé de), *Mémoires,* éd. Lescure, Paris, 2 vol., 1888.

COLBERT, *Lettres, instructions et Mémoires,* éd. Clément, Paris, 8 vol., 1862-1882.

Correspondance administrative sous Louis XIV, éd. Depping, Paris, 4 vol., 1850-1855.

DANGEAU (marquis DE), *Journal de la cour de Louis XIV* (1684-1720), éd. Soulié, Dussieux, Mantz, etc., Paris, 19 vol., 1854-1860.

DUMONT, *Corps universel diplomatique du droit des gens,* t. VI, VII, VIII, Amsterdam, 1726.

DUMONT, *Mémoires politiques pour servir à l'histoire de la paix de Ryswick,* La Haye, 4 vol., 1699.

ESTRADES (comte D'), *Lettres, Mémoires et négociations,* La Haye, 6 vol., 1719.

FEUQUIÈRES *(Lettres* des), éd. Gallois, Paris, t. II, III, IV, V, 1845-46.

GOURVILLE, *Mémoires,* éd. Lecestre, Paris, t. I et II, 1894-1895.

GUY PATIN, *Lettres,* éd. Révoillé-Parise, Paris, t. III, 1846.

HARCOURT (comte D'), Correspondance dans HIPPEAU, *Avènement des Bourbons au trône d'Espagne,* Paris, 2 vol. 1875.

HAUTERIVE et CUSSY, *Recueil des traités de commerce et de navigation de la France,* Paris, t. II, 1844.

HÉBERT (curé de Versailles *Mémoires* (1686-1705), éd. Girard, Paris, 1927.

Instructions (Recueil des) données aux ambassadeurs et ministres de France depuis les traités de Westphalie jusqu'à la Révolution française (*Autriche,* éd. Sorel ; *Angleterre,* éd. Jusserand[332], 2 vol. ; *Bavière-Palatinat,* éd. Lebon ; *Danemark,* éd. Geffroy ; *Espagne,* éd. Morel-Fatio, t. I et II ; *Hollande,* éd. Bourgeois et André, 3 vol. ; *Prusse,* éd. Waddington ; *Pologne,* éd. Farges ; *Rome,* éd. Hanotaux, t. I, II, III ; *Savoie-Mantoue,* éd. J. Reinach ; *Saint-Empire romain germanique,* éd. Auerbach ; *Suède,* éd. Geffroy).

Instructions (*British Diplomatic*), 1689-1789, vol. II, France (1689-1721), éd. L.G. Wickham Legg, Londres, 1925.

LAMBERTY, *Mémoires pour servir à l'histoire du XVIII*e *siècle,* La Haye, neuf premiers volumes, 1724-1734.

Letters of William III and Louis XIV and of their Ministers (1697-1700), éd. Grimblot, Londres, 2 vol., 1848.

Louis XIV, *Œuvres,* éd. Grimoard et Grouvelle, Paris, 6 vol., 1806.

Louis XIV, *Mémoires,* éd. Dreyss, Paris, 2 voL, 1860.

Louis XIV, *Mémoires,* éd. Longnon, Paris.

Mémoriaux du Conseil de 1661, éd. J. de Boislisle, Paris, 3 vol., 1905.

Addition aux Mémoriaux, éd. *id.* (*Ann. Bull. Soc. Hist. France,* 1912).

ORMESSON (Olivier III Le Fèvre D'), *Journal*, éd. Chéruel, Paris, t. II, 1861.

PERWICK (William), (*The Diplomatie Correspondence of*), 1669-1677, éd. M. Beryl Curran (Camden Society, 3e série, V), Londres, 1903.

POMPONNE, *Mémoires*, éd. Mavidal, Paris, 2 vol., 1860-1861.

PRESTON, *Papers*, éd. Alfred J. Horwood (Seventh. Report of the Royal Comm. on Historic. Mss), Londres, 1879.

PRIMI VISCONTI, *Mémoires sur la cour de France*, éd. Lemoine, Paris, s.d.

Relazioni (Le) *degli stati europei lette al senato degli ambasciatore veneti. nel secolo decimosettimo*, éd. Barozzi et Berchet, S. II, Francia III, Venise, 1863.

ROUSSEAU DE CHAMOY, *L'idée du parfait ambassadeur*, éd. Delavaud, Paris, 1912.

ROUSSET, *Mémorial diplomatique des cours de l'Europe*, La Haye, t. I et II, 1739.

SAINT-MAURICE, *Éettres sur la cour de Louis XIV*, éd. Lemoine, Paris, 2 vol. s. d.

SAINT-SIMON, *Mémoires*, éd. A. de Boislisle, J. de Boislisle et Lecestre, Paris.

SAINT-SIMON, *Écrits inédits*, éd. Faugère, Paris, t. IV, 1882.

SAVARY (Jacques), *Le parfait négociant*, 5e éd., Paris, 1701.

SAVILE, *Correspondance,* éd. Cooper (Camden Society), Londres, 1858.

SÉVIGNÉ (Mme DE), *Correspondance,* éd. Monmarqué et Mesnard, Paris, 14 vol., 1862-1866.

SOURCHES (marquis DE), *Mémoires,* éd. Cosnac, Bertrand, Pontal, Paris, 13 vol., 1882-1893.

SPANHEIM, *Relation de la cour de France,* éd. Bourgeois, Paris, 1900.

TEMPLE, *Mémoires,* éd. Michaud et Poujoulat, 3e série, t. VIII.

TESSÉ (Maréchal DE), *Lettres,* éd. Rambuteau, Paris, 1888.

TORCY, *Mémoires,* éd. Michaud et Poujoulat, 3e série, t. VIII.

TORCY, *Journal* (1709-1711), éd. Frédéric Masson, Paris, 1884.

TRUMBULL, *Papers of sir William* (Report on the Mss. of the marquess of Downshire, Historic. Mss. Commission), éd. E.K. Purnell, Londres, 2 vol. 1924.

TURENNE, *Collection de lettres et mémoires,* éd. Grimoard, Paris, 2 vol, in-folio, 1782.

Urkunden und Actenstücke zur Geschichte des Kurfürsten Friedrich Wilhelm von Brandenburg. Auswârtige Acten : Erster Band Frankreich (vol. II, IX, XI, XII, XIII, XIV), Berlin, 1865 et sq. ; *Vierter Band* (vol. I et II), Berlin, 1911.

VAST, *Les grands traités du règne de Louis XIV,* Paris, 3 vol. 1898-1894.

VILLARS (Pierre, marquis DE), *Mémoires de la cour d'Espagne,* éd. Morel-Fatio, Paris, 1893.

VILLARS (Maréchal DE), *Mémoires,* éd. de Vogüé, Paris, 6 vol. 1884-1894.

WALISZEWSKI, *Correspondance des envoyés français en Pologne* (1674-1685), Cracovie, 3 vol., 1879.

WICQUEFORT, *Mémoires touchant les ambassadeurs et les ministres publics,* 3e éd. (revue sur l'édition de 1676).

WICQUEFORT, *L'ambassadeur et ses fonctions,* nouvelle édition, Amsterdam, 1730.

III. — LIVRES ET ARTICLES

ALT, *Handbuch des europaeischen Gesandtschaftsrechtes*, Berlin, 1870.

AUERBACH, *La diplomatie française et la cour de Saxe* (1648-1680), Paris, 1887.

AUERBACH, *La France et le Saint-Empire romain germanique* (1648-1788), Paris, 1912.

BAILLON, *Henriette-Anne d'Angleterre, duchesse d'Orléans*, Paris, 2ᵉ éd., 1887.

BASCHET, *La diplomatie vénitienne*, Paris, 1872.

BASCHET, *Histoire du dépôt des Affaires étrangères*, Paris, 1875.

BATIFFOL (P.), *La charge d'ambassadeur au XVIIᵉ siècle* (*Rev. Hist. diplom.*, 1911).

BAUDRILLART (A.), *Philippe V et la cour de France*, Paris, 1889.

BOISLISLE (A. DE), *Les conseils sous Louis XIV*, Paris, 1891.

BOISLISLE (J. DE), *Les Suisses et le marquis de Puyzieulx*, Paris, 1907.

BOISSONNADE, *Histoire des premiers essais de relations économiques directes entre la France et l'État prussien pendant le règne de Louis XIV*, Paris, 1912.

BOREL (Tony), *L'ambassade de France à Soleure* (Biblioth. Universelle, 1908).

BOREL (Tony), *Une ambassade suisse à Paris en 1663*, Lausanne 1910.

BOJANI, *L'affaire du Quartier à Rome* (*Rev. Hist. Diplom.*, 1908).

BOURGEOIS (Emile), *Neuchâtel et la politique prussienne en Franche-Comté*, Paris, 1887.

BOURGEOIS ET ANDRÉ, *Les sources de l'histoire de France*, XVIIe siècle, Paris, 4 vol. parus, 1913-1924.

CARUTTI, *Storia della diplomazia della corte di Savoia*, Turin, t. II et III, 1876-1879.

CLARK (G.N.). *The Dutch Alliance and the War against French Trade*, 1688-1697, Manchester, 1923.

COMBES, *Mémoire sur les lettres inédites d'un agent de Chamillard en Espagne pendant la guerre de Succession d'Espagne*, Paris, 1863.

DE COURCY, *La coalition de 1701 contre la France*, Paris, 1886.

DELAVAUD, *Le marquis de Pomponne*, Paris, 1911.

DELAVAUD, *L'éducation d'un ministre* (*Revue de Paris*, 15 mars 1910).

DELAVAUD, *Changement de ministre* (*id.*, 15 juillet 1911).

DELAVAUD, Divers articles dans la *Grande Encyclopédie* (Colbert de Croissy).

DOEBERL, *Bayern und Frankreich, vornehmlich unter Kurfürst Ferdinand-Marie*, Münich, 2 vol., 1900-1903.

FAZY, *Les Suisses et la neutralité de la Savoie* (1703-1704), Genève, 1895.

FLASSAN, *Histoire de la diplomatie française*, 2e éd., Paris, t. III et IV, 1811.

FLEURY-VINDRY, *Les ambassadeurs permanents au XVIe siècle*, Paris, 1903.

FORNERON, *Louise de Kéroualle*, Paris, 1886.

FUNCK-BRENTANO et D'ESTRÉE, *Les nouvellistes*, Paris, 1905.

GÉRIN, *Le pape Alexandre VIII et Louis XIV*, Paris, 1877.

GÉRIN, *L'ambassade de Lavardin et la séquestration du nonce Ranuzzi (Rev. Quest. Hist.*, 1er octobre 1874).

GÉRIN, *La disgrâce de Pomponne (Id.*, 1er janvier 1878).

GIRAUD, *Le Traité d'Utrecht*, Paris, 1847.

GUILLOT (G.), *Léopold Ier et sa cour (Rev. Quest. hist.*, 1er avril 1907).

GUÉRARD, *Liste des ambassadeurs et ministres de France (Bull. Soc. Hist. France, 1833).*

HATIN, *Histoire de la presse en France*, Paris, t. I et II, 1859-1861.

HAUSER, *Les débuts du capitalisme*, Paris, 1927.

HAUSSONVILLE, *Histoire de la réunion de la Lorraine à la France*, Paris, t. III et IV, 1860.

HAUSSONVILLE, *La duchesse de Bourgogne et l'alliance savoyarde sous Louis XIV*, Paris, 4 vol., 1899-1908.

HERBETTE (M.). *Une ambassade persane sous Louis XIV*, Paris, 1907.

HILL (David Jayne), *A History of Diplomacy in the international development of Europe,* New-York et Londres, 3 vol. 1905-1914.

HYRVOIX DE LANDOSLE, *Le congrès de Baden* (*Rev. Quest. Histor.,* 1924).

Introducteurs (Les) des ambassadeurs, Paris, 1901.

IMMICH (M.). *Zur Vorgeschichte des Orleans'schen Krieges,* Heidelberg, 1898.

JAPIKSE (N.). *Louis XIV et la guerre anglo-hollandaise* (cf. article de Pagès sur le même sujet), les deux dans *Rev. Histor., 1908.*

JUSSERAND, *A French Ambassador in the court of Charles II,* Londres, 1892.

JUSSERAND, *The School for ambassadors (American Historical Review,* avril 1922).

KAUFFMANN, *Die Reunionskammer zu Metz,* Metz, 1899.

KRAUSKE, *Die Entwicklung der ständigen Diplomatie (Forschungen* de *Schmoller,* V, 3), Leipzig, 1885.

LAVISSE, *Histoire de France,* t. VII^1, t. VII^2, t. VIII^1 (le dernier avec la collaboration de Rébelliau, Sagnac, Saint-Léger), Paris, 3 vol. 1906-1908.

LECESTRE, *La mission de Gourville en Espagne* (*Rev. Quest. Hist.,* 1892).

LEFÈVRE-PONTALIS, *Jean de Witt,* Paris, 2 vol., 1884.

LEGRELLE, *La diplomatie française et la succession d'Espagne,* Paris, 4 vol., 1888-1892.

LESOURD, *L'ambassade de France près le Saint-Siège, sous l'Ancien Régime*, Paris, 1924.

LÉRIS, *La comtesse de Verrue et la cour de Victor-Amédée II de Savoie*, Paris, 1882.

LEVASSEUR, *Histoire du commerce de la France*, Paris, t. I, 1911.

LONCHAY, *La rivalité de la France et de l'Espagne aux Pays-Bas*, Bruxelles, 1896.

LUÇAY, *Les secrétaires d'État depuis leur institution jusqu'à la mort de Louis XV*, Paris, 1881.

MAULDE LA CLAVIÈRE (DE), *Les Mille et une Nuits d'une ambassadrice de Louis XIV*, Paris, 1897.

MASSON (Paul), *Histoire du commerce français dans le Levant au XVIIe siècle*, Paris, 2 vol., 1896.

MIGNET, *Négociations relatives à la Succession d'Espagne sous Louis XIV*, Paris, 4 vol., 1835-1842.

MOÜY (Ch. DE), *L'ambassade du duc de Créqui*, Paris, 2 vol., 1893.

NOLHAC (P. DE), *Versailles résidence de Louis XIV*, Paris, 1925.

NYS, *Les origines de la diplomatie et le droit d'ambassade jusqu'à Grotius*, brochure, Bruxelles, 1884.

NYS, *La théorie de l'équilibre européen* (*Revue du droit international et de législation comparée*, 1893).

PAGÈS (Georges), *L'histoire diplomatique du règne de Louis XIV* (*Rev. hist. mod. et contemp.*, t. VII,

1905-1906).

PAGÈS, *Les frères Formont et les relations du Grand Électeur avec la Cour de France*, (*Rev. Histor.*, t. VI, 1891).

PAGÈS, *Louis XIV et le Grand Électeur*, Paris, 1905.

PAGÈS, *Contributions à l'histoire de la politique française en Allemagne sous Louis XIV*, Paris, 1905.

PAUL (Pierre), *Le cardinal Melchior de Polignac*, Paris, 1922.

PICAVET (C.G.). *Les dernières années de Turenne* (1660-1675), Paris, 1914.

PICAVET (C.-G.), *Documents biographiques sur Turenne* (1611-1675), Lille, 1914.

PINGN (René), *Histoire diplomatique* (*Histoire de la Nation française* d'Hanotaux), Paris, 1 vol., 1929.

PIRENNE, *Histoire de la Belgique*, Bruxelles, t. V, 1921.

PRUTZ (H.), *Aus des Grossen Kurfürsten letzten Jahren*, Berlin, 1897.

REUMONT, *Della diplomazia italiana dal secolo XIII al XVI*, Florence, 1857.

RÉMUSAT (Martine DE), *Un ambassadeur de France en Pologne* (*Revue de Paris*, 1er octobre 1919).

REYNALD, *Louis XIV et Guillaume III*, Paris, 2 vol., 1883.

ROTT, *Histoire de la représentation diplomatique de la France auprès des cantons suisses*, 9 vol., Paris.

ROUSSET (Camille), *Histoire de Louvois*, Paris, nouvelle édition, 4 vol., 1864.

SCHEFER (Chr.), *Mémoire historique sur l'ambassade de France à Constantinople*, Paris. 1894.

SÉGUR-DUPEYRON, *Histoire des négociations commerciales et maritimes de la France aux XVIIe et XVIIIe siècles*, Paris, 2 vol., 1863, 1872.

SOREL (Albert), *L'Europe et la Révolution française*, t. I, Paris., septième édition.

TURNER (E.R.), *Parliament and Foreign Affairs (1603-1700)*, *English Histor. Review*, t. 34, 1919.

VALFREY, *La diplomatie française au XVIIe siècle : H. de Lionne*, Paris, 2 vol., 1877, 1881.

VOGÜÉ (DE), *Villars d'après sa correspondance*, Paris, 2 vol., 1888.

VANDAL (A.), *L'Odyssée d'un ambassadeur : les voyages du marquis de Nointel*, Paris, 1900.

WADDINGTON (A.), *La politique du Grand Électeur*, Paris, 2 vol., 1908.

WALISZEWSKI (K.), *Les relations diplomatiques entre la France et la Pologne (1644-1667)*, Cracovie, 1889.

WEBER (Ott.), *Der Friede von Utrecht*, Gotha, 1891.

ZELLER (J.). *La diplomatie française vers le milieu du XVIe siècle* Paris, 1881.

Notes

1

Nous ne pouvons négliger de mentionner, pour les services qu'elles nous ont rendus, les nombreuses études de détail du regretté Delavaud.

2

« Ce n'est pas chose trop sûre de tant d'allées et venues d'ambassadeurs, car bien - souvent s'y traitent de mauvaises choses. » Commines conseillait de les bien traiter, de « les faire festoyer, défrayer, faire présents », de « les tôt ouïr et dépêcher », mais de les renvoyer le plus promptement possible, car « ce me semble, ajoutait-il, très mauvaise chose que de tenir ses ennemis chez soi ». Le fragment entier, qui est fort long, mériterait d'être cité.

3

Cf. A. DE BOISLISLE, *Les Conseils sous Louis XIV.*

4

Mémoriaux du Conseil, de BOISLISLE, t. I ; *Mémoires de Brienne,* t. III, éd. Bonnenefon.

5

Boislisle note que les ministres d'État reçoivent un présent de noces pour le mariage de leurs enfants, qu'ils figurent à côté des princes du sang dans la première classe de la capitation de 1695, que leurs femmes sont présentées de droit à la cour, etc.

6

Les textes du XVIIe siècle parlent des conseils *extraordinaires,* mais ce sont simplement des conseils *supplémentaires,* c'est-à-dire tenus en dehors des jours ordinaires (ex. DANGEAU, t. V, p. 420, juin 1696).

7

Cf. C.G. PICAVET, *Les dernières années de Turenne.*

8

La lecture trop rapide d'un texte unique a fait croire — ce qui était bien invraisemblable — que Mme de Montespan avait assisté une fois au Conseil d'État.

9

Cf. A.E., France, *Mém. et Docum.* 415, 416, et notre article de la *Revue historique,* juillet-août 1924 : *L'organisation du travail diplomatique en France de 1667 à 1670.* Nous simplifions la démonstration par nous donnée avec textes à l'appui. Cf. également PAGÈS, *Bulletin de la Société d'histoire moderne,* 5 avril 1908.

10

C'est le cas par exemple pour l'année 1707, où nous relevons en tout 97 séances à en croire Dangeau, avec une moyenne mensuelle de 7 à 9. Mais dès 1706, les conseils du jeudi étaient rares. Sourches prétend qu'en 1709, le roi ne tenait plus que deux conseils par semaine, le mercredi et le dimanche, « les négociations étant entièrement abolies à cause de la ligue des confédérés ». Le journal de Dangeau donne semaine par semaine la preuve du contraire.

11

« Le comte de Brienne... était vieux, présumant beaucoup de soi, et ne prenant d'ordinaire les choses ni selon mon sens, ni selon ma raison. Son fils... semblait avoir dessein de bien faire. Mais il était si jeune que bien loin de prendre son avis sur mes autres intérêts, je ne pouvais seulement lui confier la fonction de son propre emploi, dont Lionne faisait la plus grande pie » (*Mémoriaux de Louis XIV,* éd. Dreyss, II, p. 390).

12

Cf. Lettre de Lionne au roi pendant la campagne de Flandre (18 juillet 1667), alors qu'il demeurait à Paris et que le conseil se tenait à l'armée (A.E., France, *Mém. et Doc.,* 415). « J'envoie à V.M. deux mémoires, que je crois contenir beaucoup de choses importantes. Je supplie V.M. de se donner la peine de les lire en son particulier, et puis de les porter à l'armée pour les faire lire au Conseil en sa présence, afin d'y prendre sa résolution sur quelques choses de grande considération. »

13
Cf. PAGES (*Bull. Soc. Hist. moderne* (juin 1902). Nous avons dépouillé aux Archives des A.E., ces *Memoranda* dans France, *Mém. et Doc.*, 298-310.

14
Cf.-C.G. PICAVET, *Les commis des Affaires étrangères sous le gouvernement personnel de Louis XIV* (Revue d'histoire moderne 1926) et surtout C. PICCIONI, *Les premiers commis des Affaires étrangères aux XVIIe et XVIIIe siècles,* Paris, 1928, utilisant des notes et des articles de Delavaud.

15
A.E., France, *Mém. et Doc.*, 310.

16
MESNARD, *Projet de gouvernement du duc de Bourgogne,* 1860.

17
Histoire du dépôt des Affaires étrangères.

18
AUERBACH, *La diplomatie française et la cour de Saxe.*

19

Quelque obscurité subsiste sur les raisons du congédiement de Tourmont. On a accusé certains commis de prélever de coquettes sommes sur les gratifications qu'ils étaient en état de faire obtenir aux ambassadeurs. Cf. notre article.

20

Cf. BOURGEOIS, *Revue historique*, 1887 ; ZELLER, *id.* 1919.

21

A.E., France, *Mém. et Doc.*, 416.

22

Archives de la guerre, 349, 1er décembre 1673.

23

ROUSSET, *op. cit.*, t. III.

24

Bibl. nat., Ms. fr., 10.654, lettre de Cazier du 11 août 1692.

25

BOISLISLE, *Mémoires de Saint-Simon*, t. XII, appendice V.

26

T. XVII.

27

Sur Colbert et les Affaires étrangères, cf. plus bas, livre V.

28

C.-G. PICAVET, *Documents biographiques sur Turenne* ; Idem, *Les dernières années de Turenne.*

29

BAUDRILL, *Madame de Maintenon, son rôle politique pendant les dernières années du règne de Louis XIV,* 1700-1715 ; Revue des questions historiques, 1890.

30

Journal de deux jeunes Hollandais en France, éd. Marillier.

31

Cf. livre II, chap. 1.

32

Le témoignage suivant de Primi Visconti est curieux, bien que sujet à caution « L'abbé del Caretto a entendu dire à plusieurs reprises à M. de Lionne que le roi en savait plus qu'eux tous, et qu'une fois les ministres ayant été trois heures en conseil pour une affaire d'Allemagne sans pouvoir conclure à rien, le roi renvoyant l'affaire au lendemain, trouva tout seul ce qu'il fallait faire. »

33

A.E., France, *Mém. et Doc.* 415, 416.

34

Cf. BOURGEOIS et ANDRÉ, t. II, n° 830, éditions de Dreyss et de Longnon (1923), *Revue d'histoire moderne,* polémique d'Esmonin et de Longnon, novembre-décembre 1927, mars avril 1928.

35

Même ordre fut donné à tout le corps diplomatique français à l'étranger.

36

Cf. sur les lettres des ambassadeurs, livre II, ch. 1.

37

Cf. plus bas livre II, chap. 1.

38

Pour 1661, cf. BOISLISLE, *Ann. Bull. Soc. Hist. France,* 1912 ; pour 1685, cf. A.E., France, *Mém. et Doc.,* 301.

39

Pour le détail et les références, cf. notre article sur *La carrière diplomatique en France sous Louis XIV,* dans la *Revue d'histoire économique et sociale,* Paris 1923.

40

Cf. BASCHET, *Histoire du dépôt des Archives des Affaires étrangères.*

41
Cf. plus bas.

42
Sur les ambassadeurs en Turquie, cf. plus bas, livre V, ch. III.

43
On prétend souvent même, au XVIIe siècle, qu'il y a un temps « ordinaire » de séjour pour les ambassadeurs, et qu'il est de trois ans. Mais il est fort souvent dépassé. Feuquières gémit de passer son septième carême en Suède.

44
Cf. plus bas.

45
A.E., France *Mém. et Doc.*, 301. Les chiffres sont donnés pour le premier semestre. Pour 1692, *Mém. et Doc.*, 304. Pour 1698, *id.*, 305. Cf. pour 1681, B.N. ms. fr. 6.557.

46
Bien entendu, il convenait d'avoir l'oreille du roi et du ministre. En Danemark, Terlon se fit rudoyer par Lionne en 1670 pour avoir réclamé une gratification lors de la mort du roi du pays

(A.E. DANEM. *Corr. pol.,* 16, f° 165). La gratification demeurait faveur et non droit.

47

Revue d'histoire économique et sociale, 1925. « De 12.000 écus que le roi donne à M. de Villars, écrivait en 1680 la marquise, ambassadrice en Espagne, ce n'est à Madrid qu'environ 5.500 écus. »

48

A.E., *Corr. Pol.,* Angleterre, 245, 15 mai 1713, lettre à Torcy. « Je suis à bout de mes ressources et de mon crédit, et je sens la nécessité d'abréger mon séjour dans ce pays-ci. » Torcy lui accorda son congé peu de temps après. Il est vrai que la mission du duc d'Aumont était terminée, que son ambassade n'était point une ambassade ordinaire.

49

A.N. G^7 5432, lettre du 20 août 1699.

50

Cf. WADDINGTON, *Instructions,* Prusse, p. 150, lettre de Lionne (19 avril 1669) : « S.M. a informé de vive voix le dit marquis de Vaubrun, des qualités personnelles, de l'humeur et des talents des personnages principaux qui ont part aux affaires de la cour de Brandebourg. » Il ne s'agissait donc à cette époque que de portraits parlés.

51

Cf. sur les instructions commerciales le livre V.

52

C'était le minimum. En 1713, on ne remit pas moins de six tables de chiffres au duc d'Aumont, ambassadeur de France en Angleterre (A.E., *Corr. pol.*, Angleterre, t. 240).

53

B.N. ms. fr. 23.407.

54

« Si l'ambassadeur a femme, il faut près d'elle une demoiselle de bonne maison, parente ou alliée, qui puisse lui tenir compagnie. »

55

Journal, éd. Masson, p. 380.

56

R. Roux *Les missions politiques de Jean de la Chapelle* (Revue d'histoire diplomatique, juillet-septembre 1926.

57

Revue des études historiques, 1918, article du marquis de Girardin.

58

DEPPING, *Corresp. admin..* IV, p. 678 et sq..

59

DELAVAUD, *Le marquis de Pomponne*, p. 52.

60

Tony BOREL. *Biblioth. universelle*, 1908.

61

ROUSSET, *op. cit.*, II, p. 358. *Lettres* de MME D'AULNOY.

62

JUSSERAND, *op. cit.*

63

B.N., Coll. Lancelot, ms. fr., N.A., 9.736.

64

BOISLISLE (J. DE), *Puysieux et les Suisses.*

65

Louis XIV profita de l'expérience « Il est très essentiel, recommandait-il à Villars en 1697, que pendant son séjour à Vienne il contienne ses domestiques dans un tel ordre que jamais plus ils ne se trouvent compris, s'il est possible, dans aucune querelle » (*Instr.* Autriche, p. 146).

66

Cf. BOJANI, *L'affaire des quiers à Rome à la fin du XVIIe siècle*, R. Hist. diplom. 1908.

67
A.E., *Corr. pol.*, Espagne, 63 ; Espagne, *Instructions*, t. I, *passim*.

68
Op. cil. p. 425.

69
Il faut d'ailleurs tout prévoir, le pi autrichien demeurant très fort. « Il est à propos, ajoute d'Harcourt, que dans les cas qui peuvent arriver, je me sois assez fourni de domestiques et de gens attachés à moi pour être à couvert d'une première insulte. »

70
A.E., *Corr. pol.*, Angleterre, 245 f° 77.

71
A.E., Danemark, *Corr. pol.*, 16, 31 janvier 1671.

72
I, p. 277.

73
Cf. GROSSMANN, *Die Geschäftsordnung in Sachen des aüsseren Politik am Wiener Hofe zu Kaiser Leopolds und Lobkowiz' Zeiten* (Forsch. zur

Deutschen Geschichte, 1871). Le fameux de la succession d'Espagne en 1669 fut réglé exceptionnellement par entente directe de Grémonville et d'Auersperg.

74
BOISLISLE (A. DE), *Le secret de la poste sous Louis XIV* (Ann. Bull. Soc. Hist. France, 1890).

75
En 1663, Comminges donne à Lionne une adresse secrète à Londres et offre d'envoyer ses propres lettres à M. Simonnet, banquier à Paris, JUSSERAND, *op. cit.*

76
WALISZEWSKI, *op. cit.*, II, p. 349.

77
Instructions, Autriche, éd. Sorel, p. 89.

78
Cf. plus bas, livre V.

79
C'est ainsi que Villars en 1681 doit, de Vienne, entretenir « un commerce régulier », avec d'Harcourt en Espagne, Tallard en Angleterre, Bonrepaus en Hollande et avec nos envoyés dans les cours d'Allemagne et à la diète de Ratisbonne (SOREL, *Instr.*, Autriche, p. 148).

80
SOURCHES, III, p. 31.

81
Cf. CHLOPICKI, *Revue d'hist. diplom.*, t, IV.

82
T. IX, p. 54.

83
Cf. AUDE, *André de Béthoulat, comte de la Vauguyon* ; instruction du 30 décembre 1683.

84
III, p. 11.

85
Pomponne à Feuquières, éd. GALLOIS, III, p. 111.

86
Cf. RILLIET, Le *rétablissement du catholicisme à Genève* ; F. BARBEY, *Correspondance de Du Pré.*

87
B.N. ms. fr. 20.156, f° 422. « Les noms et demeures de tous les ambassadeurs et ministres des princes qui sont *à présent* à Paris. » L'auteur anonyme ne nomme pas l'ambassadeur d'Angleterre, Jermyn, comte de Saint-Albans, qui avait fait son entrée à Paris en mars 1661.

88

Cf. à la date du 12 novembre 1699, un rapport du lieutenant de police René d'Argenson, sur un résident de Hesse-Cassel, qui négocie sans pouvoir pour le conseil de Genève *(Rapp. inédits,* éd. Cottin, p. 9).

89

A.E., France, *Mém. et Doc.,* 301 (de janvier à août).

90

DEPPING, IV, p. 773.

91

PAGÈS, *Louis XIV et le Grand Électeur,* p. 430.

92

Cf. HERBETTE, *Une ambassade persane sous Louis XIV* ; LANIER, *Les relations de la France avec le Siam.*

93

Cf. WALISZEWSKI, *Les premiers Romanov,* 1613-1682 ; RAMBAUD, *Instructions de Russie,* SOURCHES, II, p. 74 et sq.

94

Cf. Tony BOREL, *Une ambassade suisse à Paris, 1663.*

95

Sur Louis XIV et son attitude à l'égard des ambassadeurs, nous renvoyons au chapitre III du livre I ; cf. le chapitre II du même livre sur le secrétaire d'État des Affaires étrangères et les ministres venus de l'extérieur.

96
Ed. BOISLISLE, t. VII, p. 17.

97
Journal, éd. Masson, p. 158.

98
Un cas curieux et différent est celui de l'ambassadeur de Malte, choisi par le roi, puisqu'il est son sujet, mais seulement avec l'agrément du pape.

99
Cf. PASCAL, *Un ambassadeur désagréable à la cour de Louis XIV,* B.S.H.P.F., 1894.

100
MOREL-FATIO, *Instructions,* Espagne, I, p. 513.

101
Cf. d'ESTRADES, VI, p. 227.

102
LEGG, *British diplomatic Instructions* (1689-1789), vol. II, France.

103
En 1662, le nonce loge rue Neuve-Saint-Honoré, la Fuente à la Place Royale, l'ambassadeur de Danemark à l'hôtel de Luynes, le Hollandais Boreel près de la Charité, le résident de l'électeur Palatin « rue de Grenelle au Faubourg Saint-Germain », l'envoyé, de Mantoue « rue des Petits-Champs à l'image Saint-Roch », l'agent des ducs de Weimar « rue Saint-Dominique, faubourg Saint-Germain », etc.

104
Dans une conversation avec des envoyés suisses en 1687 ; cf. GAUTIER, *Histoire de Genève*, t. VIII, p. 355 et sq.

105
Cf les *Introducteurs des ambassadeurs* (1585-1700), ouvrage [anonyme de Boppe

106
Breteuil et Villeras ont laissé des mémoires et des journaux en pie publiés, en pie inédits. Cf. en particulier à la B.N. *N.A. ms. fr.*, 3.123, le journal de Villeras, que nous avons consulté.

107
Sur les ambassadeurs de têtes couronnées et les discussions relatives à ce sujet, cf. plus bas, livre III, ch. 1.

108

Par exemple en 1701, le baron de Breteuil va au-devant du connétable de Castille, ambassadeur extraordinaire d'Espagne jusqu'à Bourg-la-Reine, « honneur qu'on ne fait à aucun ambassadeur » (DANGEAU, VIII, p. 23.) Tout s'explique par la date.

109

ROUSSET, *op. cit.*, p. 39 et sq. ; cf. HERBETTE, *op. cit.*

110

Op. cit., p. 260.

111

SOURCHES, I, p. 223.

112

DANGEAU, VIII, p. 55.

113

CIMBER et DANJOU, 2e série, t. XII, extrait des *Mémoires* de Breteuil.

114

S. SIMON, t. XXVIII, p. 341. Cf. aussi t. XIX, p. 173.

115

Nous ne sommes guère renseignés sur elles qu'à pir de 1685.

116
L'introducteur des ambassadeurs y figure aussi assez souvent.

117
01. LEFÈVRE d'ORMESSON, *Journal* II, p. 187 et sq.

118
A.E., France, *Mém. et Doc.*, 305 f° 146. Déclarations de Torcy en réponse à une réclamation des ambassadeurs. « Les ambassadeurs, *excepté les jours de leur fonction,* ne venaient à la cour proprement que comme d'autres pour faire leur cour au Roi. »

119
En 1700, le nonce Delfini n'eut rien, pour n'avoir pas voulu visiter les bâtards du roi (DANGEAU, VII, p. 246).

120
DEPPING, *Correspondance administrative,* II, p. 828.

121
Cf. 1. III, ch. 11, *Les chapelles des ambassadeurs français.*

122

Ch. GÉRIN, *Revue des questions historiques*, 1er octobre 1874.

123

Papers of Sir William Trumbull (Hist. Man. Comm.), I, p. 88, lettre sans autre date que 1685.

124

DEPPING, II, 194.

125

BOURGEOIS, Introd. à l'éd. de la *Relation de la cour de France* de Spanheim, p. 19.

126

La monarchie d'ancien régime en France, passim.

127

Comme presque toujours au XVIIe siècle l'argument historique ou soi-disant tel renforce la doctrine : l'allusion est nette à la pseudo-donation de Pépin et au séjour des papes en Avignon.

128

« Vous pouvez connaître, dit en concluant Louis XIV s'adressant au Dauphin, si c'est avec justice que les empereurs ont prétendu se distinguer des autres monarques. » Le livre d'Aubéry, *Des justes prétentions du roi sur l'Empire*, publié en 1667, reprend tous ces thèmes, en les outrant, et en y joignant pour le Dauphin la promesse de la monarchie universelle. Inopportun par l'émoi qu'il produisit en Allemagne, il amena l'emprisonnement de son auteur.

129
KRAUSKE, *op. cit.,* p. 205 et sq.

130
BOISLISLE. *Mémoriaux,* II, p. 214 et sq.

131
POMPONNE, *État de l'Europe en* 1680, p. 414-417. De l'Angleterre il n'est guère question sous Charles II et Jacques II, si faibles en face de Louis XIV, mais que ce dernier avait intérêt à ménager. Cf. KRAUSKF, *op. cit.,* p. 210.

132
WICQUEFORT, *Mémoires touchant les ambassadeurs et les ministres publics.*

133
Sur les prétentions de Gênes cf. *Mém.* de Louis XIV, éd. Dreyss, II, p. 409.

134
Napoléon et l'étiquette, Revue de Paris, 1894, t. II.

135

Cf. appendice dans Fox, *A history of the early part of the reign of James the Second* Macaulay a insisté sur l'intérêt de quelques-unes de ces dépêches.

136
A.E., *Corr. polit.*, Angleterre, 240.

137
MIGNET, *op. cit.*, III, p. 583.

138
WALISZEWSKI, *op. cit.*, I, p. 197

139
Mémoires de Villars, édit. Vogüé, IV, p. 374.

140
Sur Pomponne, cf. ROUSSET, *Histoire de Louvois*, II p. 213 ; sur Beauvillier, cf. *Journal* de TORCY, éd. Masson.

141
Lettre du 28 janvier 1663, A.E. *Corr. Polit.*, Angleterre, 78.

142
A.E., *Cor. polii.*, Angleterre, 75.

143
GÉRIN, *Revue des questions historiques*, 1877, t. XXII, lettre de Louis XIV a Chaulnes du 18 janvier

1690.

144
Cf. ROTT, *Louis XIV et le droit de chapelle* (Mém.
Ac. Sc. Mor. et Pol., juillet-août 1923) : A.E.
Danemark, *Corr. pol.*, 17, 10 octobre 1671.

145
DEPPING, *Corresp. admin.*, t. II, passim.

146
RILLIET, *Le rétablissement du catholicisme à Genève.*

147
ZELLWEGER, *Geschichte der diplomatiscken
Verhältnisse der Schweiz mit Frankreïch*, 2, p. 166.

148
Cf. les articles de Ch. BENOIST dans la *Revue des
Deux Mondes*, et tout particulièrement celui du 15
septembre 1926.

149
Cf. *Introduction.*

150
Il s'agissait alors des débuts de la guerre soi-
disant de la ligue d'Augsbourg.

151
LEGRELLE, *op. cit.*, II, p. 363.

152
26 décembre 1668, MIGNET, *op. cit.*, III, p. 63.

153
Id., II, p. 100.

154
Mémoires et instructions pour servir dans les négociations et affaires concernant les droits du roi de France.

155
MIGNET, *op. cit.*, III et IV, *passim* ; LEGRELLE, t. III, *passim.*

156
Même langage à l'étranger. Charles II, roi d'Angleterre, médiateur entre la France et l'Europe, veut assurer nos frontières « de manière à ce qu'elles fassent ce que la mer fait à l'égard de l'Angleterre, c'est-à-dire qu'elles mettent la France en *une pleine et entière sûreté* ».

157
C'est le cas en 1675 avec Berlin. « Dans l'état toujours douteux de cette cour, écrit le roi à Verjus, et surtout dans la conjecture présente, il m'importe de la tenir dans une telle situation que non seulement elle ne puisse prendre un prétexte de m'éloigner de mes intérêts, mais que rien ne

puisse faire perdre l'opinion dans l'Empire qu'elle y est toujours attachée. »

158
Journal, éd. Masson, p. 120.

159
A.E., *Corresp. polit.,* Angl. et Holl., 78.

160
BOURGEOIS ET ANDRÉ, *op, cit.,* I, p. 236.

161
MOREL-FATIO, *Revue historique,* 1891.

162
Cf. WADDINGTON, *Mém. Ac. Sc. Mor. et Pol,* 1902

163
FORNERON, *Louise de Keroualle.*

164
Ecrits inédits, éd. Faugère, t. IV, p. 485.

165
A.E., France, *Mém. et Doc., 307.*

166
A.E., France, *Mém. et. Doc.,* 310, s. d., mais vraisemblablement de 1715.

167
A. DE BOISLISLE, *Le secret de la poste sous le règne de Louis XIV,* Ann. Bull. Soc, Hist. France, 1890.

168
Arch. Bastille, t. VII, p. 316-317.

169
Camille ROUSSET, *op. cit.,* t. III.

170
URK. U. AKT., *Auswärtige Acten,* IV, 2. p. 491

171
Cf. un état de compte de Rébenac (URK, *op. cit.,* II, p. 897). On y voit nommés Iéna (6.000 1. en mars 1680), Grumbkow (*id.*), Mlle de Wangenheim (4.000), un valet de chambre hollandais, Commesser, homme de confiance du Grand Électeur (2.000) etc...

172
PRIBRAM, *Lisola und die Politik sciner Zeit,* p. 358.

173
« Quant à l'inconvénient que vous craindriez si le secret des subsides n'était pas bien gardé, il y faudra avoir beaucoup d'application, et il semble que les dits princes y auront encore plus d'intérêt que S.M. pour le regard de l'empereur, et pour ne laisser pas voir à l'Empire que ce qu'ils feront ait

d'autres causes que le bien et le repos public. » (Lionne à rave, 28 juillet 1667, dans MIGNET, *op. cit.*, II, p. 39).

174
AUERBACH, *La diplomatie française et la cour de Saxe*, p. 350.

175
DEPPING, *Corresp. admin.* III, p. 235.

176
A.E., France, *Mém. et Doc.*, 300 « Mémoire des subsides et pensions promis par le roi à des princes étrangers avec l'état de ce qui est dû jusqu'au 21 septembre 1683.

177
A.E., France, *Mém. et. Doc.*, 303. « État des ordonnances payables au porteur qui ont été expédiées par Mgr de Croissy depuis le 1er janvier 1690 jusqu'au dernier décembre 1693.

178
C'est peut-être qu'en cette année l'effort financier se porte sur le roi de Danemark.

179
A.E., France, *Mém. et Doc., 310.*

180

A.E., Angl. et Holl., *Corresp. pol.* 78, 26 janvier 1663.

181

Le 1er janvier 1684, il était dû à l'Angleterre, sur l'argent promis, 1.395.000 livres (A.E., France, *Mém. et Doc.*, 300).

182

Fox, *op. cit.*, correspondance de Louis XIV et de Barillon (appendice).]

183

Après 1689, ce fut Guillaume III qui fournit une partie de l'argent nécessaire à *la* coalition. Beaucoup de princes nécessiteux d'Europe se tournèrent vers Londres.

184

DALRYMPLE, *Mémoires de la Grande-Bretagne et de l'Irlande*, tr. fr., t. I.

185

Lettre de Suède du 31 juillet 1668, citée par LEFÈVRE-PONTALIS, *Jean de Witt*, II, p. 147.

186

MIGNET, *op. cit.*, t. III, *passim*.

187

A.E., France, *Mém. et Doc.*, 303.

188
Louis XIV à d'Avaux (2 avril 1693), éd. Wijnne, p. 62.

189
A.E., France, *Mém. et Doc.*, 305. « État des sommes qui ont été remises en Suède pour être distribuées par gratifications à plusieurs ministres et autres personnes de cette cour, depuis le 14 juillet 1698, y compris le change. »

190
SCHEFER, *Ann. des Sciences politiques,* 1893, p. 586.

191
FARGES, *Instructions,* Pologne, *passim* ; WALISZEWSKI, *Marysienka.*

192
Cf. *Revue d'hist. diplom.,* 1909, 1911, 1912.

193
Cf. HUDITA, *Histoire des relations diplomatiques entre la France et la Transylvanie au XVIIe siècle,* passim. On y trouve d'abondantes références de détail.

194
WALISZEWSKI, *Archives du ministère des Affaires étrangères* (Pologne), t. II et III, *passim.*

195
RUBINSTEIN, *Les relations entre la France et la Pologne de* 1680 à 1683.

196
GILLOT, *Le règne de Louis XIV et l'opinion publique en Allemagne.*

197
Arsenal, 4.712.

198
DEPPING, *op. cit.,* IV, p. 721.

199
Cf. COLLAS, *Jean Chapelain.*

200
Cf. BOURGEOIS et ANDRÉ, *op. cit.,* t. IV, *Journaux et pamphlets,* passim.

201
11 novembre 1667, *op. cit.,* I, p. 155.

202
René Roux, *Les missions politiques de Jean de la Chapelle,* Revue d'hist. diplomatique, juillet, septembre 1926.

203
A.E., *Corresp. polit.,* Angleterre, 213, f° 50.

204
Paul DOTTIN, *Revue germanique,* juillet, septembre 1923.

205
Traités traitant les droits du roi très chrétien sur plusieurs États et seigneuries possédées par divers princes voisins.

206
DUFFO, *Correspondance inédite d'Eusèbe Renaudot avec le cardinal François-Marie de Médicis* (1705-1706-1707).

207
Lettre du 9 août 1706... « Si la France succombe, ce qu'il faut espérer que Dieu ne permettra pas, non seulement la religion catholique, mais le temporel de l'Église romaine ont tout à craindre, non seulement des Allemands, mais des hérétiques, qui sont en état de donner la loy à l'Empereur quand il leur plaira. »

208
Pour les traités de commerce, voir le livre V.

209
Rappelons que le *De jure belli ac pacis,* de Grotius est de 1625, le *De jure naturae et gentium* de Puffendorff de 1672, le *Droit des Gens* de Vattel de

1758. La pratique que nous étudions s'insère entre ces diverses théories.

210

FUNCK BRENTANO et SOREL, *Traité du droit des gens*, p. 243.

211

MIGNET, *op. cit.*, II, passim : cf. dans la *Revue d'histoire diplomatique* d'octobre-décembre 1924, notre article *Etat de paix et état de guerre au temps de Louis XIV*, auquel sont faits de nombreux emprunts. On y trouvera notamment le détail des références.

212

FLASSAN, *Histoire de la diplomatie française*, t. IV, pp. 108 et sq

213

A.E., France, *Mém. et Doc., 306.*

214

Le droit international, les principes, les théories, les faits, t. III, première partie,

215

Cf. livre II, chap. I et II.

216

Lettre de d'Argenson, du 26 octobre 1702 : A.E., *Corr. polit.*, Angleterre, 214.

217
A.E., *Corr pol.*, Angleterre, 214.

218
Cf. SAGNAC, *La politique commerciale de la France avec l'étranger de la paix de Ryswick à la paix d'Utrecht,* Revue historique 1910 ; SÉE, *Notes sur le commerce des ennemis en France pendant la guerre de la Succession d'Espagne,* Revue d'hist. du droit fr. et étranger, 1926.

219
ISAMBERT, *Recueil général des anciennes lois françaises,* t. XIX : Ordonnance prescrivant la visite de tous les vaisseaux qui sont rencontrés en mer (23 mars 1676) ; ordonnance portant défense d'arrêter aucun vaisseau étranger porteur de passeports du roi (5 août 1676).

220
Mémoire général des passeports expédiés pendant l'année 1712, A.E., France, *Mém. et Doc.*, 309.

221
Les textes utilisés se trouvent dans LÉONARD, *Recueil de traités de paix,* etc., t. VI, *passim.*

222

MIGNET, *op. cit.*, t. IV, BOURGEOIS et ANDRÉ, *Instructions* (Hollande), t. I.

223
B.N. Ms. fr., 24.983, 17 janvier 1697

224
Cf. OTTOKAR WEBER, *Der Friede von Utrecht.*

225
« Si par hasard, écrit de Londres à Torcy l'abbé Gaultier, un de nos agents, MM. d'Hüxelles et de Polignac mandaient qu'ils ne sont pas contents de l'évêque de Bristol et du comte de Strafford, ne vous en étonnez pas, parce qu'ils n'ont, ni l'un ni l'autre, le secret de la cour et ne sont pas complètement instruits de l'affaire d'Espagne » (février 1712, cf. WEBER, *op. cit.*)

226
CL livre III, ch. III.

227
VAST, *Les grands traités du règne de Louis XIV*, t. II, p. 109.

228
MIGNET, *op. cit.*, t. II.

229

Il y a lieu de mettre à part la trêve de Ratisbonne conclue avec l'Empereur et l'Empire en 1684. Armistice signé pour vingt ans, elle est plus qu'une suspension d'armes et moins qu'un traité.

230
Cf. chapitre IV, plus bas.

231
Parfois même lorsqu'il s'agit de souverains protestants.

232
Léonard a publié au tome V le brevet de mai 1679, qui permet aux sieurs Pachau, Parayre et de Tourmont, principaux commis de Pomponne, de faire imprimer par telles personnes qu'ils voudront les actes des traités de Nimègue. C'est à Léonard, imprimeur ordinaire du roi, que le privilège fut accordé.

233
Cf. SOURCHES, V, p. 358 et sq.

234
Cf. DANGEAU, t. XV, SAINT-SIMON, t. XXIV.

235
Il y eut un renouveau de fêtes en 1714, lors de la publication de la paix avec l'Empereur et l'Empire. Un procès-verbal classique en pareille

circonstance fut rédigé le 19 avril par Claude Tricot, roi d'armes de France du titre de Montjoie Saint-Denis, assisté de plusieurs hérauts.

236
LEGRELLE, *op. cit.*, IV, passim ; REYNALD, *Louis XIV et Guillaume III*, t. II.

237
Cf. plus bas, chapitre III.

238
GIRAUD, *Le traité d'Utrecht* ; VAST, *op. cit.*, III.

239
Op. cit., t. II, p. 25 et sq.

240
LÉONARD, *op. cit.*, t. V.

241
Renouvellement, prorogation et explication de l'alliance franco-suédoise.

242
MIGNET, III, *passim* ; BAILLON, *Henriette d'Angleterre,* 2e édit.

243
MIGNET, II, *passim.*

244

LEGRELLE, *op. cit.*, II ; REYNALD, *Louis XIV et Guillaume III* ; GRIMBLOT, *Letters of William III and Louis XIV.*

245

TORCY, *Mémoires.* « Il aurait été contre la prudence d'abandonner les dispositions que le marquis d'Harcourt trouvait en Espagne en faveur des princes de la famille royale... Dans cette vue, S.M. eut soin d'avertir régulièrement le marquis d'Harcourt des circonstances et des suites de la négociation du comte de Tallard. »

246

Ce chapitre a paru avec quelques variantes dans la *Revue des Sciences Politiques* (Tome 51, octobre-décembre 1928).

247

Cf. A.E., *Corr. pol.*, Allemagne, t. 30, f° 218 ; lettre de d'Avaux à la Reine au sujet de Servien. « Il fait aussi injure à l'Université de Paris, et a tant d'aversion de la langue latine qu'il traite avec mépris ceux qui l'enseignent et ceux qui la savent. En cet endroit, Madame, je me sens obligé de vous dire très véritablement qu'elle n'est pas pourtant à mépriser. M. de Monluc et M. de Pibrac l'ont employée autrefois très utilement pour l'État, et il est hors de doute que *sans parler latin ou allemand il est impossible de bien servir le Roi en Allemagne, ni dans tout le Nord.* »

248
De Stockholm, le 17 avril (*Lettres* éd. Monmerqué, p. 494).

249
DELAVAUD, *L'éducation d'un ministre,* Revue de Paris, 15 mars 1910.

250
JUSSERAND, *A french Ambassador at the Court of Charles the Second.*

251
Lettre à Torcy dans WIJNNE *Correspondance de d'Avaux,* t. II, p. 105.

252
M.B. *ms. fr. N.A.* 21.103 papiers de Forbin-Janson, mai 1674.

253
WALISZEWSKI, *Acta Historica,* t. III, passim.

254
A.E., FRANCE, *Mém. et Doc.,* 298, f° 319.

255
HIPPEAU, *op. cit.,* I, p. 71.

256
FAZY, *Les Suisses et la neutralité de la Savoie.*

257
A.E., TURQUIE, *Mém. et Docum.*, 10, f° 117.

258
Cf. F. BRUNOT, *Histoire de la langue française des origines à 1900,* t. V, p. 419.

259
Cf. pour une étude d'ensemble l'ouvrage précieux de F. BRUNOT, t. VII, deuxième partie, *Le français hors de France,* avec ce sous-titre indicatif *Vers l'universalité.*

260
En 1671, l'envoyé anglais à la cour de Danemark harangue le roi en danois, mais en prenant audience de la reine et du prince héritier, il s'exprime en français (lettre de Terlon du 9 juin 1671, A.E., Danem, *Corr. pol.,* 16, f° 259.)

261
VII, p. 113.

262
Il savait donc un peu d'espagnol, comme nous le supposions plus haut.

263

Ne point s'imaginer donc qu'à cette date tous les hommes d'État d'Europe sont en possession du français. La lettre de Lionne est citée par MIGNET, II, p. 59.

264
MIGNET, II, p. 165.

265
Idem, III, p. 493, et sq.

266
BRUNOT, p. 411 et sq.

267
LEGRELLE, *op. cit.,* t. I, p. 304.

268
LORET, *La Muse historique,* II, p. 145.

269
BOREL, *op. cit.*

270
II, p. 433.

271
SOURCHES, I, p. 33.

272
I., p. 233.

273
VI, p. 30.

274
SOURCHES, VI, p. 125.

275
Id., XII, p. 52.

276
« Le roi, écrit Dangeau à la date de 1705... donna audience au nonce qui lui apporta des lettres de l'empereur, de l'impératrice et de l'impératrice douairière : ces lettres sont écrites en *italien* : c'est leur usage » (t. X, p. 358).

277
A.E., France, *Mém. et Docum.*, 304, f° 203, année 1694.

278
Cf. G.-G. PICAVET, *Documents biographiques sur Turenne,* p. 105.

279
VI, p. 8 et sq.

280
MIGNET, t. II, p. 409 et 421.

281

Cf. BRUNOT, *op. cit.*, p. 403, avec de nombreux extraits des documents originaux des Archives des Affaires étrangères : AMELOT DE LA HOUSSAYE, *Mémoires historiques polit. et littéraires*, 1737, t. III, p. 27 et sq.

282
Cf. livre IV, chap. I, *Déclarations de guerre et état de guerre.*

283
Cf. livre III, chapitre III.

284
Cf. *passim*, DEPPING, *op. cit.*, t. III et CLÉMENT, *Œuvres de Colbert.*

285
Cf. FRÉMY, *Causes économiques de la guerre de Hollande*, Revue d'hist. diplomatique 1914 ; SÉGUR-DUPEYRON, *Histoire des négociations commerciales et maritimes du règne de Louis XIV*, 2 vol., J.P. BONDOIS, *Colbert et la question des sucres* (Revue d'hist. économ. et sociale, 1923) ; BOURGEOIS et ANDRÉ, *Instructions*, Hollande, t. I et II ; S. ELZINGA, Le *prélude de la guerre de* 1672 (Revue d'hist. moderne, septembre-octobre 1927).

286
Art. cit. *Revue historique ;* aussi G.N. CLARK, *The dutch Alliance and the War against french Trade.*

287
Le parfait Négociant, 5ᵉ édition (1701), p. 117. Cf. HAUSER, *Les débuts du capitalisme.*

288
LEVASSEUR, *Histoire du commerce de la France,* t. I.

289
Citée par SÉGUR-DUPEYRON, *op. cit.,* t. II.

290
GEFFROY, *Instructions,* Suède.

291
DEPPING, *op. cit.,* III, p. 419.

292
GALLOIS, *Lettres de Feuquières,* t. V, p. 160.

293
WALISZEWSKI, *op. cit.,* t. I, p. 318, lettre probablement adressée à Colbert (26 octobre 1676).

294
BOISSONNADE, *Histoire des premiers essais de relations économiques directes entre la France et l'État prussien pendant le règne de Louis XIV (1643-1715).*

295
URK.U. AKT., *op. cit.,* II, p. 1.023.

296
Cf. en particulier la correspondance de d'Estrades, *passim*.

297
GALLOIS, *op. cit.*, IV, p. 241.

298
CLÉMENT, *Œuvres de Colbert*, II, 2, p. 535.

299
Cf. MASSON, *Histoire du commerce français dans le Levant au XVIIe siècle*.

300
CLÉMENT, *Œuvres de Colbert*, II, 2, p. 453.

301
Cf. R. DURAND, *Les trois missions de Bonrepaus en Angleterre*, Revue d'histoire moderne et contemporaine, t. X, 1906-1908.

302
Éd. Schefer, p. 269.

303
Les voyages du marquis de Nointel ; cf. aussi Paul MASSON, *op. it.*

304
DEPPING, *op. cit.*, III, p. 630, IV, p. 781.

305
Cf. plus haut livre IV, chap. v.

306
DIERAUER, *Histoire de la confédération suisse,* trad. française, t. III et IV.

307
Sur les pensions et l'argent distribué, cf. livre III, chap. 4.

308
Mémoriaux, édit. Boislisle, t. II, p. 79.

309
DEPPING, *op. cit.,* t. III ; J. DE BOISLISLE, *Les Suisses et le marquis de Puyzieulx,* passim.

310
BOURGEOIS, *Neuchâtel et la politique prussienne en Franche-Comté.*

311
OECHSLI, *Quellenbuch zur Schweizergeschichte.*

312
« In urbe, disait de Saint-Gall un prêtre à Jean de la Chapelle, multi cives sunt austriaci : rustici omnes amant Gallos, amant Regem *propter pecuniam et equos quos vendunt* D (cité par Jean DE BOISLISLE).

313
ZELLWEGER, *op. cit.*, I, 2.

314
Archiv des Histor. Vereins des Kantons Bern, t. XII, 1889.

315
Cf. SCHWEIZER, *Ludwig XI Vund die schweizerischen Kaufleute* (Iahrb. für Schweiz. Geschichte 1881) ; Dr ESCHER *Eine schweizerische Gesandtschaft an den französischen Hof* (Zürcher Taschenbuch 1888).

316
LÉONARD, *op. cit.*, t. V ; ESTRADES, *op. cit.*, t. II.

317
Lettre du 16 octobre 1662, dans DEPPING, *op. cit.*, t. IV.

318
DEPPING, *op. cit*, t. III. Le même Colbert ayant reçu en 1671, du chevalier de Terlon, un projet de traité de commerce avec le Danemark, annonçait son intention de l'examiner avec les directeurs de la Compagnie du Nord.

319
SAGNAC, *Revue historique*, art. cité.

320
VAST, *op. cit.*, t. II et III.

321
LÉONARD, *op. cit.*, t. V.

322
Cf. Oscar-Albert JOHNSEN, *Le commerce entre la France méridionale et les pays du Nord sous l'ancien régime*, Revue d'histoire moderne, mars-avril 1927.

323
T. II, p. 175

324
Bibliothèque municipale de Toulouse, ms. n° 656.

325
F. FUNCK-BRENTANO et d'ESTRÉES. *Les nouvellistes.*

326
A.E., France, *Mém. et Doc.*, 416. « J'ai appris en arrivant ici, de quatre personnes différentes, que vous avez montré à tout le monde l'impudente et audacieuse lettre que vous m'avez écrite... Il est question maintenant de réparer tout cela par les moyens qui vous tomberont dans l'esprit, dont sije crois que je puisse avec honneur en demeurer

satisfait, je m'abstiendrai de demander justice au Roi, comme sans cela je suis résolu de le faire. »

327
BOISLISLE, *Ann. Bull. Soc. Hist. France,* 1912.

328
DEPPING, *op. cit.,* t. II, p. 858.

329
DEPPING, *op. cit.,* IV, p. 213, 10 novembre 1701.

330
Cf. notre article *Notes sur la méthode en histoire diplomatique.* Revue de l'Université de Bruxelles, n° 4, 1929.

331
Cette liste sommaire ne prétend pas être complète : elle ne suffit pas d'ailleurs pour donner une idée des dépouillements par nous opérés : nous n'avons voulu signaler en matière de documents et de livres que l'essentiel. En particulier, de nombreux manuscrits ont été parcourus par nous sans résultat : nous ne les citons pas.

332
Paru, notre livre terminé et pendant l'impression.